国家精品课程教材

智圆行方的世界

中国传统文化概论

主编　龚红月

著者　龚红月　王培林
何君宜　杨俊华

暨南大学出版社
JINAN UNIVERSITY PRESS
中国·广州

图书在版编目（CIP）数据

智圆行方的世界：中国传统文化概论/龚红月主编．—广州：暨南大学出版社，2008.3（2014.7 重印）

ISBN 978－7－81079－976－8

Ⅰ.①智… Ⅱ.①龚… Ⅲ.①传统文化—中国—高等学校—教材 Ⅳ.①G12

中国版本图书馆 CIP 数据核字（2008）第 024691 号

出版发行：暨南大学出版社

地　址：中国广州暨南大学
电　话：总编室（8620）85221601
　　　　营销部（8620）85225284　85228291　85228292（邮购）
传　真：（8620）85221583（办公室）　85223774（营销部）
邮　编：510630
网　址：http：//www.jnupress.com　http：//press.jnu.edu.cn

排　版：广州市天河星辰文化发展部照排中心
印　刷：湛江日报社印刷厂

开　本：787mm×960mm　1/16
印　张：17.5
字　数：330 千
版　次：2008 年 3 月第 1 版
印　次：2014 年 7 月第 5 次
印　数：12501—14500 册

定　价：32.80 元

内容提要

“和”是中国传统文化的主要精神，也是中国传统的系统论，它包含在传统文化的诸要素里，也体现在文化整体结构中，使中国文化具有一种内在的融合机制（圆）和独立个性（方）。认识中国传统文化，对于把握文化发展规律、理解中国文化在现代世界中的位置具有现实意义。本书有史有论，资料翔实，在分析中国传统文化的特征和文化结构方面有新的尝试。全书分九章，各章既可连缀成文，作为论述传统文化特征和结构的有力依据，又可独立成篇，使读者得以自由撷取，在较短的时间内对文化的进化背景（地理功能、社会结构、思维方式、语言文字）和文化要素（哲学、宗教、文学、史学、艺术）的概况有个大致的了解。

序

探索中国“和文化”的奥秘

蒋述卓

《智圆行方的世界——中国传统文化概论》是一本从横坐标角度即从文化的各组成要素来阐释中国历史和传统的书籍，读者可以根据自己的兴趣、偏爱和时间自由进行选读或通读，加上资料翔实，可读性强，原版《智圆行方的世界——中国传统文化新论》在国内发行十多年，一版再版，拥有了众多的读者。如今，应海内外广大读者的需求，作者在广纳读者资讯的基础上，又重新修订了该书并出版。

当今文坛，“后”学之风甚劲，后殖民、后现代主义方兴未艾，大众文化研究日渐成为显学，在这样一种文化语境中，本书的几位中青年作者还能够将自己的工作重心放在完善对中国传统文化的理解与阐释上，实属不易。这可以说是一种发自内心的文化自觉，而拥有众多的海内外读者则验证了这种自觉的重要性和必要性。在浩瀚、复杂的中国传统文化结构中，他们很巧妙地找到了中国文化传统中“和”（文化系统）这个概念来展开阐释与叙述，主线清晰，意图明确，“冰糖葫芦”式的结构与书写方式，使人眼前一亮。

“和”这一理性的哲学概念最早应出现在西周晚期至先秦之间，当时，原有的一套宗法等级制度土崩瓦解，井田制废除，工商业日渐兴起，伴随着新的生产方式，新的“士”（诸子）阶层也出现了。开放的社会环境冲击着商周以来的“同”文化，整个社会的心态又倦怠于“异”的冲突，“和”便呼之即出、应时而起。经过先秦诸子的争辩与阐释，“和”的蕴意日臻完整，日后的“和文化”也在此基础上衍生而成。中国传统中的“和”有其独特的结构与意义，概而言之，大致有以下几个特征：①求同存异，和而不同。这是“和”的

蒋述卓博士系暨南大学教授，博士生导师，现任暨南大学党委书记、副校长。在中国文学与文化研究方面造诣尤深，颇具建树，是一名在国内外享有盛誉的著名学者。

——编者按

起点和基础。“和”是宇宙中无限多样的统一，异则构成了“和”的方方面面，宇宙间万事万物各有其情性，无异则无所谓“和”。因此，建立“和”首先要求同存异，同时又要做到和而不同。②和谐，这是“和”的主体结构，荀子说：“和则一，一则多力，多力则强，强则胜物。”此“一”是整体之意，“和”的最终目的就是要建立整体。在整体观中，西方强调的是对立与区别，古代中国强调的则是相对与“和谐”——一种由“权威”把握总体、互为克谐、互为调谐的内部秩序，在整体哲学的范畴中，一切须得到平衡和节制，不能无限制地扩张和演绎。③执中，这是“和”的平衡机智。《尚书·大禹谟》云：“惟精惟一，允执厥中。”魏刘劭《人物志》说：“凡人之质量，中和最贵矣。”意即取其共性，宽其个性，作为个体，应以“宽”的个性容纳对方，“无太过亦无不及”，这是“异”可以共存的关键因素，也是古代中国整体观和辩证思维的产物。④生变，这是“和”的功能。“和文化”认为构成整体的各个个体都是相对存在的，当个体间相互作用时，可以产生新的事物，“水火相逮，雷风不相悖，山泽通气，然后能变化，即成万物也”，而整体内的相对性广泛存在，又使整体内部不断发生着质的变易。

“和”作为中国传统文化的主要精神，既隐含在传统文化的诸要素里，也体现在文化整体结构中，从而使得中国文化具有一种内在的融合机制（圆）和独立个性（方），《智圆行方的世界——中国传统文化概论》一书在第一部分“中国传统文化起源和发展的背景”里，对“和”的客观基础和思维方式作了一定层面上的探讨；在第二部分“中国传统文化诸要素”中通过概述传统文化各要素（哲学、宗教、文学、史学、艺术）的特点和发展历程，揭示了传统文化之中“和”的隐义；第三部分则从结构和现象两个视角出发对文化传统作出分析，紧扣该书主题，得出了中国传统文化具有“通观衢路”和“智圆行方”两大特征的结论。全书以“和”为核心，对传统文化娓娓道来，颇具可读性。

综观全书，我感受最深的还是该书新颖而精巧的整体构思，尽管体系还存在一些可商榷之处，但在纷繁芜杂的现象中能够探索与归纳出一些新的观点和见解，实属难能可贵。这对于大家认识中国传统文化、理解和把握文化发展规律都不无裨益。《智圆行方的世界——中国传统文化概论》的再版，无论是对广大学生还是对传统文化感兴趣的读者而言，都将是件极具意义和价值的好事。是为序！

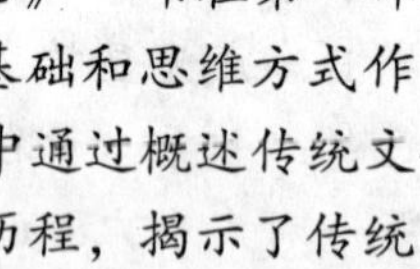

2008年1月

目　录

第二部分　中国传统文化诸要素

第三部分 中国传统文化的基本特征

导　言

中国是有着数千年的文明史和延绵不断的文化传统的国家。在古代，我们的祖先不仅创造了极为灿烂和辉煌的物质成果，而且还在哲学、文学、宗教、艺术、科技诸方面具有独特的表现内容，并形成了反映民族心理的思想观念和行为模式。今天，我们在继承和发展这份珍贵的历史遗产的同时，也就被打上深深的传统印记，“在最初的祖先身上显露出来的心情和精神本质，在最后的子孙身上照样出现”（丹纳语）。无论我们是有意还是无意，无论我们是自觉还是不自觉，我们每一个人都因袭着传统，深受它的影响。当我们面对世界，迎接随之而来的世界文化的挑战时，先了解一下传统文化的基本内容：它作为文学、史学、艺术、哲学等方面的表现方式，它的主体精神和价值观念，它的认识方式和行为手段，可以使我们增强应战能力，并有助于我们去鉴赏、去甄别。因为，我们生活在这个文化圈中。

一、什么是文化

在中国的典籍中，文化的概念是“文治”和“教化”。如“凡武之兴，为不服也。文化不改，然后加诛”[①]，“设神理以景俗，敷文化以柔道”[②]，这就是说，文化是管理教育的基本手段和内容。西方“文化”一词源于拉丁文Cultura，有三种解释：①耕种；②耕种的作物；③转义为精神的表现，即文化。Cultura着重从人类的功能上来解释文化，这与我们今天所指的文化在含义上已很相近，按照今人的一般说法，文化的概念可有广义和狭义之分。

广义的文化是指人类社会活动过程中所创造的一切，主要表现为物质和精神两大方面的内容。换言之，在历史过程中，人类所有的物质创造内容和不断发展着的思想意识都表现为人类文化。考古学将所发现的早期人类遗址称为“某某文化”，它一方面明确地囊括存留下来的古代具体遗物，另一方面又通过具体遗物来追踪了解当时人们的思想观念和精神意识。

---

① 刘向《说苑·指武》。

② 王融《三月三日曲水诗序》。

狭义的文化是指社会的意识形态以及与之相适应的制度和组织结构。这主要偏重于了解积淀在具体物质之中的、体现在人的行为模式上的人类思想观念、价值取向及与其兼容的社会制度和组织结构。

文化是一种历史现象，它是人类在历史过程中创造的，并随着社会物质生产、知识水平和精神生活的发展而发展。文化是人类历史的产物，一方面，通过物化的形式表现出创造者的思想意识和价值取向；另一方面，又反映于正在活动着的人的发展意识，诸如精神、思想、道德、风俗等内容中。因此，文化既表现为已经积淀下来和正在积淀下来的思想意识和价值观念，又表现为正在发展着的思想意识和价值观念。这些观念不断地附着于物态文化（具体可视可感的文化创造物，如建筑物、器皿、服饰、生产物等）和方式文化（组织方式、生活方式、管理方式等）之上，并更进一步深化为精神文化（理论、观念、心理等，其中的外部形态就是哲学、宗教、文学、艺术、科学等）的核心内容。

综上所述，我们可以就文化的定义得出结论：文化是人类精神文明和物质文明的总和。

二、文化创造

文化是人类的创造物，就人类的文化创造来说，它必须包含以下三个特征：

首先，文化具有地域性和超地域性。文化的地域性，指的是“每个地方的文化都有自己不同于其他地方的特征”。一种文化产生于一定的地理环境中，或者说，早期人类的活动必须借助于一定的地理环境来进行，因此，人类的文化就不可避免地带有特定的地域印记。不同的地理环境对文化个性的形成和成熟有不同的影响，作为文化创造主体的人，并非仅仅接受自然的恩赐，成为自然条件的附庸，而是在积极地改造自然，使之更有效地为文化创造服务。一般来说，早期的人类活动对自然环境的依附性较强，后期的创造则愈来愈多地表现出人的能动作用，对地理环境的影响和改造也更深刻。文化的超地域性，指的是“文化超出原有地界，带有一种普遍性质”。这句话包含两层意义：第一层意义是各地域文化虽然具有独特的个性，但文化在互相接触、吸收、同化的过程中，也逐渐形成了一些共性，或者说，各地文化虽然不同，但总有一些东西为全人类所共有；第二层意义是有些文化开始时只在某一特定地方发生和成熟，以后传播到其他地方，成为世界性的文化。

其次，文化具有超个人性。这就是说，“文化是群体创造的，个人不能创造文化”。人是文化创造的主体，人在文化创造过程中必然地结合成一定的群体，建构成一定的社会组织模式。因此，文化所体现的是群体本质、群体现象以及类的本质和类的现象。文化不是对个别人的描述，仅表现个别人特征的现象不属于文化现象。当然，具体的文化作品可能由个人完成，但其中也体现了个人所处的社会环境和群体意识的潜在诱导和熏陶。群体意识是在长久的历史过程中逐渐形成和得到认可的，它通过个人的行为表现出来，不仅在一定程度上规范着人类的文化创造，还影响着人类群体和社会组织结构本身的变化。一定的人类群体和社会组织以相应的集体意识为纽结，同时也制约着个人的文化创造和文化观念的流变。

再次，人及人类群体的心理差异决定了文化内容的多样性。人类的文化创造最终必须落实在一定的文化物或作为文化载体的人的行为模式上。人类在历史过程中都走过了大致相同的几个发展阶段，制造使用过大致相同的生产工具。这反映了客观条件对人类活动的作用，以及人类在适应这种挑战时所表现出来的共同的心理特征。然而，大致相同的地理条件下的人类群体，在创造文化时，依然会表现出种种差异：喜欢这样而非那样的表现形式；成就这种造型排斥那种造型；偏重这种色彩、图案，否定另一种色彩和纹饰；情趣迥异的建筑风格，好恶相异的价值观念，纷繁复杂的大千世界，则反映了人类群体和个体之间的心理差异。这种心理差异在人类文化的发展过程中，随着历史的积淀、民族文化系统的建构及其稳态作用（如文化系统自体的保护机制）而得到保持甚至加大，使得文化个性愈益鲜明，内容也更加多样化。这是人类文化整体综合进化的必备条件。

三、文化传统

文化传统，是指由历史沿传而来的文化特征或个性。文化传统在民族或群体的历史发展过程中逐渐形成、完善，并通过群体的共同的思维方式和行为习惯表现出来。它既是历史的、现实的，又是将来的。之所以说它是历史的，是因为它在历史过程中逐渐形成和发展；说它是现实的，是因为它通过社会生活的潜移默化而被人们所接受并身受其影响；说它是将来的，是因为它是未来的基因，控制着未来文化的定向进化。

传统是一个动态系统，在历史过程中或随机涨落，或保持稳定，在不断的变异中转化、扬弃[①]、突变，使传统得以从过去走至今天，又从今天走向未来。

一般来说，能够成为传统的文化，必有其内在的凝聚力和保持性，这种力

① “扬弃”，即克服、抛弃旧事物中消极的因素，保留和继承以往发展中对新事物有积极意义的因素，并将之发展到新的阶段。

量使传统处于平衡状态中，通过内在的自省与非加合性组合（各组成要素不是简单累加在一起，而是共筑具有有机联系的结构），塑造民族文化独立的个性。传统文化是一个整体，是一个要素群（物态文化、方式文化、精神文化、制度文化等）的有机整合。既然不是只有一个孤立的要素，传统内部必然会出现控制局面，以此保持各要素之间的均衡。一旦某一要素在随机涨落的过程中得到放大或缩小，超越控制或失去控制，传统便处于非平衡状态，暂时失去原有的稳定，成为一个开放系统。这时候，传统充满活力，在不失个性的前提下，广纳信息，与外部世界进行充分的交流与融合，在这个过程中，与外部世界的碰撞有时是相当激烈甚至是残酷的。但是，只要传统能够保留，仍然保持其民族文化的个性，那么传统最终会出现扬弃，传统又从无序跃迁（突变）至更高层次的组织状态。传统正是在这种平衡与非平衡状态交替进行的过程中实现自身的不断进化。

为此，我们不揣谫陋，试作两点结论：

(1) 能够称之为传统的文化体系，没有性格上绝对的封闭与开放之分。封闭与开放或者同时共处在某个文化传统中，或者只是交错发生在某个文化传统进化的历史过程中：没有相对“封闭”（此即稳态阶段），传统不可能内聚成独立的性格；没有“开放”，传统不可能出现新质代替失势的旧质的过程，不可能进化至今。换言之，纯封闭的文化，没有进化的可能，不能称为传统；纯开放的文化，没有独立的个性，同样不能称为传统。

(2) 中国传统文化延绵数千年，仅其生命价值便足以证明其是进化着的文化，是具有独立个性的文化。

第一部分

中国传统文化起源和发展的背景

第一章　中国传统文化的地理基础

第一节　人类与自然环境的动态关系

文化是人的社会属性，具有超自然的特征，人及其活动以外的自然界所发生的一切，都不属于人的文化。但人类本身是自然界的产物，人的文化也就离不开自然，并以自然作为生存和发展的基础和前提。

自然在提供人生存条件的同时，也在磨炼人的意志，给予人重重压力。人类只有不断克服这些压力，才能繁衍生存和继续发展。因此，在人类产生之初，认识自然、改造环境便成为人类生存的第一要义，并将成为终身使命。改造环境的手段是劳动——体力劳动和脑力劳动等等。在劳动过程中，人创造了文化，并以文化观指导自己去认识自然和改造自然。文化与自然环境的关系如图 1–1 所示：

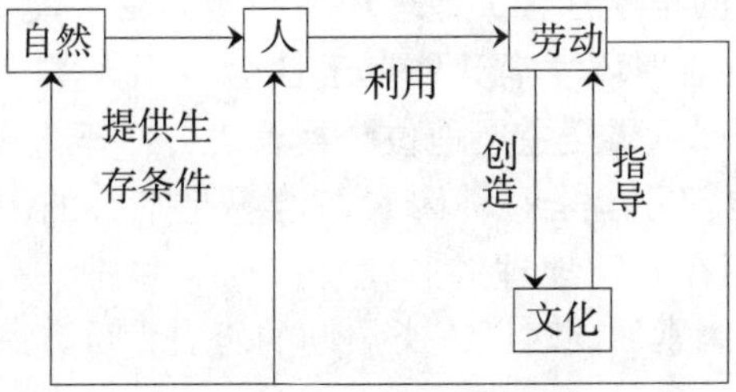

图 1–1　自然、人与文化的关系

人类能够认识自然，必须对环境产生能动作用；相反，环境也通过自然法则的永恒作用制约着人类。主客二体，相参相依，共居于循环、变化的生存时态之中。这就是人类与自然环境的动态关系。

在人类的原始阶段，生存动态的重心偏向自然环境一方，人只能被动地受制于环境，而无法自主地选择自然，人基本上是环境的奴隶。当人类开始学会种植、蓄养家禽和建造房舍时，对自然环境的完全依赖开始有了改变，这意味着人类开始拥有生存的主动权。从这一刻起，地球上相继出现人所创造的“文化景观”。

“文化景观”是相对于“自然景观”而言的。后者泛指地表的自然景色，可以按照地貌特征划分区域，如森林景观、草原景观等等。前者则是人类有意识地利用自然创造出来的景观。

文化景观的出现对于人类来说是相当重要的，它可以使人迹罕至的地方充满生机，使人在原来无生存条件的地方落脚谋生，如在沙漠中开辟绿洲，在“旱魃为虐”之地修建灌溉网……人类的生存空间得以大大地拓展，因此，也有了较大的生存自由。

由于自然规律的制约作用，决定了创建文化景观的非随意性，其必须在一定的自然基础上创造。一方面，自然界提供了有利于人类的优势条件，这些条件有时也许微不足道，人类便想办法扩大这种优势，直到可以生存和发展；另一方面，自然是一种异于意识的客观力量，有自己独行不改的天“道”地“理”，即便是相对独立于自然之外的文化景观，也仍然受制于自然界的生态规律，人类必须服从、遵循这种规律，否则将受到自然的无情报复。

从古至今，无论人类对地理环境和自然的依赖是轻是重，自然规律和地理因素都会对人类产生一定的影响。因此，要研究人类早期历史和文化起源，不能不考虑地理环境因素。

地理因素和自然因素对于人类，尤其是人类的生存来说，无疑有着很重要的影响，甚至在人类的早期社会，地理环境间接作用于人类心理，其效果也是显而易见的。但是，地理环境毕竟外在于社会，当人类社会发展到一定阶段后，地理环境的影响便不再居主要地位。换言之，对于人类社会的发展和民族性格的形成来说，地理环境是一种因素，但不是唯一的因素，更不是主导因素。有鉴于此，我们在介绍地理的文化功能时，将把“人化自然——文化景观”作为相应的一种因素，同时以人类早期的历史为重点。

第二节 地理的文化功能

一、早熟的大河文明

长期以来，人们习惯于将黄河流域看成是中国文化的摇篮。但依据近几十年的考古实践，证实不唯黄河流域，辽河流域、长江流域、淮河流域和珠江流域，都有长达四五千年的文明史，同样是中国文化的摇篮。

上述五河流域支津港汊众多，河网密布，联系的区域十分广阔，总面积几达500万平方公里。纵望南北，东亚大陆上的四条温度带——亚热带、暖温带、中温带和寒温带（亚寒带）——都可见河流蜿蜒；横看东西，黄河、长江这两条世界上著名的大河，浩浩荡荡跨越了中国地势的三级阶梯——第一级高原，第二级山地，第三级平原、丘陵。这种相对集中的水系结构，在其他文明古国中是极为罕见的。独特的地貌，为中国文化的形成、迁移和一部分社会价值观的初构，多少带来一些影响。

1. 大河是文化之母

中国文化与古印度、埃及和巴比伦一样，发源于大河流域，这正体现了早期人类对自然地理的依赖性。依靠大河的灌溉和孕育，中国与其他文明古国先后进入农牧社会，并于新石器时代创造出氏族文化。

文化现象属于人的行为，可以用人的心理成熟的度作为衡量的标准①。一般来说，文化有三种现象，即物态文化、方式文化和精神文化，其分别启自于人类的理智感、道德感和美感。

(1) 从对史前生产生活方式的研究，看早期人类的文化心理，恰好说明文化的初级形态（即学术界常说的“原生型”文化，是文学、诗歌、科学等产生以前的文化形态）萌生于前国家时期，新石器时代是其中的主要阶段。处于这个时代的人类已经懂得在专门的工场里，由“专职”人员使用工具成批制造陶器，工效得以迅速提高；懂得利用简单符号代替具体事物，如在大汶口文化区出土的一个陶尊上刻有简单符号“T、个、丫、Z、E、丰、米……”，其结构与后来的甲骨文十分相近，被视为古汉字的前身②。这都可以看成是人类在创造物态文化方面的一大飞跃。

(2) 新石器时代，社会的基本单位是氏族。在最初的母系氏族中，出现了原始的群体管理方式——“血亲管理”。这种氏族群体在人类心理发展上，已超越了类似“北京人”的原始群聚居形式。后者在很大程度上尚未摆脱动物的纯本能的自然属性，前者则开始具有较深刻的社会意义。如作为一个基本的社会经济单位，氏族内采取集体生产、平均分配的形式，公选出的族长在氏族成员会议的协助下，管理公共事务。由于氏族是建立在血缘关系的基础上，群体管

① 关于文化形成的标志，另有一说，即以文字的发明、城市的建立和金属器具（青铜器或铁器）作为衡量的标准。这些标准可以用来规范西方文化，而东方文化的发生当比此更早。

② 20世纪90年代初，在山东邹平县丁公遗址中发现“龙山陶书”文字，将中国文字产生的上限从商代甲骨文前推八百多年，也因此而证实大汶口陶尊上的符号与中国文字的渊源。

理自然以血亲情感为纽带。新石器晚期的父系氏族将“血亲管理”的范围加以扩大，由以酋长为首的首脑组织，管理由一个直系和多个旁系组成的同姓氏族（胞族、部落），甚至是多个同姓氏族组成的联盟，如传说时代的炎黄部落联盟和唐虞时代的古唐国。这时候，氏族组织的管理比母系氏族时要困难得多，而原始群聚居形式，则更难望其项背。由此可见，在新石器时代，人类社会观念的衍变是人类道德感的一大进步，它推动了人类方式文化的再转型。

(3) 在属于新石器时代的中国仰韶文化遗址中，人们发现大量的彩陶，陶器器表绘有各种鱼形、人物图案。与其相邻的龙山文化区域中有特制的黑陶，南方则有拍上各种类几何纹形的印纹陶。与中石器时代以巫术为目的的洞窟壁画[①]不同，陶器器表的装饰画是为了欣赏。这表明人类的审美已开始超越生理功能化的低级层次，成为心灵享受的一种追求。同时，由于审美行为的反复出现，审美物件已带有明显的社会价值（得到群体认可，具有社会意义）。尽管新石器时代的彩绘和纹饰非常简陋，但已具备精神的内容，是人类早期审美意识的体现。自此，人类的文化创造有了具体表现的形式，情感也有了文明的归宿。这是精神文化的起始。

从初具文化心理的角度看，人类文化产生于新石器时代，受生产发展水平的制约，大河成为孕育人类文化的母亲。中国新石器时代较为典型的文化遗址几乎全部分布于大河及其支流流域，如黄河流域有仰韶文化、龙山文化、大汶口文化、齐家文化区域，淮河流域有青莲岗文化区域，长江流域有良渚文化、屈家岭文化、大溪文化区域，辽河流域有红山文化区域，珠江流域有南方印纹陶文化（部分）区域等等。

早期文化区域分布在大河流域的特征，在东方文明古国中是共存的，这使各古文明之间具有一种共性，但中国农业起源的特征与其他文明古国毕竟不同。两河流域的巴比伦、尼罗河流域的埃及，一般都是利用大河泛滥后留下的沃土再加以灌溉，用以栽培小麦而发展农业，但生命赖以繁衍的大河却畏畏茕独：尼罗河孤流横贯，两河流域仅拥有一个气候，其他地方则多是沙漠和半沙漠地区，没有其他的大河交相补苴。因此，这些古文明地区对大河依赖甚重，如埃及，直到近代，人口聚集区域仍几乎集中在尼罗河两旁，因此，有人说“埃及是尼罗河的赠与”。

中国文化虽然发源于大河流域，但因地形复杂而采用多品种种植方式，无须固执于大河馈赠的沃土。同时，由于从北至南有五大水系遥相呼应，支津密布，方便了民族迁徙和文化交流。尤其是在古代陆路交通工具不发达之时，利用河运就显得更为重要。新石器时代，各文化区域相互渗透，就是靠中国河流

① 周一良、吴于廑主编：《世界通史》（上古部分），人民出版社 1962 年版，第 27 页。

分布的特征之便。《尚书·禹贡》记载了长江与黄河的沟通是"浮于江、沱、潜、汉，逾于洛，至于南河"。尽管江、河间距不近，但其中支流相通，可以从长江顺流入支津——汉水的支流，再转入汉水，然后登陆转洛河，从洛河进入黄河。

自从有了铁制工具后，人们开始能动地利用自然的优势，从先秦时期起，即有了人工开河以补自然水道不足的记载，最早开河是将"四渎"（东西向的长江、黄河、淮河及黄河支津济水等四条巨川）以人工开凿的运河沟通起来，并在此基础上建立以自然河流与人工运河为干支的完整水系。①以后历代都重视水利建设，开凿了为数众多的运河。

大河与人工运河在东亚大陆交织成网，其功效并不仅在灌溉、交通运输等实利上，还在于为中国文化的统一提供了物质基础，使中国人的文化心理出现最大限度的超地域性和同化性，这是中国文化传统得以扩展、延伸而不至于中断的保证。

2. 国家文化诞生的先期准备

农业的第一个条件是人工灌溉，因此，以农耕经济为起点的古代文明都视水利事业为最重要的经济活动之一，各大河流域的古国几乎都有治理大河的历史。中国河流密布，地势复杂，治河工作并非单一地防止水患和引流灌溉，还包括因势兴废、因地制宜等多项任务，这决定了古代中国的水利工程更艰巨、更持久，也更伟大。在治河过程中积累的经验，成为构筑古代文化思想的一种因素。主要表现在：

其一，治理大河的集中管理成为集权式政治文化的先驱。很早以前，就有学者认为，处于大河流域的民族，常受河水泛滥之害，多把治理大河视为重要的工作，中国历来有禹治洪水的传说，尽管此传说附带理想的色彩，但毕竟说明早在公元前21世纪，中华民族的先人就已经面对"汤汤洪水方割，荡荡怀山襄陵，浩浩滔天，下民其咨"②的特大洪水，殚精竭虑，先后以"壅防百川，堕高堙庳"、"疏川导滞"等治水方案，力图制服汹涌的洪水。以如此浩大的治水工程和十分落后的生产条件，要取得治水的成功，唯一可行的办法就是利用密集劳动的方式，组织大量的人力去搏水斗天。唐代及其以前，治水和水利工程基本采用超经济手段组织劳动力，以征发徭役、大规模徙民和利用军队来充当劳力，役使人数以万计。如东汉时汴渠决坏，明帝永平十二年（公元69年）夏，"遂发卒数十万，遣（王）景与王吴修渠，筑堤自荥阳东至于乘海口千余里"③。隋代大业元年（公元605年）"三月辛亥，发河南诸郡男女百余

① 王育民：《中国历史地理概论》（上册），人民教育出版社1987年版，第241～250页。
②《尚书·尧典》。
③《后汉书》卷七六，"王景传"。

万，开通济渠……”①大业四年，隋炀帝“诏发河北诸郡男女百余万，开永济渠……”②唐代整治并浚通西北山川和太湖之间的各条水道，“每处闸坝桩草，灰石物料，人夫工食，各动以万计”③。组织如此众多的人力，如何进行管理？尽管史籍中没有系统记载，但如果没有强大的行政权力的集中管理，浩大的水利工程便难以为继。早在大禹治河时，就采用了刑罚，如“苗顽弗即工”④，苗民负隅顽抗，不肯服役，大禹主张不给他们的首领以官职，以儆效尤。这就是利用权威进行集中管理的一种手段。正是这种集中管理，为中央集权式的政治文化埋下伏笔和提供了条件。

其二，统筹利用水土资源为协调式社会文化提供样板。早期开发水利的目的，一般只是单纯利用自然水源和人工水利设施来灌溉农田或排除洪涝。随着水利的广泛和多样化，如灌溉、水运、水力机械的运用、开筑滩地、繁殖水产……水土资源的有限性及对其利用的多种需要之间，矛盾渐为突出。各种水利活动相互联系、相互影响和制约，只有从总体上加以统筹和调节，才能合理有效地利用水上资源。⑤调节，在人与自然的关系中，是保持水域的生态平衡；在自然内部关系中，是水土资源的综合利用；在人群关系中，则是合理分配水土资源。在古人看来，合理调节与秩序并存，而行为规范则是秩序得以实施的保证。因此，古代在调节水土资源时，比较注重制定法规，汉代兜宽在六辅渠“定水令，以广溉田”⑥；召信臣在南阳“为民均水约束，刻石立于田畔，以防分争”⑦。均水令，正是为了设立约束，防止对水源的争夺和破坏。唐朝政府进而制定全国性的水利法规《水部式》⑧，作为用水管理、“均分”水利利益的准绳。尽管在不平等的土地占有制社会环境中，“均水”事实上不可能实现，但说明以国家权力的干预来协调分配矛盾是中国古代管理的一个内容。中国文化所具有的在权威之下建立秩序的“和”的思想正是在长期的水利管理和其他经济活动的实践中日趋完善的。

其三，治水的经验总结促使厚德载物型人性文化的早熟。人性文化在今天又称为行为文化，包括对人性的探索、对人性的管理等等。中国古代人性文化初成于先秦时代。当时，对自然法则的初步认识，促使“五行”观念的成熟，

①《隋书》卷三，“炀帝纪”上。
②《隋书》卷三，“炀帝纪”上。
③ 李充嗣《兴修水利以预处财用奏》，见《吴江水考》卷四。
④《尚书·皋陶谟》。
⑤ 叶世昌主编：《中国古代经济管理思想》，复旦大学出版社 1990 年版，第 104 页。
⑥《汉书》卷五八，“兜宽传”。
⑦《汉书》卷八九，“召信臣传”。
⑧ 罗振玉辑《鸣沙石室佚书》。

这种认识很自然地被引入有关人性的讨论之中，成为人性“五态”（“金、木、水、火、土”五种气质类型，或“太阴、太阳、少阴、少阳、平”五类生理机制[①]）的衡量原理。以后，虽历经汉代“天人同构”和宋明“本体论”的思辨，人性文化始终不离一个中心——“厚德载物”。“厚德”，特指人的社会关系，是道德人性；“载物”，是对物的认识和物我相融。这是一种主客一体，人与自然相参的认识哲学。

中国古代“厚德载物”的文化思想来自对自然的认识，这种认识离不开生产经验的积累。古代最早的物质观包含八种自然物：天、地、雷、风、水、火、山、泽，除了“火”以外，其他七种物态都与水文相关；当早期物态观进化成物质元素论（“五行”说）后，其中的“土”和“木”被选择为农业民族的象征，在“五行”中固然占据首席，但“水”的地位亦不低。春秋时期的政治家管仲就将水看作是万物本原，其云：“水者何也？万物之本原也，诸生之宗室也。”[②]并非偶然的是，一向被认为以数的形式诠释“易”理和“五行”原理的“河图”、“洛书”均出于大河：“河出图，洛出书，圣人则之。”[③]传说大禹治水时，曾获“上帝”赐予的“天书”——《洪范九畴》[④]，用以指导治水，汉代的经学家、天文学家刘歆甚至将《洪范九畴》视作“洛书”，去除传说中的神话色彩，仍可窥见“河图”、“洛书”乃至早期的哲学观念的形成，都与先人在治水过程中对自然的观察有关。对治水的经验总结，并没有停留在认识自然上，还被引申到人性的管理上，因为水既被看作是万物的本原，那么当然也被看作是人性产生的本原，“美恶贤不肖愚俊之所产也”，水因此成为治理国家与教化人民“厚德”的提示：“是以圣人之化世也，其解在水。”[⑤]

二、土地的社会价值

中国古代经济是以农耕性质为主的自然经济。东亚大陆的濒海、多形态地形及遥相呼应的河流都是适于农耕生产的自然条件，在这种条件下，中国农耕文明带有早熟性。

在距今7000~8000年前，农耕文明即已在黄河、长江流域相继出现。根据中国著名气候学家竺可桢的研究，大约在公元前3000—前1100年（竺先生称其为“考古时期”），中国正处在温暖时期[⑥]，年平均温度比现在高2℃左右，冬

① 《内经·通天》。
② 《管子·水地》。
③ 《易·系辞上》。
④ 《尚书·洪范》：“天乃锡禹洪范九畴。”
⑤ 《管子·水地》。
⑥ 竺可桢：《中国近五千年气候变迁的初步研究》，载《考古学报》1972年第1期。

季一月的平均温度则比现在高3℃～5℃。迄今只能在亚热带生长的喜暖的动、植物遗骸在黄河流域先后被发现，证实黄河流域气候的温暖和湿润[①]。即使是在公元前1100—公元1400年（竺先生称之为“物候时期”），气候仍然是寒暖交错，先秦时的北方地区甚至可以生产两季作物：“今是土之生谷也……一岁而再获之”[②]，而现在的北方却只能两年轮种三季作物。

农业生产仰赖大河，而公元10世纪以前的黄河一直处于稳态阶段，决徙次数极少。古黄河上、中游高原地带的森林、草原相当完整，植被丰富[③]，且尚未被破坏。黄土高原的土质疏松，有利于毛细现象的形成和储存肥力、水分，也有利于简单工具的耕作，特别适宜于原始方式的开垦和作物的浅种直播。黄河中、下游的河谷平原地带沟洫广布，先民在流域地带开挖灌溉渠道，其数“以万亿计”[④]，灌溉了亿万亩良田。可见，无论是从气候、水文、地质，还是其他自然条件来看，千年以前的黄河流域适合发展农业。而长江流域、珠江流域及西南内陆地区的农耕条件更优于黄河流域，这都是显而易见的，此不赘述。

中国的地理环境特别适宜于农业。自然环境提供的条件以及生产关系的作用，使古代中国长期处于以农业型经济为主导的状态之中。这种在以农立国的基础上建立起来的意识形态，必然会形成一种以土地价值为中心，并得到普遍认同的社会意识。

1.“溥天之下，莫非王土”

中国古代氏族社会为阶级社会取代以后，作为农业社会主要的生产资料和社会关系的体现，土地具有较高的价值地位。夏、商、西周的土地形式以公有为主，并且这种形式具体表现为“溥天之下，莫非王土”[⑤]的所有制关系。当土地私有制占据主导地位后，“皇土观”又成为维护国家统一和支援皇权至上的基本思想，土地因此具有多重价值：既是“民生之本”、“国富之奉”，又是古代社会特殊的生产关系中权力集中的基础，更是封建大一统的象征。

《孟子》曾提到古代土地及其生产物的分配形式：“夏后氏五十而贡，殷人七十而助，周人百亩而彻。”[⑥]从这里，我们可以间接地看到田制从公社（氏族群体或农村中以血缘关系为中心的地域群体）共有的形式向私有制的转

① 计宏详：《从动物化石看古气候》，载《化石》1974年第2期。
②《荀子·富国篇》。
③ 王育民：《中国历史地理概论》（上册），人民教育出版社1987年版，第63页。
④《史记·河渠书》。
⑤《诗经·小雅·北山》。
⑥《孟子·滕文公上》。

变，以及“公有”土地观为权力“异化”，从具体的概念转变为名义上的概念的过程。夏贡、商助和周彻，都是一种早期的税收或地租形式。夏代的土地基本上属于公社土地——公田，公有性很强，土地的管理也很原始，由公社暂时将耕地分配给每个家庭耕种，农夫向公社，实际上是向“那高居在所有这一切小集体之上的结合统一体”的君主行实物贡纳。这是夏贡的含义。

相对于夏贡，商助是一种劳役地租。商没有承袭夏的贡制，而是以劳役取而代之，其中有很深的商族经济的历史渊源。夏建国后，以定居的农耕生产为主要生活内容，各村落（部族）结成血缘和婚姻关系，君主以此为纽带，实行统一管理。而商的祖先以游猎为主，直到盘庚迁殷以前，仍过着“不常宁”、“不常厥邑”的游猎生活。游猎部族通常保持着一种异于农耕村社的传统，即部族（宗族）与部族间的关系十分疏远，只能借助外在的力量，如鬼神观念乃至神权作为结构组织的纽带，故而“殷人尚鬼”。但在部族内部，彼此间的紧密结合，则更甚于农耕部族，族产共有，人人都需为部族利益尽责效力，并维护之，带有浓厚的氏族民主遗风。私有制产生后，大部分财富实为奴隶主私人攫取，但“借民之力”作为部族的传统仍保留下来，并发展成商朝史上的劳役地租——“助法”。

周以后，所有土地归为“国有”，实则“天子”所有，以此体现家即国的关系。天子以下，实行等级授田制：“昔我先王之有天下也，规方千里，以为甸服……其余以均分公侯伯子男，使各有宁宇。”[①]“天子有田以处其子孙，诸侯有国以处其子孙，大夫有采以处其子孙。”[②]通过这样的土地授受关系，建立封建的上下隶属关系，但土地最终的所有权原则上仍归天子。诸侯、卿大夫成为大大小小的领主，然而，在他们被封采地中，只有其中的一部分归自己使用，名为“公田”（“公田”沿袭夏制，但已不含公社土地的意义），其他部分则分割成小块“份地”，作为农夫（一说“农奴”）的“私田”[③]。农夫无偿地替领主耕种公田，提供各种生活必需品和零星劳役[④]，所谓“同养公田”（有学者将这种田制称为“井田制”），还要将“私田”的小部分收成贡纳予领主（其余全归农夫自己），这种集夏贡商助的税法，即为“彻”法[⑤]。领主除了承认天子是天下共主外，还层层贡献，一直上达天子，即以一种自然义务法的形式证明天子的权威和对全国土地的所有权。

①《国语·周语中》。

②《礼记·礼运》。又“等级授田制”参见本书第二章第二节。

③《诗经·小雅·大田》。

④ 傅筑夫：《中国封建经济史》（第一卷），人民出版社1981年版，第48~49页。

⑤《考工记·匠人》郑注：“周制线内用夏之贡法，税夫无公田；邦国用殷之助法，制公田不税夫。”此为一说。另一说认为“彻”即春秋时始于齐的“履亩而税”。

春秋战国以后，土地私有化的趋势发展得越来越快，终于在三国时成为土地所有制主导的、统治的形式。由于土地私有增加了朝廷的赋税收入，因此，历代皇朝一般都以促进土地私有制发展作为主要的土地政策。与此同时，封建王朝都控制着相当数量的国有土地，以此作为实施政治、经济和国家控制的某种手段。如将“公田”（又称官田，是归封建国家控制的耕地）作为消耗性财产使用，以赏赐官员，“奖励军功”①；或用于屯田；或由国家以地主的身份出租公田，向佃农收取地租，以扩充国家收入②；又或“假民公田”，暂时出借公田给灾民，使之生产自救，以此作为体现“民本”的补充措施。

两晋南北朝时期，“职分田”（禄田）的出现，使国有土地从消极财产转变为积极的生产资料，也促进了国有土地与国家制度的结合③。至此，国有土地已非仅具增加国家收入、平抑地主兼并势力等简单功用，而是带有更深刻、更广泛的实质意义：一方面，利用对国有土地的控制，变其为私有土地的一种独特的运动形式——皇帝及其特权阶层的财产“皇土”；另一方面，利用行政权和司法权掠夺土地（罚没、接管和盗占私有土地），保留对转让私有土地的干涉权利，如唐代将私有土地列入“均田制”的范围，以登记“永业”、“口分”田的形式，从制度上干涉部分田地的买卖，以及对户籍、赋役的控制，使以皇帝为首的封建政府象征性地拥有对全国土地的支配权和控制权。可见，土地私有制发展以后，“溥天之下，莫非王土”虽已无具体的形态，但仍不失其潜在内涵。

2.“本末”趋势

本即根，末即梢。在中国古代社会经济生活中，“耕织”（农业和家庭纺织业）被视为“本业”，是主要的经济成分；“工商”被看作是“末作”，是次要的经济成分。本末之分，是古代系统思想中主导与被主导关系的具体体现，其中并不存在对工商的排斥，即使是力主“抑商”的古代思想家也从未企图取消工商业，更少有在经济上真正实施严厉禁商的朝代。

在古人眼中，农的作用在于立国，商的作用在于富国，二者不可或缺，“农、商、官三者，国之常官（职）也。农辟地，商致物，官法民”④。在以地主经济为命脉的封建社会里，经济的主体构造理所当然地偏向于农，农是建立经济秩序的主导者，商只是繁荣经济的调节手段。因此，工商在古代中国是一种运动着的状态，它有一条发展很快的轨迹，但归宿不是成为独立的经济实

---

①《汉书·高帝纪》。

②《史记·平淮书》；《后汉书·张堪传》；《后汉书·何敞传》。

③ 参见张传玺：《战国秦汉三国时期的国有土地问题》，见《历史论丛》（第2辑），齐鲁书社1981年版。

④《商君·弱民》。

体，而是与土地融为一体。

商业的发展离不开“四方辐辏”、交通便利的城市。西周末年，各封国的都邑相继从行政中心转变为文化中心之后，商业开始逐渐摆脱对官府的隶属关系，在“工商食官”[①]的自然经济结构里出现了自由商人，民间工商业逐渐发达，各诸侯国出于政治、军事上的考虑，建立起的水陆交通网络，又为工商业的迅速发展提供了客观条件。如春秋末年（公元前486年始），吴王阖闾及其继承者先后开凿连接长江、淮河、泗水、济水的著名南北向运河——“邗沟”和“菏水”[②]。位于济水之滨的陶（今山东定陶）原本非交通要冲，自运河开通后，立即成为江、淮、河（部分）流域三大经济区之间商货聚散的中心。又如位于齐国开凿的淄、济运河岸上的临淄（今山东旧临淄）依仗桑、麻、鱼、盐之利，成为齐国的政治、经济和文化中心，其繁荣甚至达到“车毂击，人肩摩，连衽成帷，举袂成幕，挥汗如雨”[③]的程度。类似的例子，在以后历朝中并不鲜见，如元顺帝至正十一年至十三年（公元1351—1353年）间，工部尚书贾鲁开凿运河（后称贾鲁河），恢复河淮之间的运道。由于该河经朱仙镇南下，使这个无名之地的商业迅速繁荣，朱仙镇一跃而成为明清时期全国著名的四大镇之一。

商业的发展有其独特的规律，只要基础条件成熟，商业必兴焉，其客观效果几乎是立竿见影的。由于工商可以起沟通财物的作用，故早在先秦时，便得以与“士”、“农”一起定为国家的柱石：“士、农、工、商四民者，国之石民也。”[④]大量的史料说明，古代中国的商业具有事实上的地位，发展并不慢。尽管历代国策以立农为经济之本，历代皇帝也不放过标榜自己“上（重）农除末”（秦始皇）、“敦崇本业”（康熙）、“以农桑为本”[⑤]的机会，但事实上，经济行为与理论之间往往存在一段距离。换言之，中国古代也曾出现“重农抑商”的是非之争，但“抑商”与其说是强化农的地位，不如说是用来限制发展过热的商的调节手段；与其说是一种经济策略，不如说其不过是一种主观心理的折射，这与从根本上进行的“抑商”行为相去甚远。以下的分析正是为了说明，“抑商”在理念上的功用大于实际中的作用。

其一，“抑商”思想最早出现于战国时期。当时的市场与现代意义的市场不同，在自给自足的自然经济状态下，存在以有余换不足，却不存在为交换而

① 《国语·晋语四》
② 《左传》“哀公九年”。
③ 《战国策·齐策》。
④ 《管子·小匡》。
⑤ 《琅琊刻石碑》；《康熙御制耕织图诗》序；《汉书·昭帝纪》。

生产生活必需品的商品经济，因此，市场上流通的基本上是古人眼中的奢侈品——“雕文刻镂，锦绣纂组”[①]之工，商人因之也被一些士人视为可有可无的国家蛀虫[②]。在这种认识基础上，“抑商”带有“抑奢”的意义。

同时，士农工商各有所处，这在礼制社会中被看成是社会有序的保证。但当商人凭借经济实力影响诸侯甚至是朝廷政治，或高收入的工商业吸引大量农民弃农经商时，原来的社会均衡就会被打破。农民的流失除了削弱政府赋役（农民是赋役、兵役、工役的主要来源）外，还被看作是削弱了社会稳定的基础：以贩运为主的商人相当精明能干，他们“观凶饥，审国变，察其四时，而监其乡之货，以知其市之贾，负任担荷，以周四方，料多少，计贵贱，以其所有，易其所无，买贱鬻贵……”商人精明，即“好智”，“好智则多诈，多诈则巧法令，以是为非，以非为是”。此外，商人的财产少，以货币为主，他们因而被看作是“轻迁徙”，“皆有远志，无有居心”，“不愿与国家共患难”的一群[③]。而农民“少私义”，“力专一”，财产是土地，土地不能搬迁，他们不随便迁徙，与国家无二心[④]。由此可见，商被当作是社会不安定的因素，农则是国家稳定的保证。“抑商”因此成为维护封建秩序的一种理念。

其二，“抑商”可为传统的“禁榷制度”、“土贡制度”和“官工业制度”立言，成为三种制度推行的理论依据。自然经济状态下的生活必需品，基本上是自我满足，无须过多地依靠市场，只有盐、铁、茶、鱼等消费量最大，家庭生产无法自行解决，必须通过交换获得，因而是具有较高利润的商品。从春秋时期至封建社会末，政府相对垄断了这些紧俏物品的产销，禁止私人买卖，名之“禁榷”，朝廷由此成为最大的获利者。“土贡制度”即朝廷超越市场，直接向地方索取消费品、奢侈品的制度。“官工业制度”则是由政府自设作坊和工场，生产数量庞大的公用物品、军需品和昂贵的精品。

“抑商”理论从社会秩序、义利等方面为朝廷单独攫取大量工商利润提供依据，因此，“重农抑商”之举不过是证明封建政府分夺民利合理性的幌子，并不是取消工商的具体措施。在土地尚且可以买卖的自然经济与商品经济结合的社会里，商业的存在已成为基本的定势，这不是主观意识可以否定得了的。

其三，工商聚财比土地快，如“卖茶之利，岁百万计”[⑤]，“邯郸郭纵以铁冶成业，与王者埒富……”[⑥]《文献通考》曾言及：“《货殖传》中所载，

① 刘向《说苑·反质》。
②《韩非子·五蠹》。
③《管子·小匡》。
④《吕氏春秋·士容论》。
⑤《旧五代史》卷一三三，“马殷传”。
⑥《史记·货殖列传》。

大抵皆豪商巨贾，未闻有力田致富者。”[①]因此，工商能够分夺农村劳动力，有其必然性，如唐朝元和年间，因赋税过重，“百姓日蹙”，“散为商以游十三四矣”[②]，即成为游商的，十人中就有三四人。清朝乾嘉道年间，湖南巴陵县(今岳阳县)“十分其民，而工商居其四”[③]。在正常形态的社会里，商业是社会有序的保证，当商业发展过速，就会严重损害被看作是封建社会之本的农业，甚至还会侵犯对其起控制作用的朝廷和政府的利益。这时，“抑商”便成为一种调节手段，抑制过分发展的商业，使其恢复有序的状态。可以说，“抑商”思想在中国存在了两千多年，然而商业发展的步伐并没有停止。至于中国古代的商业不能与近代经济衔接，主要原因不在“抑商”思想，而在商业本身，在中国古代商业特有的性质和其发展目的上。

古代中国和西方的商业都属于“贩运性”商业，但由于地理和物质条件的不同，两者具有不同的性质和目的。西方早期商业的主要成分是生活必需品，如古希腊从埃及贩运粮食，这决定了西方商业对外部市场的依赖性和掠夺性，也给商业的独立发展提供了机遇。中国古代商业与自然经济紧密结合，是地主官僚制政治经济一体化中的一个要素，商业便只能在一体化的圈子里循序渐进式地发展，难以有实质性的突破。除此而外，古代商业的发展促进商业资本的积累，但在商业支配着产业的社会里，以货币形态存在的大量商业资本不可能通过转化为产业资本来发挥机能资本的作用。同时，由于商业资本自始至终是以货币形态存在的，而货币财产最易有丧失之虞，如战争就是最大的危险。这时，土地的社会价值便出来发挥作用，吸引大量的商业资本转向农村，去参与土地兼并和经营高利贷，即“以末致财，以本守之”。可见，尽管中国古代商业有很长且很繁荣的发展历史，但商业资本自身的走向不是建立“生产先于商业”的新格局，而是以极限消费和土地为目的，土地的价值始终高于一切价值，这是中国社会直到近代仍然不能摆脱以地主制经济为基础的生产方式的原因之一。

三、辽阔的国土与文化融合

1. 古代疆域的拓展

中国拥有辽阔的地域，地形环境东面临海，西北、西南与高原、沙漠和戈壁相邻，形成一个相对独立、封闭的巨大的地理单元。在这个庞大范围内孕育生长的古代中国，一直居于变化的动态之中。这种动态，除了“合久必分，分

① 马端临《文献通考·征榷考·征商》。
② 李翱《李文公集》“进士策问”。
③ 魏源《皇朝经世文编》卷二九，“户政·赋役”。

久必合”的历史自衡状态外，还表现在活动区域的不断拓展上。

中国第一个朝代夏大致位于黄河中下游流域，最盛时期的地界，东止于郑州（济水上游），西近倚华山，南濒接伊洛（伊洛盆地在黄河中游），北远达长治，约跨今豫、晋、陕三省交界一带，活动范围相当狭小。从东方黄河下游发展起来的商殷，在灭夏后迅速扩张，活动区域西起甘陇，东达齐鲁滨海地区，南抵淮上，北至关塞（今河北、山西北部），遍及华北大部分地区，远远超过了夏代。待至周王朝建立，中国疆域已远及江、汉流域。秦统一中国，疆域“东至海暨朝鲜，西至临洮、羌中，南至北向户，北据河为塞，旁阴山至辽东”[①]，略有今冀、鲁、晋、豫、陕、苏、浙、皖、闽、赣、鄂、湘、黔、粤、桂等十五省全境，及甘、川、云、辽、内蒙、宁的大部分或一部分，并有今越南东北部及朝鲜西北部一隅之地，成为当时世界上疆域最大的国家[②]。汉唐时代，中国地域时有盈缩，甚或有扩大，终形成今天所见的广袤疆域。

中国之所以能拥有辽阔的国土，有诸多方面原因，主要有：

（1）易于沟通的地理条件。东亚大陆内部地域紧连，甚少有人类难以逾越的天然屏障可以析划，由此形成便于周旋的广阔腹地。自然河流、人工运河脉散绮错，驰道通达四极，汇织成四通八达的水陆交通网。在四方辐辏之地，“市廛所会，万商之渊，列隧百里，罗肆巨千，贿货山积，纤丽星繁”[③]的商业都市和“皇城之内，宫室光明，阙庭神丽”[④]的政治都市相继涌现，其往往同时成为文化中心。这些条件有利于经济、文化的交通和沟通，成为共同文化心理和空间意识产生的基础。

（2）文化中心转移。文化的发展带有很明显的地缘流动性，随着时代的变迁，新的文化中心取代旧的文化中心成为历史的必然。这种文化中心的转移在古代中国几千年的岁月里屡见不鲜，尤其在国家早期的文化圈同时也是经济圈、政治圈时，中心的转移对于扩大疆域便具有非同寻常的意义。

汉唐及其以前，黄河流域是全国文化发展的中心，从西晋开始，南方江淮流域形成新的经济中心，但由于文化行为比较单一，基本上是围绕经济展开，因此，这时的江淮流域只是以黄河流域为核心的文化圈的半边缘地带。唐朝末年，黄河在自然因素和人为因素的作用下，发生地理变迁，从以往的安流状态变为决徙频繁，加上宋代政治中心南移，全国性文化中心随之南移。除了整体中心的转移外，局部文化中心的转移更为活跃，如黄河中下游的东方海岱

① 《史记·秦始皇本纪》。
② 参见王育民《中国历史地理概论》第十二章第三节。
③ 左思《蜀都赋》。
④ 班固《东都赋》。

(“关东”，以函谷关为界）文化和黄河河曲的西方渭洛（“关西”、“关中”）文化，长江流域的楚文化、蜀文化和吴文化，北方草原大漠的各族文化等都有此消彼长、交替成熟、易时转移的趋势。

无论是宏观文化，还是局部文化，在失去昔日的中心地位后，并未因之而湮没，相反以各自特有的优势（如经济、交通、采邑、邦国等）成为次中心，这在元、明、清政治中心与经济中心分离后表现得尤为明显。由于每一个文化圈都有核心地带、半边缘地带和边缘地带，联结的区域往往为数众多，中心的转移便有利于域内的巩固和继续向外拓展。

(3) 移民和战争。如果说战争是利用兼并和扩张实现统一的手段，那么，移民则带有开发的客观效果。中国历史上的移民并不少见，仅从北向南的大规模移民潮就有三次：第一次是在秦始皇统一中国后，派遣50万人南戍五岭。第二次是西晋“永嘉之乱”后，北方汉族人民为逃避战乱、饥荒和民族压迫，大批渡江南迁，史载：“中州士女避乱江左者十六七。”[①]分散流移到南方其他各处的北方人也为数不少，如“流人在荆州，十余万户”。据估计，自东晋初到刘宋末，北方流移南下的人口即在100万以上[②]。第三次是在北宋末“靖康之乱”后，再掀起北人南迁的高潮。[③]由于北人的大量南迁，江、浙、湖、闽、广各地，“西北流寓之遍满”[④]。

除了大规模移民外，局部移民和较小规模的移民不计其数。此外，中国历代几乎都有严重的“流民”问题。概言之，移民的性质有三类：一类是自然移民，主要发生于对自然依赖严重的氏族及夏商时代，据水源、地力的资源情况决定迁徙的动向，以后也包括灾荒移民。一类是经济移民，早在先秦时，利用移民开发土地的认识已经萌生，战国时辅秦的政治家商鞅就指出：“民胜其地者，事徕（招徕外人来开垦）。”[⑤]秦统一中国后，施行迁徙富豪及徙民戍边的政策，除派遣50万人戍岭南，还“徙天下豪富于咸阳十二万户”，约60万人。唐代一度采取徙狭就宽的“乐迁”政策，以种种奖励（如轻减赋税等）鼓励人们从人口密集、耕地狭小的区域移民至土旷人稀的地方。[⑥]一类是政治移民，如秦汉的“实关中”、“戍边郡”政策，就带有政治移民的性质。这类移民也包括掳掠、逃避战乱和苛捐杂税的移民。上述移民，尤其是后两类移民，对于

①《晋书·王导传》。
② 参见王育民《中国历史地理概论》第十章。
③ 参见王育民《中国历史地理概论》第十章。
④ 庄绰《鸡肋编》卷上。
⑤《商君书·算地》。
⑥《新唐书·食货志》。

民户来说，并非“乐迁”，许多恰是被迫而行的。但从客观发展的总趋势来看，移民者往往是从经济文化较先进的区域向较落后的区域迁徙，这对落后区域的开发起到促进作用，如江南经济能后来居上，离不开自北向南的移民大潮。

这里也说明了一个问题，与为“重农抑商”缘饰的“安土重迁”（重，即“难”）思想形成对照的移民现象，反映出中国人具有内动的性格（“内在应变”而非“内在冲动”），正是这种性格塑造出民族文化的同化性。

(4) 各民族间的相互迁徙与融合。中国疆域的开拓，应是汉族和非汉族共同努力的结果，其中包括汉族与西南瑶、壮、彝等边疆民族的双向渗透[1]，也包括汉文化与北方大漠文化、西北西域文化的相互浸润，这一点将在后文专门论述。

由上可见，中国广阔疆域的拓展具有独立的特性，正如清雍正皇帝所说：“皆天时人事之自然，岂人力所能强乎。”[2]“天时”是地理环境和文化景观给中国人带来的“优惠”条件，“人事”是历史孕育而成的“内动”基因与“和”文化的共同作用。客观地说，地缘特色与文化机制之间存在双向效应，后者对前者发挥顺行效应，前者亦对后者产生逆行效应。

第一，幅员辽阔的疆域为保持文化传统提供了条件。当异质文化传入中国后，它们面对的是面积庞大（近似于整个欧洲，远超过现在的西欧）的地理单元和民族众多、城乡结构独特（农村面积广阔，城市性质复杂）、人口素质不一、东西南北习俗各异的环境情势，即使有最大限度的传播覆盖率，也往往是“水过鸭背，及表不及里”。在这样的情况下，中国文化大体上是在本土独自酝酿成长，即使有外来文化成分由西域或海上传入，皆能雍容消纳，使中国文化的发展稳定而富于自信，传统之链从未中断过。反观埃及、印度和巴比伦，则不乏传统中断的历史记载。

第二，广大的疆域容纳了各民族共同性和多样性的文化心理。几千年文化的传播和交流，以及传统在时代上的连续性和不可分割性，造就了各民族文化的共同性。这种共同性，主要是建立在源远流长的文化多向交流和融通的基础上，而非仅依靠战争和征服，因而能有巩固的地位，即使是在国家处于分裂的时期，也是如此。这是中国历史上一而再，再而三，多次形成新的统一的保证。比较世界上曾出现过的军事帝国，如波斯帝国、查理曼帝国、罗马帝国和奥斯曼帝国等等，尽管它们存在的时间并不短，统治的地域也很广大，但正因为是以军事力量作为维系帝国生存的纽带，外强中干，一旦武力衰退，即刻土崩瓦解，灭亡后再也不可能形成新的统一。以史为鉴，文化的共同性对于毗邻

---

① 谢肇淛《五杂俎》卷四，“地部”二。
②《清世宗实录》卷八三。

民族和居于同一地理圈但互存差异的区域来说，弥足珍贵。

中国文化传统除了具有共同性文化心理，也具有多样性的文化心理，这不仅表现在不同民族的传统上，也表现在汉民族本身的文化意识层次、地域文化和时代文化差异上。只有多样化的文化，才能丰富中华传统的内涵，才能通过边际效应促进中国文化的共同发展。

2. 多元文化的融合

从文化进化的角度看，中国文化是多民族文化融会的结晶。这是一个文化群（系统），它肇始于同一的原始状态，在以后的发展过程中，受多种进化因素的影响，呈树状分叉，出现多方向、多种形态发展的异族个体。这些族的个体保留了人类原始状态中对自然的依附特性，表现出浓厚的地域色彩，又通过超地域性的冲突、竞争、交流和“新种代替失势的旧种”[①]的演进，结成具有内部调节机制的文化共同体。简言之，中国文化不是一种依线性进化方式发展的单元个体，而是多元文化的融合，在其历史的轨迹中，曾出现四次明显的文化融合的转折点：华夏文化形成、华夷（或称夷夏）文化融合、中国与亚洲邻国的文化交流和近代中西文化交流。

中国文化源于母系氏族末期至父系部落联盟的传说时期。在这一时期，黄河流域分布着崇奉各自宗神（或图腾）的氏族、部落。以后，又逐渐结成较为先进的两大初始文化圈：一是居西方黄河中上游的华夏族，一是居东海之滨的鸟夷族。据有关学者的研究[②]，华夏族的直接祖先是活跃于黄河上游渭水流域到甘陇一带的羌、氐族。氐（少典氏）、羌（有蛴氏）族各分化出一部分向东迁移，成为新族。其中东进的氐族新支以黄帝（轩辕氏）为宗，称为姬姓黄帝部落。黄帝族沿黄河向东发展，途中除了容纳其他异姓部族外，也有部分氐族留居今山西省南部，并以襄汾陶寺为中心，创造出中原龙山文化陶寺类型，这一支黄帝后裔从此开始用“夏”这一族名（约公元前25世纪开始）。另有一部分黄帝族的族属，则留居汾河下游涑水流域，即运城盆地，开辟以夏县东下冯为中心的二里头文化东下冯类型，并依与汾水汇合的华水（出自华谷），定名为“华”族（约公元前23世纪开始）。因而，黄帝族的直系后裔被后人笼统称为华夏族。

东移的部分羌族以炎帝（烈山氏）为宗，称为姜姓炎帝部落，其沿渭水向东发展，又继续循黄河南岸东进。大抵炎帝族与黄帝族之间具有通婚的姻亲关

---

① 借用物种进化论中的术语。物种进化观点认为，生物的进化是其系统内部不断发生的混沌到有序，又从有序到混沌，再走向新的有序的过程。每一次的进化都以突变和跃迁的方式进行。但这不是某个个体物种演变成另一个个体物种，而是一种原来居边缘地位的物种侵入占据支配地位的物种，以一个新种代替失势的旧种进行的。

② 参见刘起釪：《我国古史传说时期综考》，载《文史》第28、29辑。

系，唇齿相依，共属同一个文化圈，故而得以与其他较小的部落组成部落联盟，华夏族的名称亦自然而然地扩大到这个以农耕为主要经济成分、农牧结合的氏族集团范围内。

东方黄河下游齐鲁一带聚集着众多崇奉鸟图腾的族属——鸟夷诸族（东夷）其中主要的一支是商王朝和秦人的远祖。鸟夷族以游猎、畜牧为经济生活的主要内容，形成另一个较具先进水平的文化圈。

华夏族与鸟夷族两大文化先导圈随着彼此间的相向迁移，地域外延渐次扩大，终在中原地区汇合，加上当地部落集团的入盟，使黄河流域诸氏族文化出现融为一体的趋势，这种趋势在夏、商、周的交替变迁中成为事实。

当社会进入青铜时代，华夏族率先进入中原，创建了第一个奴隶制王朝。东方鸟夷族中的商族也于不断流徙中强化军事角逐力量，养精蓄锐数百年，灭夏立国，建立了第二个奴隶制王国。公元前一千多年前，宣称以夏为祖先的姬姓周人以摧枯拉朽之势，一举灭殷（商），建立西周。至此，华夏文化与东夷文化在不断地渗透、交换优势和沟通嬗变中，完成了中国文化第一次大融合，在这个基础上，黄河流域的北方文化又与江淮流域的南方文化交相融会，最终建立起广义的“华夏”共同体。

春秋战国时期，诸子百家以各种思想和世界观为指导，竞相演绎、编撰古史。他们用理性的眼光看待过去，将神话和传说编为历史，以此创造出“华夏”演进大系。在这个大系统里，传说中的各氏族宗神被精心挑选出来，人化为“华夏”的共同的始祖——“五帝”：东方的太暤（伏羲）、南方的炎帝（神农）、西方的少昊、北方的颛顼和居于中间、号令天下的黄帝①，又构筑了人间圣王的楷模“二帝”（尧、舜）、“三王”（夏禹、商汤、周文武）系统。尽管传说的历史人物之间不一定存在宗亲关系②，但为了强调华夏的渊源，在古人塑造的体系里，无论是“五帝”，还是“二帝三王”，都以血缘关系作为等级调节中枢，以人格神（帝）作为权威象征。

从这里，我们可以看到以“神”为纽带的游猎文化和以家族血缘为纽带的农牧文化，甚至包括黄河以南的部分苗黎、楚文化等，在意识形态上的完全融合，这标志着中国以“和”为特征的文化的初步成熟。后人以龙凤双合③作为

① 《礼记·月令》。除此之外，其他的记载中还有不同的说法。又，少昊原属东方鸟夷族，传说其后迁居“西方”，成为“西方天帝”。鸟夷族是游猎部落联盟，一些部落和氏族游居西部是可能的，如嬴姓秦人的祖先属鸟夷族，后迁居西陲，传说中少昊的后裔便是秦人祖先之一。参见《史记·秦本记》；袁轲：《中国古代神话》第三章，中华书局1960年版；林剑鸣：《秦史稿》第二章，上海人民出版社1981年版。

② 参见顾颉刚《古史辨》第四册序、第七册“战国秦汉间人的造伪与辨伪”。

③ “龙”是黄帝族的图腾，有学者认为这是蛇和牛、马、羊、鸡等家禽的集合体，象征以水土为生的农牧部落；“凤”是鸟夷诸族的图腾——各种鸟类的集合体，象征游徙不定的游牧部落。

“和”的象征，其深远寓意可以追溯到黄河流域诸文化的成熟与融合。

黄河流域的华夏文化成型后，又以同样的方式与周边文化交流，这是“华夷”文化融合为中国文化的开端。

“夷”，最初是对东方各族的称呼，后又泛指中原四方的部族，秦汉以后，其意义更可广延至中国疆域内各个少数民族。早在西周中期，以周为中心的华夏文化就已经处在与四方文化相互渗透的局面中，以游牧为主要经济内容的戎狄[①]部族文化与周文化历经冲突、杂居而达到融合，拉开了中华多元文化第二次大融合的序幕。战国时，各地域、各民族文化犬牙交错，兴废继绝，此消彼长，至秦统一中国，华夷文化的融合进入其发展的新里程。从此以后，中国文化便在多民族共存互补的主要趋势下，具备了一体化的资格。

尽管华夷也即边疆民族与汉民族“迟速异齐，五味异和，器械异制，衣服异宜”[②]，使中国境域内出现了多元的文化中心，但无论是汉族，还是其他民族，大体上都对异族采取“修其教不易其俗，齐其政不易其宜”[③]的理智性行为。如汉族在西汉以前尚以军事行动作为向大漠、西南扩张的重要手段，东汉以后，军事活动转变为次要的防御性行为。在承认和尊重边疆民族的独立性的基础上，采用了“和亲”、“互市”、“贡赐”、“绥抚”、设立“羁縻州”[④]和征收少数民族赋税“夷傣之户皆半输（免去半数）”的民族政策；契丹的大辽国，典章制度“大略采用大唐”；元朝入主中华后，“附会汉法”；清朝的康熙帝一直强调“满汉一体”，在北京开设博学鸿儒科，罗致全国“名士”，共建基业[⑤]。雍正也鼓吹“华夷无别”，并说“本朝之为满洲，犹中国之有籍贯”，同是中国人，不能因籍贯（民族）之不同，而“妄判中外”[⑥]。

长期以来，中国各民族人民相依相存，各异质文化互为吸纳和融合，奠定了建立共同政治实体的基础，至清代最终实现全国空前的大统一，完成了各民族共同融合成为中华民族的历史过程。各具特征的民族文化的融合，是中国文化系统不断进化的最基本条件。

多民族的融合，创造了多元一体的文化，但“多元”的含义并非单纯地指中国各民族间的交流，也包括中国文化与外来文化的交流。外来文化毕竟与中

---

① 据顾栋高《春秋大事表》的归纳，西周中期以猃狁为首的戎狄部落中，戎可分为七，即散布于河西河北，今鲁西、晋南及伊洛间的俪戎、大戎、山戎、北戎、陆浑戎、蛮氏戎、伊洛之戎等；狄可分为三，即杂处于上述地区的白狄、长狄、赤狄等。

②《礼记·王制》。

③《礼记·王制》。

④“互市”，即汉族与边疆民族之间互通有无的贸易集市；“绥抚”即不轻易用兵，以安抚为主；“羁縻州”即不改变民族生产方式和风俗习惯，用其贵族继续直接统治的行政区域。

⑤《清圣祖实录》卷七一。

⑥ 雍正《大义觉迷录》卷首。

国本土文化不同，中国文化对其的选择比较困难。然而，当观念的定势被突破后，中国文化的“和”的机制便会发挥作用，使中国人得以超越地理的隔绝，吸收外来文化中利于自己发展的新的因素。与中亚、西方文化的交流正说明了这一点，而这种交流正是在中国人对世界的认识不断扩大的过程中逐步发展起来的。

有史以来，华夏族寓居中原一带，眼见本族已进入较高水准的农耕时代，周边的民族仍处于“茹毛饮血”的游牧阶段，甚而更低层次的采集阶段。由此，以卓尔他族的自傲心理将自己居住的这片热土称为“天下之中”、“中国”，周围地方则是“四方”、“方外”、“化外”（华夏统治的教化达不到的地方），以后固定为某种地域观念：天圆地方，我居中央，四海六合的中心在中国；中国地分九域——冀、兖、青、徐、扬、荆、豫、梁、雍，号称“九州”[①]。

“天下之中”的观念，至战国晚期发生动摇。齐国的术士邹衍超越“九州观”，提出“大九州观”[②]，认为“天下”并非只有中国和“四方”，中国也并非为“天下之中”，仅是“天下”的八十一分之一。邹衍将《禹贡》所说的“九州”统为一州，名“赤县神州”；类似“神州”的州共有九个，合并为“小九州”，这种小九州又有九个，每个彼此被稗海（小海）环隔。九个小九州组成大九州，即为“天下”——世界，其外有大瀛海所环绕，这便是天地之际（古人认为“天圆地方”，大海边就是天边海角），依司马迁在《史记》中所说，大九州观是邹衍根据《易》的道理推论出来的，不代表现实，如果不是当时中国与外部世界已有接触，邹衍恐怕也难以超出狭隘的九州观。

自古以来，关陇以西的辽阔土地就已经有人往来于今日欧洲和亚洲之间。[③]春秋年间，秦霸“西戎”，统一黄河以西的广大区域，成为沟通中原与外部世界资讯往来的桥梁。正是在这个基础上，才出现“大九州”观这样一种对世界总体的原始认识，尽管其夹杂理想主义的色彩，但在汉代以后，这种认识成了人们认识世界的原动力。利用一切可能的手段超越当时的地理障碍，向外部世界广泛探寻，逐渐成为事实。

古代与外部世界的联系，大规模的形式起于西汉张骞通西域之后。著名的陆上丝绸之路并非现代人凭现代地形图想象出来的，仅是两条“狭窄的小道”，“不可能有多大作为”。据历史记载，由于古代西域河流的分布（这些河流到今天有的已干涸、改道，有的潜行于地下），“丝绸之路”穿越的地带并未被流

---

①《尚书·禹贡》。按：《禹贡》将“九州”定为禹时的行政区域。现代学者分析指出这不是真实情况，但可代表战国初及其以前人们的地理观念。

②《史记·孟子荀卿列传》。

③ 参见张星烺《中国交通史料汇编》第一册，第二至七节。

沙覆盖，有“绿洲之路”之称。中国商队避开塔克拉玛干沙漠，络绎于“丝路”南北两道上，以丝绸为主的大宗货物通过这一横贯亚洲内陆的交通大道，源源不绝地运往中亚、西亚，并由安息商人转输到欧洲。西方的各种特产及艺术、宗教也顺着“丝路”传入中国①。丝绸之路呈现出“驰命走驿，不绝于月；胡商贩客，日款于塞下”②的繁荣景象。地处中西交通门户的敦煌，也发展成为“华戎所交一大都会”③。东汉时，在西亚、中亚乃至欧洲，源于中国的丝路成为交通的主要干道，并以此逐步发展为四通八达的交通网。随着地理大发现，欧洲到东方新航路的发现，丝绸之路才逐渐湮没。

除“丝路”外，经陆路与西部世界联系的主要交通线，尚有在张骞通丝路主干道以前就存在的“蜀身毒道”和“草原路”，前者由四川曲折转达进入印度，后者由东西向，纵贯亚欧草原地带④，并于元代为中西陆路交通带来极盛一时的景象。

中国向外沟通的海上交通线，主要有两类：一类是从南海经马六甲海峡入印度洋，终抵“大秦”（古罗马）的“海上丝路”；一类是中日、中朝间的海上交通。“海上丝路”，有史籍可考的，始于西汉，鼎盛于宋元。中日海上交通正式辟于东汉，以后逐渐发展为三条以上的航线。宋元明清时代，中日间屡次发生海禁：北宋前期（公元11世纪），适值日本外戚藤原氏全盛时期，实行闭关主义政策，日本商船匿迹于海上，但北宋商船仍不断前往日本；有明一代，海上倭寇猖獗，为患严重，明政府采取海禁政策，但是，中日民间贸易却很发达；清初，为了防御郑成功从海上与沿海人民相结合，共同进行抗清斗争，清政府于顺治十八年（公元1661年）开始实行大规模迁徙濒海居民的政策，严禁片帆出海，名之“迁海”；康熙二十二年（公元1683年），清政府统一台湾，遂下令“开海贸易”。与欧洲的贸易，带起了专门经营洋货的洋商阶层⑤。正其时，恰逢日本处于德川幕府统治时期，实行锁国政策（始于公元1639年），严禁国人渡海通商。可见，宋代至清代“海禁”的出现，有其客观原因，因此，笼统地指责几千年历史上的中国人都具有“大陆民族”的“封闭心理”，难免以偏概全。

古代中国人超越地理上的封闭状态，执著地开辟对外交流之路，这本身说明“天下之中”只是一种概念，在某些时期甚至可成为中外交流的指导思想，但它不是一种传统，没有不可突破之理。正是在这样的基础上，发生了逾两千

① 王育民：《中国历史地理概论》（上册），人民教育出版社1962年版，第426页。
② 《后汉书·西域传》。
③ 《续汉书·郡国志》注引《耆旧记》。
④ 参见王育民《中国历史地理概论》第九章第四节。
⑤ 李龙潜：《明清经济史》，广东高等教育出版社1988年版，第439~441页。

年的中国与亚洲其他国家文化交流和于近代进入高潮的中西文化交流。

中国与亚洲其他国家的文化交流开始得很早，先秦文献、秦汉史籍有不少提到朝鲜、越南、日本、印度（身毒、天竺）、中亚细亚等国的地名，足以证明中国与周边国家的渊源关系。如《山海经·海内经》有“东海之内，北海之隅，有国名朝鲜……”的记载，《尚书·大传》亦有越南人的祖先在周代与中国通使的记载“越裳氏重译而来”，最早提到日本的是《汉书·地理志》：“夫乐浪海中有倭人，分为百余人，以岁时来献见云。”《吕氏春秋·古乐篇》、《山海经》、《逸周书·王会篇》、《史记》等则都不止一次地言及渠搜（汉时大宛）、康（汉时康居）、大夏、月氏、安息（今伊朗，魏晋时称波斯）等中亚细亚国家的名字。古代中国与上述国家的交流多为物态文化方面，如物质、技术等。在精神文化方面，则较为关注外来的艺术（文学、戏剧、音乐、舞蹈等）和宗教思想，尤以魏晋始传入中国的佛教和7世纪中叶始传入的伊斯兰教为甚。

中西文化交流约始于汉代以前。是时，中国的商品已经由西域转输到欧洲。《史记·大宛列传》称：“在大月氏西可数千里……其西则条支，北有奄蔡、黎轩。”黎轩即罗马（后称大秦），这说明早在西汉时，中国人的地理知识里已包含罗马，若没有中西间的接触，便难以有这种清晰的认识。中国与罗马间最初是经由西域进行商业文流的，后因安息人从中阻挠[①]，便改由海路[②]。公元3世纪后数百年，中国与欧洲的交流以海上通道为主，其中多是通过越南进行[③]。由于不断交往，至魏晋时，中国人对欧洲的认识已不局限于物质，《晋书·西域传》在言及大秦国的国情制度、风俗物产时说：“若国有灾异，更立贤人，放其旧王，被放者亦不敢怨。”这似乎是看到了罗马君主制度与中国君主制度间的不同所在。

总的说来，中国与欧洲的文化交流，在古代基本上是输出的趋势大于输入，这是符合文化发展的客观规律的。文化在进化的过程中，具有先进文化向落后区域流动的特征，而5世纪至15世纪正是欧洲文化近千年的沉寂黑暗期，中国文化则处于相对昌盛繁荣时代，古代科技水平一直居领先地位，这势必影响古代世界文化交流的主体动向。因此，中国古代对外来精神文化的接纳，仍以邻近的印度、中亚细亚诸国和阿拉伯文化为主。中西文化交流则延至近现代方才进入高潮期。这时，中国文化对西方文化的吸收已经是带有明显的扬弃传

---

①《后汉书·西域传》称：“其王（指罗马）常欲通使于汉，而安欲以汉结采与之互市，故遮阂不得自达。”

②《后汉书·西域传》。

③《南史·夷貊传》。

统精神的内涵，在引进西方先进的学术、思想和科技的同时，保持中国传统中利于现代化的积极因素，抛弃不利于文化进化的消极因素，已经逐渐成为中国人一种较为清醒的认识。

概括中国与外部世界联系的历史，我们可以得出两点结论：

第一，中国所谓“封闭”、“半封闭”的地理环境，从秦汉算起，已经存在了 2000 年，但是，中国人并未放弃对外部世界的探求和接纳。汉唐时代，中外文化交流的繁荣，正来自人类对地理隔绝的突破。

第二，中国文化具有阶段性开放的特点，即抱着对外部世界的兴趣，同化和吸收来自异域的文化。这种开放性主要表现在“和”的传统机制上，它使中国人的探索视线不断延伸，视野不断扩大，从黄河流域而至整个中国疆域，又从中国而至域外，再继续扩大到遥远的西方。没有这种开放性的特点，便没有中国延绵 5000 年而又不断进化的文化史。

第二章 中国传统文化的社会背景

人类文化遵循共同的发展规律，从原始形态向更高、更复杂的形态进化。其间，文化各要素不是孤立地单系发展，除了互相渗透、联系和干预外，还与社会共同构成统一的有机体。研究文化状态，不能从其社会的躯体上割离开来。

社会结构本身是一个多维系统，在中国古代特有的经济基础制约下，系统中占主导地位的部分，就是建立在家族、宗族等血缘关系上的传统观念和建立在地缘关系上的政治制度。在漫长的历史时期中，社会结构经常处于相对稳定的状态之中，这为中国文化特征的定型提供了充分的时间和条件。

第一节 人类初始集团的社会导向

家庭，是文明时代大多数人降生后接触到的最初群体——初始人类集团。尽管家庭“就其体现着集中的，有时也是广泛的人际关系而言，是一切文化的基础学校”①，但在不同社会、不同地域或不同时代，家庭分别反映出不同的生活价值取向，有的逐渐转型为异质于血缘关系的处世观，为家庭以外的二次集团，如宗教、种姓、各种社团和思想团体所取代；有的依然以家庭为一切文化的基础，在此基础上，家庭被扩大为各血缘集团、亲属集团，即二次集团本身是初始集团的延伸。古代中国即属后者：宗族，是生活现实中最重要的二次人类集团。

在进入国家形态之后，中国古代社会的价值导向几乎均以家庭为起点，这与印度的超自然观、近代欧洲的自我中心观②形成对照，中国的政治、经济、思想文化无不带有深刻的家庭意识的痕迹。

一、家国同构

一般来说，由氏族社会脱胎而成的早期国家均有因袭氏族血缘的传统，在

① 许烺光：《宗族·种姓·俱乐部》，华夏出版社 1990 年版。
② 参见许烺光《宗族·种姓·俱乐部》第一章。

此基础上建立起或集中或松散的领主政制，西方的古代典型国家希腊是这样，东方的中国亦如是。古希腊国家形成于公元前1500年的由亚细亚人建立的迈锡尼王国时期（约与中国的商王朝同时）。这时候，“在迈锡尼，贵族的氏族显然有更重要的地位”[①]，政制带有氏族民主的传统，即“印欧酋长遗风”[②]。公元前12世纪特洛伊战争之后，迈锡尼王朝急剧衰落，希腊大陆上相对统一的局面从此开始破裂，约在公元前1050年左右，已经陆续南下的北方多里安人摧毁了这个全希腊最高王权，造成希腊本土各邦分立、不相统属的局面。但在公元前8世纪之前，分立的基本上是人种语言集团，只是到了公元前8世纪至前6世纪的希腊城邦时期，才真正出现各个政治集团鼎立的局面。[③]恰在此时，远在东方的中国也正好处在血缘政治的产物——宗法制瓦解的时期。

宗法是古代社会的一种等级制度，其主要特征是以家族为中心，根据血缘远近区分嫡庶亲疏，其主要精神是嫡长子继承制。在古代，宗法普遍存在于领主制封建国家，包括中世纪的欧洲社会，只是在宗法组织的宽严、松密和对后世的影响上各自有别而已。

中国自夏启以子承父业建立第一个王朝——夏时起，宗法开始萌芽，至商殷而成雏形[④]。周朝建立，宗法制度最终确立下来，并逐步形成一张庞大、复杂而又井然有序的血缘网络，其严密性、整合性堪称举世无双。

周朝宗法内部结构的基本点是有嫡庶不同的大宗、小宗之分，一国之君的工位由嫡长子继承，次子以下的儿子统称“别子”，不能继承君位，只能世袭国君以下的爵位，如公爵、侯爵等。别子不能与君位继承人同祖，必须分出去另立一个宗族，其嫡长子继承别子的主要财产和爵位以及爵土，如此代代相传，“百世不迁”（传一百代也不改变宗系），别子的嫡长子嫡长孙组成的传宗系列，在别子的宗族里称为“大宗”。此外，别子还有次子及其他儿子，称为“庶子”，庶子的后代（即庶子的嫡长子）组成另一系列，称为“小宗”，庶子的其他儿子同样另立门户，自组小宗系列（见图2-1）[⑤]。

---

① 塞尔格耶夫：《古希腊》，高等教育出版社1955年版，第102页。

② 顾准：《希腊城邦制度》，中国社会科学出版社1982年版，第39页。

③ 参见顾准《希腊城邦制度》第二章。

④ 王国维《殷周制度论》：认为商代实行兄终弟及，故不存在宗法。但依近年对殷墟甲骨文的深入研究，有学者认为商人也行嫡长子继承制，“兄终弟及”只是一种辅助的方法，目的是避免幼主登王位。

⑤ 本图已作简化，事实上，无论是大宗还是小宗，每个继承人都有兄弟，这些兄弟都可组成小宗系列，形成复杂的宗族关系。

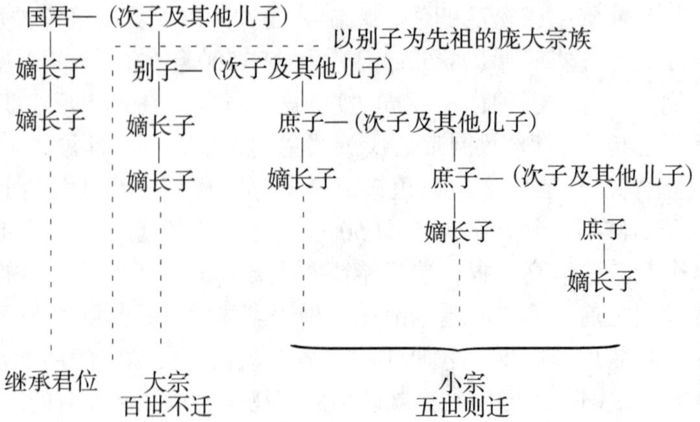

图 2-1 宗族世系表

小宗传代有限，一般只传五代，故曰“五世则迁”。大宗的继承人习惯叫做“宗子”，始终继承别子，所谓“继别为大宗”；小宗继承人则叫做“公子”，各代继承其父（又叫“祢”），即“继祢为小宗”。一个庞大宗族往往由一支大宗和数支小宗组成，宗子成为宗族内的族长继承人，别子则成为宗族内共同的先祖宗（始祖）。

宗法家族一般限于别子以下的大夫、士阶层，但从广义上讲，天子、诸侯（卿）、大夫、庶人都受宗法法则支配，使西周社会成为“家国同构”的典型。

明代人朱权曾谈到西周的特征：“周建邦本，贵乎同姓。以天下为家，以家人治之。”①其意是：周天子以天下为“家”，以本族姬姓为天下“大宗”，“大宗”统率“小宗”——泛指姬姓庶族及其他异姓族，周天子则成为天下的当然“族长”，管理全国这样一个“大家族”。既然治国以治家为蓝本，便无须纯国家建制，因此，周没有完整的官僚机构，只有辅佐天子的“三公”（一说是司马、司徒、司空；一说是太师、太傅、太保），《周礼》则载有“六官”之制：天官（治官）、地官（教官）、春官（礼官）、夏官（政官）、秋官（刑官）、冬官（事官）。君主统治的基本保证只能依赖宗法封建——“分封制”。

“分封制”是封国制度和采邑制度的总称，封国制度简称“封建”，即封土建国。其意义在于承认周天子是天下的共主，由天子将属于国家公有的土地划为分立的封地，分封给天子的同姓兄弟子侄和异姓贵族，由他们在领有的封土上建立宗国（诸侯属国）。在诸侯中，以天子的同姓亲属最多，周初 71 个封国，姬姓占了 53 个，目的是“封建亲戚，以藩屏周”，让亲属封国拱卫周的统

① 朱权《神奇秘谱》下卷。

治。诸侯在封国内采用同样的手法，将田邑（包括土地上的庶民）转而封赐给所属的卿、大夫（以别子的直系亲属为主），即为“采邑”或“采地”。土地如此逐级下分，直到最后以份地形式分配给农奴。

这样一种自上而下的分封制必然带来两个后果：一是封土和采邑虽然是诸侯、卿大夫的世袭领地，他们也因此而成为领主，但原则上领地不能买卖，“田里不鬻”①，领地所有权统归天子，即《诗经》所言：“溥天之下，莫非王土。”这种领主制经济制约着宗法等级秩序，形成自下而上的依附关系。二是通过分封关系，天子统辖诸侯，诸侯统辖卿大夫，卿大夫以下又有士、庶民和农奴，由此形成一个金字塔形的等级序列。这是一种君主统治的结构，在这个结构中，天子与诸侯、卿大夫和士有着或远或近的血缘关系。换言之，国家等级序列与血缘关系的亲疏远近相吻合，表明国和家是相通的，君主统治国家的等级系列（“君统”）与族长统治家族的系列（“宗统”）合二为一。

西周后期，宗法制衰落，并于公元前 8 世纪至前 3 世纪的春秋战国时代开始瓦解，家国同构的实体趋于分裂，但不表明这种形态已被画上句号。随着儒学的逐步完善，家国同构作为一种观念仍被保留下来，成为维系古代社会政治②的意识形态。

先秦以后，家国同构的政治实体已经不存在，但为什么其观念形态能够长期保留？这应该归诸秦以后的大国统治。比较而言，古希腊在失去大陆的统一后，开始向海外殖民，跨海迁移的艰辛促使以契约为基础而不是以血族为基础的政治的成熟③。因此，以建立海外殖民城市为基础的希腊城邦可以分而治之，不需以血缘关系作为巩固城邦的核心。中国地域广袤，人口众多，“内圣外王”便被视为君主统治大国的关键。这其中，“外王”是君临天下，保证各种统一的措施能够贯彻执行；“内圣”则是以统一的思想统摄天下人心。宗法时期的血缘关系培植出“父义、母慈、兄友、弟恭、子孝”④的人际关系典范，这种“礼”的雏形既然是“慎（诚）”而“徽（美）”⑤的，自然被引鉴为治国之本，成为“内圣”之道。中国史学的早熟，也为后人追寻“家国同构”提供

① 《礼记·王制》。

② 这里的“封建社会”指秦至近代以前的社会政治。从狭义的角度说，“封建”是西周的社会特征，但从广义的角度看，秦以后的社会形态依然是封建形态。尽管封建的经济形态从领主制转为地主制，政治形态也从非集中的贵族统治转变为集中的专制官僚统治，但其本质还存在，为了不至于与西周“封建”混淆，我们也可以将秦以后的封建社会称为“变态的封建社会”。详见傅筑夫：《中国封建社会经济史》，人民出版社 1981 年版，第 191 页。

③ 顾准：《希腊城邦制度》，中国社会科学出版社 1982 年版，第 60～62 页。

④ 《左传·文公十八年》。

⑤ 《尚书·尧典》。

了经验和史料。此外，严谨的宗法家庭代代传承，无形中成为固有的“集体无（潜）意识”，对家庭的感情极易被引导。“国之本在家”[①]、“家齐而国治”等无疑在国家政治中利用了人们的家族情结。这些都是“家国同构”作为一种观念盛行不衰的原因。

二、“千年田八百主”

宗族，在中国古代社会乃至近代社会长期存在，因此，有人将中国文化称为“宗法文化”。从严格的意义上来讲，这种提法似欠妥当。宗法家族只是盛行于西周时代，秦代以后2000年里，占主导地位的宗族，基本上是一种“亲情家族”，前者以经济制约和宗法联系为特征，组成组织严密、形式复杂的“他导型”宗族；后者则以心理需要为特征，以伦理道德为纽带，构成组织形式相对松散、仅附会小宗之法的“内导型”宗族。

宗族的转型，有其内在和外在的原因：

其一，地主制经济取代领主制经济，宗法统治失去经济基础。东周年间，特别是春秋后期，土地商品化，伴随商品经济和货币经济的发展，土地买卖大量出现。从此以后，土地成为私有财产，拥有土地者成为地主或小自耕农，而不再是依附于上一级土地赐予者的领主，农民与地主之间也以租佃（契约）关系取代原来的人身依附关系。土地可以自由买卖、互相兼并，便不可能长期世袭，嫡长子继承的宗法原则便成为一具空壳，君主以至等而下之的各层宗法依附关系随之受到破坏。

其二，中央集权式的官僚等级制取代宗法等级制，宗法统治失去政治基础。秦统一天下后，实行郡县制，将全国划分成三十多至四十多个郡，形式上从中央至郡县的各级官员间不存在血缘统属关系，即以“任人唯贤”取代宗法制的“任人唯亲”。尽管秦尚有分封制残存，汉及以后甚至还出现多次大规模回潮，但这仅是一种从属性的政治，流于形式，而无多大实际内容，与西周时的分封“爵土”相去甚远。如汉武帝以后的封建是封爵而无食邑，或有食邑而不专治，属于“封而不建”，封土不建国[②]；清代则干脆采取“有封无建”的爵赏制度，即有封爵而无封土[③]。可见，秦汉以后的分封制再也不是建立宗法等级制的主要支柱。

其三，“多子分继财产制”削弱了宗法继承制（嫡长子继承制）。汉朝初期，曾分封了大批同姓和异姓诸侯。汉诸侯与西周诸侯不同。后者领地“不过

---

① 《孟子·离娄上》。

② 马端临《文献通考》卷二六五，“封建考”六。

③ 周伯棣：《中国财政史》，上海人民出版社1981年版，第418页。

百里”，势单力薄，较易为天子所控制；前者一开始就拥有大片领地，加上累年兼并，其藩国“往往连城数十，地方千里”，势力日强，从而危及君主的统治，西汉景帝时的“吴楚七国之乱”就是明证。汉武帝采纳谋士主父偃的建议，实行“推恩令”，诏令诸侯王“分封子弟”，将本属于嫡长子一人继承的财产（主要为封土）均分所有子弟，嫡长子仅继承爵位名分[①]，从此，“多子分继财产”不仅在诸侯，而且在民间占据重要地位。

至此，宗法的三个特征：嫡庶等级制（宗法等级制）、嫡长子继承制（宗法继承制）和大宗、小宗之分或土崩瓦解，或名存实亡，后世只能在皇位继承和贵族传宗以及丧葬、婚礼和祭祖等仪式中略窥其一二。宗族成为意义相对简单，仅是将同姓、同祖男性子孙聚合在一起，以血缘关系为纽带结合而成的社会组织。

西汉时，民间出现了许多拥有大地产的豪强地主，他们采用宗亲关系把自己的远亲近属纠合在一起，用来加强保卫自己的土地的力量，由此形成宗族。以后，宗族组织大起大落，魏晋时有过一次高潮，豪门强宗屡见不鲜，一些世家豪族甚至拥有自己的武装家丁——部曲：“艾言景王（司马师）曰：‘孙权已没，大臣未附，吴各宗大族，皆有部曲，阻兵仗势，足以建命。’”[②]唐朝末年，宗族略有降温。宋代以后，适应封建国家统治的需要，有人提出“敬宗收族”，“敬宗”即在宗族的聚集地建祠堂，用以供奉宗祖牌位，并以此作为对族人进行纲常监督的“裁判所”；“收族”即立祠田，在本族人户中“集资”，购买属于族产的土地，其收入用于族内公益，如修谱、立祠堂小学、修建祠堂等等。从此，社会出现两种现象，一是同姓村大量出现，这往往就是宗族的聚集地，士族豪强成为宗族的主干，祠堂成为宗族活动的中心；一是编订家谱、族谱的现象开始普及，这些谱牒可以追溯久远的家史、族史，跟踪远徙他乡的亲属子弟，仿如一张无形的网，将整个宗族的人“网”在一起。“敬宗收族”最直接的作用是力图抵消由于“多子分继财产”而造成的宗族内向心力的失偏。

宗法在中国很早就已经瓦解，但宗族在古代却有顽强的生命力，并从多个侧面影响中国社会，简言之，有以下三点：

其一，在整体宗教观念不强的古代中国，宗族是个体心理归宿的二次人类集团，尤其是在土地兼并日盛，“暴君慢吏”横行，“赋重役勤”的时期，大量小自耕农破产，宗族成为个体依附的场所，“人不堪命，多依豪室”[③]，以

---

①《史记》卷一一二，“平津侯主父列传”。

②《三国志·魏志·邓艾传》。

③ 马端临《文献通考》卷十，“户口”一。

致强宗豪族纷纷脱颖而出，“一宗近将万室，烟火连接，比屋而居”[①]，这时，宗族内部具有很强的号召力，进退如令，必要时还可举族迁徙。如三国时山阳巨野（今山东巨野）人李典，有“宗族部曲三千余家，居乘氏（巨野西南）”，后依附曹操，遂“徙部曲、宗族万三千余口居邺（今河北临漳县北）”[②]。类似李氏宗族这样动辄数千上万人的，并非一个宗族，而是以宗族为中心部，以部曲、租佃农民和被称为“荫户”的个体依附者，甚至是异姓小族为边缘部的社会群体[③]。这样的群体在古代中国并不罕见，造成国家不时出现“国之户口、少于私家”[④]的局面。更有甚者，在宗族势力极盛时，一切以“阀阅”（世家门第）为先，而不计人才和官品，包括选拔官吏和皇帝选婿[⑤]。

豪强宗族在地方往往等于一个小的独立王国，迫使朝廷不得不承认这个既成的事实，如北魏初期，任命一些豪强地主为宗主督护，以行使基层政权的职能。宗族逐渐成为封建社会政治的基础细胞，尽管政府后来采取“三长制”[⑥]、保甲制等等，但由于宗族势力的渗透，终与乡里组织混成一体，联结成“保甲为经，宗族为纬”[⑦]的网。可见，封建专制统治的社会基础是宗族组织。

其二，宗族是自然经济的产物，正是自然经济的自给自足和封闭状态，使宗族自成体系成为小社会的可能。而农耕型的自然经济又以土地为核心，因此，宗族的存在和发展，实际上也支援了土地的价值观。宗族依附于土地，“兄弟析烟亦不远徙，祖宗庐墓永以为依”，由此，慢慢形成浓厚的乡土观念。

其三，“多子分继财产”本身是为了削弱诸侯藩国的势力和土地兼并，以巩固中央集权的统治。宗族以此为原则，尽管可以使子弟附着在土地上而不致外流，但家庭所有儿子一起参与分配家财和土地，纵使祖先有“连栋数百，膏田满野”，“馆舍布于州郡，田亩连于方国”[⑧]的财富，也经不起众多子孙的重复分割。所以中国有句古话：“富不传三代”，直接后果是“千年田八百主”，一块土地在千年之内，可以更换800位主人。这句话虽有些夸张，但反映了一个客观事实：一方面是不断地土地兼并，另一方面是土地不断被分割，使古代中国少有累世传代的大地产，这在客观上为小农经济的长期存在提供了条件。

宗族在中国之所以能够历经古代、近代社会而不衰，很重要的一个原因就

① 杜佑《通典》卷三，“食货·乡党”。
② 《三国志》卷一八，“魏志·李典传”。
③ 《北史》卷三三，“李灵传”。
④ 《资治通鉴》卷一〇一，“晋纪”二三。
⑤ 《唐书·杜羔传》。
⑥ 北魏孝文帝改革时，废除宗主督护制，创立三长制，即五家立一邻长，五邻立一里长，五里立一亭长。
⑦ 冯桂芬《校邠庐抗议》下卷，“夏宗法议”。
⑧ 《后汉书》卷四九，“仲长统传”。

是以土地为核心的“多子分继财产”制，只要是家族的男性子孙，人人都可能或有希望分到土地，这样就把他们固定在祖传的土地上，为宗族聚居提供了前提。与同时期的中国相反，在欧洲，自从罗马帝国末年由奴隶制生产方式转变为封建制生产方式后，直到14、15世纪的1000年间（即史书所说的中世纪），社会经济结构始终是领主制经济。在这种结构里，宗族并未成为普遍的社会现象，甚或说宗族已经破裂，而其破裂的成因之一，就是“嫡长子继承制”[①]。

在土地私有社会化程度比较高的时代，却保留了以宗法继承制为核心的、相对落后的生产方式——领主制经济，这反而使欧洲的大土地得以比较完整地保留下来，一旦资本主义生产方式的条件成熟，大地产和流向城市和商业领域的人（其中不乏受过一定程度教育但无法继承爵土的贵族子弟），便成为大工业生产可以利用的优势条件，即便是保存下来的“宗法继承制”也能够为后来的“商品自由”建功立业。反观古代中国，尽管在明末清初也出现了资本主义经济的萌芽[②]，但这种新的生产方式始终难以超越早熟的地主制经济与宗族、小农经济紧密结合的胶着状态，只有在更新的生产方式的干预下，持续2000年的固有的经济结构才能被突破。

三、“孝”的泛化

“孝”的本义源于家庭，最初只是保持家庭平衡的一种行为规范：“克谐以孝”[③]，以后内化成某种美德。在早期家庭“五典”（父义、母慈、兄友、弟恭、子孝）中，孝并未带有对国尽忠的含义，不是等级秩序中的一种基因。按照孔子的理解，其不过是子女对父母发自内心的、自觉的爱[④]，是人性的原型，因此，“孝”可以以“敬”为关系媒介，以使人区别于“犬马”[⑤]。中华民族，乃礼仪之邦，道德敦厚，这是遵循“孝”的本义使然。

宗法制瓦解后，由祖先崇拜导致的家长式权威作为一种先在结构并没有因此而丧失，反而因为认识的进化和依赖“群”的迫切的心理需求而强化，再加上儒家以人为中心的致思趋向和理想人格的引导，家国同构的观念逐渐成为信仰的支柱。“孝”因此而从家指向国，即“以孝作忠”，一种普通的家庭观念便从亚文化状态而至文化思想的主题，“在家为孝，在国为忠”成为古代伦理

---

① 比欧洲中世纪领主制经济早一千多年的中国西周时代，“嫡长子继承制”之所以能够维系宗族的存在，一方面是当时的土地私有化并未社会化，人身依附在社会关系中占第一位；另一方面是西周宗法宗族具有复杂的组织形式。但这种宗族依然是很脆弱的，经不起社会和生产方式的变革。

② 参见李龙潜：《明清经济史》第二章，广东高等教育出版社1988年版。

③《尚书·尧典》。

④《论语·阳货》。

⑤《论语·为政》。

道德的典范，并从思想基础上支援了封建君主专制的政治运作。

在宗族内部，“多子继承财产”虽然可以将同姓子弟集中在一起，但并不能因此而形成一个具体持久且凝聚连续的亲属圈，还必须有“法”的约束。这个“法”，一部分是外在的“秩序”的约束和疏导，如家规族法；另一部分属于自然法，来自世代衔接的普遍行为，即从小就耳濡目染，子就父学逐渐形成的内在规范，包括维护血缘等级的倾向，“传宗接代”、“光宗耀祖”的共识，非理性的宽容精神（限在宗族内部）等等，其核心就是“孝”和由此而形成的伦理道德准则。

“孝”成为宗族内的凝聚剂。个人依赖家族，从中获得安全、关系和地位的需要满足，“孝”和“敬”便是不可缺少的心理交换。可见，“孝”从家庭扩大到宗族后，失去了原有的概念，成为巩固宗族内向心力的重要因素。前面提到秦汉以后的宗族是“内导型”宗族。其意义就在于宗族的凝聚力主要来自内部的向心作用。中国宗族内的凝聚性是比较突出的，即使由于生活所迫、向外扩张、环境更易、政府强令、“析籍”①等外在因素的影响或由于遵循“五世则迁”的原则，宗族发生分裂，但这并不意味着宗族的消亡，它仍会以“离上不离宗”的形式继续存在。

宗族内部的这种凝聚性和包容性，使宗族成为相对独立的个体，在对外接触中，很容易造成排他性，于整个社会便是潜在的离心因素。尽管从整个历史的角度看，宗族是封建专制统治的社会基础，但不乏这样的例子：强宗豪族凭借朝廷、官僚势力日益壮大，势必危及社会秩序，损害朝廷利益，如控制大量“荫民”，使政府户籍减少，课税减少：“田连阡陌之家，粮册在手，公然脱漏，浸淫成习”②，“燕王公贵戚，多占民为荫户，国之户口，少于私家，……至使民户殚尽，委输无人”③；一般的豪族常“纠合乡里保据坞壁”，私募部曲，甚至使某地“太半之人皆为部曲”④；至于诸侯藩镇，更是拥兵自立，割据一方，“缓则骄奢易为淫乱，急则阻其强而合纵以逆京师”⑤；门阀士族横行乡里，渔役弱族，或挑起地方纠纷。

因此，当豪强势力发展到一定阶段，必然受到皇权从政治和经济上给予的钳制和打击，加上本身经济力量的分散（如土地均分），最终削弱了宗族的势

① 士族豪强常以一户之名隐匿众多人户，一些朝廷便采取强硬措施，如隋文帝时下令“大索貌阅”，进行户口大检查，并规定“大功（堂兄弟）以下，兼令析籍（有叫析户，即分家），各为户头，以防客隐”（《隋书》卷二四，“食货志”）。

② 戴兆佳《天台治略》卷二，“吁宪推广皇仁泽遍穷黎恩垂不朽事”。

③《资治通鉴》卷一〇一，“晋纪”二三。

④《文苑英华》卷七五四，《史论一》；何元之《梁典高祖事论》。

⑤《史记》卷一一三，“平津侯主父列传”。

力，使宗族不得不依赖国家政权。此外，将“孝”从家扩大到国，其中也有将宗族内的凝聚力导向民族整体和国家的客观效果，并以此制约宗族之于国家的离心因素。无论是汉代强调“天人合一”，还是宋明对本体的争论，我们都可以从中发现“孝”的变型原则，其致思方向就是家→国→天下。

有学者认为宗族内凝聚力的向外延伸，使国家和民族的凝聚力有了自己的根基，它不是自上而下依靠行政手段和宣传效应获得，而是从家至家族至乡土至民族慢慢培养起来的。正因为国家凝聚力的基础来自家族，在封建社会及小农经济的环境中，这种凝聚性难免带有时代的局限性。

首先，凝聚性的心理前提是相互依赖，“族向个人保证他们表达敬意的仪式将无限期地延续下去；……（族）向各个成员保证，在他们需要的时候可以从集团和各个成员那里获得援助。贫穷者向‘族’寻求保护，而富裕、著名的人物则从中祈求一个安全装置，以免丧失其社会和经济地位。前者乐于依赖于他的集团，后者发现这个集团对于他逐渐获得一批追随者以及扩大其势力是有用的。‘族’越大、越繁荣、越凝聚，对所有成员越有利”[①]。倘若宗族内的相互依赖尚有血缘的内聚作用，使宗族始终以整体的形式存在，那么，这种关系用来规范国家这个群体时，其意义就可能发生变化。从群体的质的水平看，相互依赖仅是关系进化中较为低级的层次，因为缺乏群体恒久的目标，当依赖的动因减弱或消失时，凝聚力就会相应发生变化：“居民对于王国的解体或分裂没有任何悬念；只要村社（宗族）能保持完整，他们绝不问自己所属的村社（宗族）是隶属在何种权力下面，是受哪一个权力支配。”[②]

其次，在相互依赖的关系中，“孝”衍化成忠、敬（低层次对高层次的关系）和爱（高层次对低层次的关系），看上去两者是平等交换，但在常态生活中，“爱有差等”[③]，上下层之间的主导和被主导、支配和被支配，界限是相当分明的。这种关系扩大到国家，虽可支援国家的统一和稳定，但国家的兴衰只能取决于权威，取决于“内圣外王”，一般人的自主意识则是相当薄弱的。

再次，相互依赖的目的是求得社会平衡，因此，传统思想重视整体关系，缺乏对个人内在平衡的关注，“明乎礼仪而陋乎知人心”[④]。

由此可见，古代社会凝聚起来的群体，以个体（个人之于宗族等二次人类集团是个体，宗族之于国家也是个体）对群体的依赖为特征，除了部分人士、哲人和民族楷模等能够超越狭隘，以终极价值为目标为信仰，因而具有本于义

① 许烺光：《宗族·种姓·俱乐部》，华夏出版社 1990 年版，第 77～79 页。
② 王亚南：《中国官僚政治研究》，中国社会科学出版社 1981 年版，第 137 页。
③《孟子·滕文公上》，朱熹注。
④《庄子·田子方》。

务心的道德自律（修身）外，普通人的世界观是以家庭意识（如“孝”）为起点为终结。因此，积极的参与、责任和团结意识尚未成为共同的行为，除了依赖和顺从外，个体基本上是独立而封闭的，难得心理上的交流和沟通，看上去就像“由一些同名数相加形成的”，人就“好像一袋马铃薯是由袋中的一个个马铃薯所集成的那样”①。“一袋马铃薯”类似孙中山所说的“一盘散沙”，这是一种“合体”，而不是“集体”。

历史是动态的，没有必要以今天的标准苛求古人，但通过比较，我们可以得到一点启示：在现代，增强中华民族的凝聚力，关键不在于引进个人主义，而在于建立民族的集体结构。中国有存异求和的文化精神，有共同的文化传统，有以天下为己任、富于使命感的古今仁人志士，建立集体结构应该说是有基础的。

若以血缘关系划分中国人群关系史，大约可以以春秋战国为界限，之前是宗法宗族时代，之后是亲情宗族时代。宗法宗族以嫡长子继承制为原则，以领主制经济为基础，利用大宗、小宗严格的区别，缔结成嫡庶辨差等的宗法等级组织。由于是以严密的组织结构、人身依附以及外在的法的规定来约束宗族，因此，宗法宗族属于“他导性”宗族。亲情宗族是人类初始集团——家庭的扩大和延伸，以家庭式的道德内约为宗族之法的主要成分，这是一种“内导型”宗族。内导型宗族在中国得以长期延续的思想基础是儒家以孝为中心的伦理观，经济基础是自然经济状态下的地主制经济和“多子分继财产制”。历代大地主对土地的兼并和对以家族成员为主体的荫户的控制，为宗族聚合创造了条件，“多子分继财产制”又使家族成员附着在祖传的土地上，但客观上强化了小农经济的长期存在。

第二节 中国古代政治体制的特征

自从私有制将人类社会分化为不同的阶级以后，国家随之产生。古代、近代历史经历的国家政治体制大略有三类：一是民主政体，一是贵族政体，一是官僚政体。

古代国家的民主政体极为罕见，希腊城邦时期的雅典，自公元前6世纪平民与贵族的斗争取得胜利后，在奴隶主经济基础上建立起民主政体。在古代世

①《马克思恩格斯选集》（第1卷），人民出版社1972年版，第693页。

界里，类似雅典城邦这样的民主政体相当特殊，只有在“小国寡民”、贵族力量相对薄弱而平民阶层拥有相当实力、社会分化不太剧烈、工商业区域不占主要地位等条件并立的情况下方可实现。因此，雅典的民主政体与其说是国家民主，不如说是一种氏族民族的遗风，而且，雅典的民主体制存在的时间并不长，当“商业和工业的发展，发生了财富积累和集中于少数人手中以及大批自由公民贫困化的现象”时，“排斥自由公民劳动的奴隶制”终于将雅典的民主体制引向灭亡①。

贵族政体是在社会尚未完全脱离宗法氏族关系时产生的体制，较为典型的有两种：一种是贵族寡头专政，一种是贵族君主专政。前者如希腊城邦斯巴达，其虽与雅典同期，却是希腊最大的农业城邦，贵族经济势力雄厚，名义上除了被役使的希洛人（斯巴达原有居民）是奴隶外，全体斯巴达人都是统治者，称为“全权公民”，但事实上操纵实权的是少数寡头集团内的人（贵族）。伯罗奔尼撒战争（公元前5世纪后半叶）以后的雅典同样实行贵族寡头政治。贵族君主专制以宗法等级制为特征，中国的夏、商、周，中世纪的西欧封建制国家等都曾建立了贵族君主专制政权。

官僚政体（Bureaucracy）是利用法的形式和等级制的结构使国家的权力和中央集权合法化，相对于贵族政体，这种体制有从中央到地方的完整的行政机构，表明有组织的国家的发展。官僚政体至今仍在运转（包括被誉为“民主”国家的美国②），不同于古代的是，现代官僚制在于“人类组织规模、大小、复杂程度和技术都在爆炸性地发展”③，适应现代社会的政治走向，相应产生“分赃制”（Spoils system）、“专家制”、“文官制”④等技术方面的组织建制。由于技术性的掩饰和偏重经济意识形态的规范，现代官僚制中的中央集权的行为是“被忽视”或“无从觉察”的⑤。

古代和近代的官僚体制也有两种，一种是“独占集团”专制官僚体制，一种是君主专制官僚体制。前者由资本或权力独占集团掌握国家组织机构，如英国于1689年“光荣革命”后，由新贵族、部分大地主、金融资产阶级和工业资产阶级的首脑人物达成妥协，建立起由国王掌握立法权、官僚掌握行政权、

① 恩格斯：《家庭、私有制和国家的起源》，见《马克思恩格斯选集》（第4卷），人民出版社1972年版，第115页。

② 克·霍金森：《领导哲学》第一章、第四章，云南人民出版社1987年版；詹姆斯·Q.威尔逊：《美国官僚政治——政府机构的行为及其动因》（*James Q.Wilson: Bureaucracy: What Government Agencies Do and Why They Do It*），张海涛等译，中国社会科学出版社1995年版。

③ 克·霍金森：《领导哲学》，云南人民出版社1987年版，第2、3页。

④“分赃制”是官吏进退随政党为转移的官制；“专家制”是以官吏的专门经验为重的官制；“文官制”是政务与事务分开的官制，事务官通过考核产生，政务官通过选拔或选举产生，有任期限制。

⑤ 克·霍金森：《领导哲学》，云南人民出版社1987年版，第100～111页。

官僚政治配合专制政体的官僚体制，直至18世纪末期。欧洲的专制体制从总的形态上看，大体上仍是这种类型。由于这种体制是“由封建社会转向资本主义社会的过渡历史阶段的产物”[①]，因此其延续的时间比较短。

君主专制官僚体制同样有中央集权式的官吏组织结构，只是最高权力的把持不在某个利益集团，而在君主手中，由于组织的规范偏重政治意识形态方面，极权化和官僚主义的表现也就更持续、更明显。中国从秦代开始建立的官僚政体即属这种类型，仅就古代社会而言，中国的官僚政体发展得最完备，带有独自的特性。

一、“二千年之政，秦政也”

1. 君主专制官僚体制的建立

秦以前的王朝没有系统化的国家行政机构，尽管也有“设官而治”，但其“官”只是宗族中的权威人物，由此决定了国家政治的支配者主要还是贵族（领主），如春秋时期的诸侯仍然是“为天子之同姓者十之六，天子之勋戚者十之三，前代之遗留者十之一。（诸侯）国中之卿大夫皆公族也，皆世官也”[②]。

官僚体制萌芽于春秋，初步形成于战国，完成于秦朝。尽管秦建国仅15年，但“古人之遗法，无不革除；后世之治术，意已创导。甚至专制政体之流弊，秦亦于此匆匆之十五年间，尽演出之”。其中在政治上革故鼎新的举措，便有十大项：“（一）并天下，（二）号皇帝，（三）自称曰朕，（四）命为制，令为诏，（五）尊父为太上皇，（六）天下皆为郡县，子弟无尺土之封，（七）夷三族之刑，（八）相国、丞相、太尉、御史大夫……郡守、郡尉、县令皆秦官，（九）朝仪，（十）律。”[③]

能够统一中国，继而又在政治上完成重大变革的，竟然是在战国初期仍然为一个弱国的秦，看似偶然，实则有其必然因素。古今中外对这个问题已有大量研究，仅从官僚体制得以产生这个角度而言，大约有以下三大因素：

其一，战国时，社会生产力普遍得到发展，随之而来的是土地所有制的转变和包括商业活动与高利贷活动在内的交换经济的发达。各国为适应新的生产关系，纷纷采纳新措施，改革成为一股潮流。秦能顺应这种趋势，并有所超越，利用政策、法令的形式积极引导和贯彻之，如使用商鞅变法，使民“勇于公战，怯于私斗”，使曾经偏隅西陲的秦短时间内达到“国运富强”，既为后来

---

① 王亚南：《中国官僚政治研究》，中国社会科学出版社1981年版，第34页。
② 夏曾佑：《中国古代史》，北京三联书店1955年版，第183页。
③ 夏曾佑：《中国古代史》，北京三联书店1955年版，第232页。

吞灭六国打下坚实的经济基础，也为以法治的形式建立国家组织机构做了先期的准备。

其二，秦在西周后期周平王治世时才被封为诸侯，又“僻处雍州，不与中国诸侯之盟会”。贵族势力和传统习惯力量较弱。因此，商鞅变法遇到的阻碍较小，“秦之列王，强半皆用客卿为相，任人唯能唯贤”①，这对“任人唯亲”、世卿世禄的贵族政治是一种沉重的打击，并“开了官僚政治的先声”。经济上，秦采用多项措施，如“宗室非有功论，不得为属借”，即使是宗室中的人，无功不得受爵秩，反而“有军功者”，无论出身，皆可“各以率受上爵”；“訾粟而税”②，土地收入以赋税方式上交；“耕织敛粟帛多者复其身”③，凡耕作努力者可以获得私有土地或更多的土地，等等。这些都进一步削弱了贵族势力，其结果一方面可以加强王权，为后来的专制集权作铺垫；另一方面为官僚政治的基础——地主制经济提供了法的保护。

其三，秦国地广人少，“草不尽垦，地利不尽出”，为了挖掘潜力，“废井田，开阡陌，任其所耕，不限多寡”，又“诱三晋之人，利其田宅”④，三晋（韩、魏、赵）地狭人贫，秦许以田地住宅之利，吸引三晋人民到秦地开垦种植。可见，秦朝建立后，能够迅速将“百里不同风，千里不同俗”的广大区域统一为一个整体，其中一个重要原因就是利用移民充实要地和开发落后地区，而这种经验的积累早在商鞅变法之时就开始了。要统筹大量移民的流动趋向，没有高度集中、从上至下同轴运转的国家机器，则难以成命，这也是官僚政体呼之欲出的前提之一。

2. 官制的三个门类

秦朝以官僚体制取代贵族政体，建立起系统的行政机构，以后两千年的政治大体上承袭秦代体制，所谓“二千年之政，秦政也”（谭嗣同语）⑤。考察古代官僚体制，可以包括三个方面：

（1）官僚系统的建构。秦朝官制分中央和地方两部分，中央部分名“三公九卿制”，地方部分为“郡县制”。“三公”即丞相、太尉、御史大夫，分掌政事、军事、图籍章奏和监察百官，是中央最高级的官员，“九卿”（太常、光禄寺、卫尉、太仆、廷尉、大鸿胪、宗正、大司农、少府）是处理和管理具体政务的官员。地方行政机构分郡、县两级，郡设“守”、“尉”、“监”（监郡

① 王亚南：《中国官僚政治研究》，中国社会科学出版社 1981 年版，第 56 页。
②《商君书·恳令》。
③ 林剑鸣：《秦史稿》，上海人民出版社 1981 年版，第 186 页。
④ 杜佑《通典》。
⑤ 王亚南：《中国官僚政治研究》，中国社会科学出版社 1981 年版，第 65 页。

御史)，次一级行政机构县有“令”，受郡守的监督。县下有乡，乡下还有亭、里，亭有“亭长”，里有“里正”，是最基层的吏。

汉唐期间，基本上沿袭秦制，只是对一些关键的官制做一些增减损益，使中国的官僚体制更趋完善、更富职能性。这种体制的定型即在隋唐，其基本模式是“三公九卿”的变型——“三省六部制”（见图 2-2）。

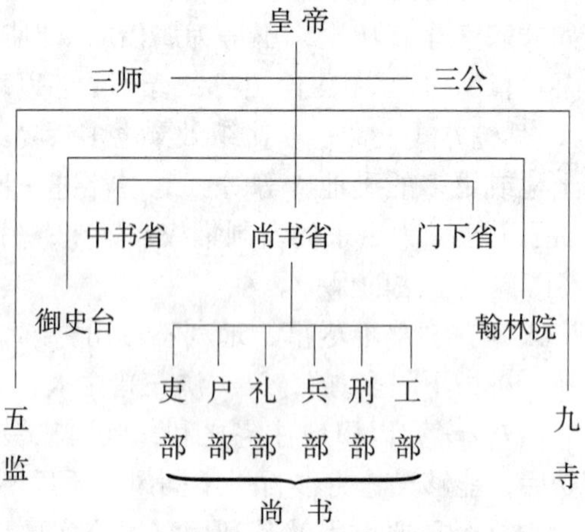

图 2-2　三省六部制

唐朝不设宰相，宰相职责由三省（中书、尚书、门下）共同负责，中书省、门下省行使上传下达之职，及议政、草拟和审核诏书等等；尚书省直接管辖处理具体政务的六部。御史台是监察机构，下设台院（监察中央级官僚）、殿院（监察国家礼仪）和察院（监察地方官）；与御史台平行的翰林院是皇帝的文学侍从和秘书机构。五监（管学校的国子监、管手工业的少府监以及将作监、军器监、都水监）是宫廷内机构，由太监掌管；九寺相当于秦的九卿；三师（太师、太傅、太保）和三公均是不任实职，只作为优礼大臣的崇高爵位。唐地方设州县两级，州之上设道为监察区，全国有 15 道。边远地区设都护府，派节度使统领。

宋元时只设中书省行使宰相之职，门下、尚书二省逐渐废置，另设枢密院掌管军事。由是，“三省”变成“二府”。明清两代没有中书省和丞相职，只提高六部的职权，让其直接对皇帝负责，另以翰林院和部院大臣为大学士和学士，组成“内阁”，协助皇帝办理文秘公务。清代还设有军机处，由军机大臣日夜在皇帝的寝宫养心殿外的值班房轮流值班，随时等待皇帝召见。内阁学士和军机大臣无任何实权，只是回答皇帝的咨询和为皇帝作参谋的智囊机构。

(2) 官僚体系内权责的划分。从表面上看，中国官僚政府机构的设置是相当合理的，组织层次分明，各司其职，权责有别，高层牵一发，全国即可动其身。最突出的是秦汉设有丞相（宰相），作为皇帝的副手，可以代表皇帝处理一切日常政务。“举凡国家政事决策，官员任免，丞相皆有完整权力，甚至在皇帝的诏令不对时，有权封驳诏书，不去执行，带有一种对绝对君权的制衡作用。”[①]此外，监察机关（御史、御史台）作为对各层官僚的监督也是必不可少的。可见，在古代国家组织结构中，中国的官僚体制是相当完备的，这在整个古代世界十分罕见。

但是，若从体系的发展变化深究其本质，便可以明了：这样完整的官僚组织最终只服务于皇帝一人，以实现“君主至上”为最终目的。最典型的表现，是体制中皇帝的控制和调节职能、最高政务机构的依附性、监察机构职责重心偏移和地方执行机构的组织弱化。

第一，皇帝的控制和调节职能。皇帝本是超越国家职能机构的一种精神体现。但在中国政治体系中，皇帝实际上是官僚组织中的一个特殊角色。君权的这种特殊地位，一方面使皇帝的权力被置于传统政治的范围之内，不可能无限扩张[②]，整个官僚体制的举废也不依皇帝个人的意志为转移；另一方面，皇帝可以利用自己的特殊身份操纵官僚体制这部国家机器，以至高无上的权威调节政府各部门的关系。当体制的发展不符合“君尊臣卑”的传统要求时，皇帝便会对这部机器作一次内部调整。其结果是强化了整个官僚体制的内部制约，强化了皇帝的控制职能，却削弱了政府各部门的独立性。唐宋以后，官制趋于完善，但各职能机构叠床架屋，官僚队伍越来越庞大，冗官冗员越来越多，这与体制内过分注重牵制不无关系。

第二，最高政务机构的依附性。依一般常识，宰相及其整个最高政务机构参与议政和决策，在实施决策时有相应的自主权。秦汉的“三公”尚还有一点这样的权力，唐时却通过三省共为宰相，甚至以其他众多三品官兼职（加“同中书门下三品”或“同中书门下平章事”衔）宰相来分散相权[③]。宋代的宰相（中书省）连议政拟诏之权也没有，只能根据皇帝之意具体拟旨，此后君权日长，相权日衰，终至宰相制度消亡。明清时皇帝自为宰相，大权独揽，出现皇帝独裁制度，作为最高政务机构的“内阁”和“军机处”成为依附性的机构。其结果是国家决策的内容和对调节资讯的取舍，甚至整个国家的命运只能取决

① 李中华：《中国文化概论》，第 49 页，见中国文化书院 1987 年编“中外比较文化教学丛书”。

② 唐玄宗时人李华在《中华政事堂记》中记：“政事堂者，君不可以枉道于天，反道于地，覆道于社稷，无道于黎元（即人民）”，见《全唐文》卷三一六。

③《新唐书·百官志》。

于皇帝一人是开明抑或昏聩。又由于皇权的排他性，造成皇帝只相信身边的嬖妾佞幸，以致两千年的官僚体制仍不能阻止外戚、宦官的专权。

第三，监察机构职责的重心偏移。监察机构包括御史台、督察院等等，其本身的职责是“监察百官”。唐朝时监察机构明确职责为“掌以刑法典章纠正百官之罪恶”[①]，至明代已转变为“纠劾百司，辨明冤枉，提督各道，为天子耳目风纪之司”[②]。这就是说，监察的重心已从以法为准绳而转移为以皇帝的好恶为先。

第四，地方执行机构组织的弱化。无论是秦汉、唐宋抑或明清，县以下的机构基本上是单链式辖理，每一个管理层的所有权利几乎集中于一人，如明代各县，有知县一人，县丞一人，主簿一人，其属有典史等，组织力量异常薄弱，知县自然拥有较大的权力。这种现象必然造成职权泛化和管理行为窄化的矛盾，甚至在权力不逮的地方，只能依靠地方豪强和宗族势力。因此，古代尽管有完整和庞大的官僚组织，却不能利用组织制约割据、豪势和土地兼并的趋势。同时，这样的形式是贪官污吏滋生的温床，以致黎民百姓唯一的指望便是出现某个“清官”。从秦朝开始，中央机构一直在不断完善，地方机构却一直做着同式政治形态的重复，这从侧面说明古代官僚政治的重心在强化君权，而非民利民本。

综上所述，古代官僚体制的目标、权力、监察和执行机构都以维护君主至上的封建秩序为准则，因此，官僚体制的本质是封建君主专制。

(3) 官吏使用的程式。官僚体制先进于贵族体制的突出表现之一是废除世卿世禄，改为以才能选官，而且官职不能世袭。当然，这种制度的完善并非一蹴而就，期间经历了一个习得和徘徊的先期阶段。

秦朝建立官僚体制，相沿三种举官方法：一是荐举，由有影响的官吏向皇帝推荐；一是辟除，中央从地方高级官吏（中央的三公，地方的郡守）均可自行征聘僚属，朝廷予以认可（汉代续沿为制度）；一是征召，士有盛名的，皇帝可征召拔用[③]。汉代选官主要是“察举制”，即由郡国从所属吏民中荐举“孝廉”（符合封建伦理孝道的人）。由丞相、列侯、刺史、守相等推举“贤良文学”（有德行、文采、才学、能力者），经考核后任官。魏晋南北朝通行“九品中正制”（又叫“九品官人法”），由中央政府选择“贤有识鉴”的官员，按照各自籍贯，兼任本州本郡的“中正”，负责察访散在各处而籍本州本郡的士人，依家世、才能、德行分成九个等级——九品，列成表上报中央，以备国家

①《新唐书·百官志》。

②《明史·职官志》。

③ 王亚南：《中国官僚政治研究》，中国社会科学出版社 1981 年版，第 66 页。

量才录用。中国古代以九品为主列的官职等级从此开始。

从秦至南北朝的举官制，基本上没有确定的考察方法，推荐往往带有很强的随意性和个人的感情色彩。尤其是在西晋，当“中正”的官人都是出身士族，选拔官吏也仅以家世来考虑，造成官场“上品无寒门，下品无士族”[①]的局面，普通贫民则根本没有做官的希望。

与上述以保送制选官不同的是从隋朝开始的考试甄别选官制度。隋废除“九品中正制”，由朝廷设立进士科考试，用公开考试的办法甄别选用官吏，首开平等竞争、择优录取的选官制度。这种行之有效的办法为唐朝继承，更为“科举制”。科举制含有“分科举士”的意思，即开设“常科”和“制科”两大类项目，其中常科内含并列的五十多门科目，考生按需选择一门科目参考，考中称“及第”，当时最时尚的是进士科，投考者众多。至明清，科举制完善为三级考试：乡试（秋闱），考中者称“举人”、“孝廉”；会试（春闱），考中者称“贡生”、“明经”；殿试，由皇帝亲自主持，录取分三甲，一甲取三名，赐“进士及第”，分别称“状元”（第一名）、“榜眼”（第二名）和“探花”（第三名），二甲赐“进士出身”，三甲赐“同进士出身”，等等。

唐代进士及第者，便有了做官的资格，而且升迁非常快，“大者登台阁，小者任州县”，中唐以后，宰相（“三省”的首脑）基本上是进士出身。明清两代一甲三名均可进翰林院，这意味着具备了储相的名分，明代英宗以后，更是非翰林不入内阁。除此之外，一些监生（以贡生资格进国子监学习深造者）、举人均可以按不同情况被授予一定的官职，即使是出自地方庠序（学校），未登科取中的秀才也可以被聘为各级长官的幕僚。

科举制的产生标志着中国古代官僚体制已经完全制度化，整个国家政治被纳入较为规范化的行政轨道。由于科举制采取的是公开考试甄别、择优录取的办法，原则上每一个人都可以有入仕的机会，这是古代社会政治的一大进步。

应该说，科举制是政治制度中的一种技术性工具，其可以反映某个时代政治制度的发展水平，也可以为某个利益集团服务，成为特定社会结构的支柱之一。既然是工具，科举制本身便没有性质上的优劣善恶之分，只是在其为不同利益集团所利用时，才带上一定倾向的本质属性，如19世纪，科举制的基本模式进入欧洲，得以成为英国近代文官制度的范本。而在古代中国，科举制则因其依附于封建政治，伴随封建社会的盛衰荣枯，从一个在当时较为先进的选官制度蜕变为百弊丛生的表面程式，终于在1905年被废除。

① 晋制：一二品为上品，三品以下为下品。

二、官与阀

中国古代官僚体制相当完整，从结构、权力的分配到再分配和官吏任免都有一定的程式。但由于地主制经济对政治强烈的渗透作用，以及根深蒂固的宗族思想的制约，官僚体制并没有彻底改变社会政治的封建属性，反而通过与旧体制的结合、容纳贵族门阀势力强化了这种属性。

1. 官制、分封共存

官僚体制和分封制看似势不两立，前者是非血缘结构，任官有一定期限，官职不能世袭；后者是血缘结构，领地领民可以世袭，意味着领地上的辖权可以世袭。前者是一种政治控制，下层官吏绝对服从上层官吏，只对上层负责，如此一层层向上，最高权力归于皇帝，每一个级别的官吏都有权利对下属实行控制；后者是一种血缘加经济的控制，血缘是原生控制的纽带，爵土爵禄的分配和再分配可以使君主和大领主获得对受封者的经济控制权，因此，分封制中，天子的政治权力只落实到诸侯一级，领内治理任由诸侯自行定夺。

但在古代中国特殊的社会环境中，官僚制和分封制可以共存于同一个形态中。从秦汉至明清，"分封"一直伴随官制滋长，尽管唐宋以后，"封土"不能"建国"，但"封土"这种形式依然存在。作为在官僚政治以外，惠及统治阶级的一种补充，一些朝代除了职官品级外，另有象征贵族身份的爵位爵号系列，如清代宗室封爵有十二个等级，功臣、外戚封爵另有九个品级：公、侯、伯（以上为超品，以下从正一品至正七品）、子、男、轻车都尉、骑都尉、云骑尉、恩骑尉等。官职不能世袭，但爵位爵号却可以世袭，这就是说，利用官僚制的中央集权对统治集团进行政治控制，利用"分封"对其进行经济制约，两者互相补充而又互相牵制，这是君主专制官僚体制的一大特征。

2. 官僚门阀化

建立在地主制经济之上的官僚体制无论是对门阀（"门第阀阅"，即世代贵显之家，相当于变相贵族）还是对市利都有较强的亲和力，并由此将官僚制导向贵族官僚化或官僚门阀化的状态。其途径有三：

第一，官僚与贵族结合。"分封"的继续存在，造就了一批尸位素餐的上层官僚，而"贤者在位，能者在职"的政治理想又鼓励了这种奇特行为，因此，上品"清"官无所事事、养尊处优的社会现象历朝不乏。他们尽可以利用显赫的社会经济地位扶植亲信，扩大宗族，提高门第，有的甚至可以在皇帝支援下，世袭爵位和特权，成为一批官僚贵族。如汉末吴地"公族子弟及吴四姓多出仕群”[①]，说明上行下效，即使是地方的大贵族，也往往来自官僚。此外，魏晋由于“中正”官本身出身贵族，选官以家世为先，而一些初践国祚的皇帝也往往需要豪强贵族的支撑，于是“为政不得罪于巨室”[②]，致使大批贵族进入国家行政机构，成为贵族官僚化的典型。

第二，官僚与地主结合。官僚占有土地成为地主的事实，历史上屡见不鲜。其土地来源渠道很多，如官田、庄田[③]、职分田、公廨田……以及利用权力巧取豪夺民田和参与土地兼并。如唐朝实行“均田制”，计口分田，每户男子可获得相应的永业田、口分田（属私田），明文规定永业田、口分田不可买卖，“诸在官侵夺私田者，一亩以下杖六十，三亩加一等……”[④]。但违法收买口分田与永业田者不胜枚举[⑤]，明初由官家所占的官庄，其亩数几达全部民田的1/7。官僚占地成为地主，相反地主也会通过各种办法跻身官场。一方面官僚制以地主制经济为基础；另一方面中国的地主除经济外，还要以政治为发展基础，使官僚和地主得以结合起来，成为地主，就意味着有了贵族化的可能。

第三，官僚与商人结合。集权政治较之贵族政治的分离环境，以及在交通、货币、税制等统一上的诸般努力，客观上都有助于商业的发展。土地自由买卖与土地租税、商业资本与商业租税等等，使商人与官僚发生了利害与共的密切关系，尽管朝廷有如“令贾人不得衣丝乘车，重租税以困辱之”，“市井之子孙，仍不许其仕宦为吏”之禁，但商人“因其富厚，交通王侯，力过吏执”[⑥]。于是，如汉武帝干脆让商人做官，起用孔仪、东郭咸阳等人经营盐铁事业，他们这些以盐铁生意起家的新官人，又尽量引荐同类，使“吏道益杂不选，而多贾人”（司马迁语）[⑦]。可见，商人可以做官，官可以从商中取利，官商结合，商业资本增值，而后受土地价值的吸引，又转向土地，商人因此又成为地主。

官僚政治时代的贵族门阀与封建政治时代的贵族毕竟不同，后者世袭的特权来自分封，前者却得益于商品经济的变相发展（如无导致商品生产的扩大，反而促成土地兼并）。因此，秦汉以后的贵族门阀实际上与地主、商人，甚至包括高利贷者是通家，官僚门阀化意味着权和利相通，所谓“既有利权，又执民柄”[⑧]，官的影响和势力更为泛化，这是古代官本位政治文化缘起之一，也是“法律贱商人，商人已富贵矣”，历朝“抑商”却难成事实的原因之一。

---

① 《三国志·朱治传》。
② 《晋书·王导传》。
③ 李龙潜：《明清经济史》，广东高等教育出版社1981年版，第29～34页。
④ 《唐律疏义》第十三卷。
⑤ 傅筑夫：《中国社会经济史纲》，人民出版社1981年版，第211页。
⑥ 《汉书·食货志》。
⑦ 王亚南：《中国官僚政治研究》，中国社会科学出版社1981年版，第114页。
⑧ 《左传》“襄公二十三年”。

3. 科举、鬻爵并进

科举制作为选官制度，在举官的平等意义上，是有其进步意义的。唐代科举皆有“温卷”[①]之习，多少削弱了科举的平等性，但明清科举采纳弥封糊名、誊录考卷等防弊措施，又强化了考试组织的严密性，使竞争机会均等有了相当的保证。曾有人统计过 915 本从清康熙至宣统期间的殊墨考卷，在这些贡生、举人和进士中，五代之内均无功名者有 123 人，占总数的 13.33%[②]。这就是说，仅从形式上看，科举制将入仕之途向社会敞开，带有平等的外形。但在封建社会生产关系中，平等的形式往往被赋予不平等的属性：地方庠序培养的“秀才”大多数非贫民庶人，为参与科考起了个“过滤”的作用（参加科考者，起码是“秀才”）；考场内外各种弊病防不胜防等等。更突出的是历代入仕并非只有科举一条路，尚有名目众多的恩荫、捐纳，以及公开的卖官鬻爵[③]，由此冲淡了科举制的均等竞争，加速了封建社会官僚门阀化的发展进程。

自秦以降，两千年以来，中国古代社会的政体基本上是官僚体制，其间没有实质的变化，表明官僚制在古代社会中是一种稳态结构。由于封建社会的本质所在，贵族封建的残食一直未被肃清，反而以门阀的形式变相起着重要的作用。但门阀毕竟需以贵族制作为存在的基础，而地主制经济终难以维持贵族的长期存在，加上专制皇权的排他性和处在小农经济状态中宗族的固有作用，官僚贵族或贵族官僚并不可能代代“世袭”下去。因此，“门阀”在政治社会中只是一种亚稳态结构，起到辅佐官僚体制的作用。

三、传统政治文化的定势

君主专制官僚体制在中国古代的长期稳定发展，直接影响政治文化，使其产生固有的定势，形成以“圣王”为中心，政治与道德相率以行的传统。主要有以下几种思想表现：

1. 君势王权

古代国家治理，在西周及其以前，大体属于“人治”时期。在“家国同构”的实体中，阶级之间存在严重的人身依附关系，宗法即国家之法，没有相应的官僚行政机构，治国犹如治家。因此，政治的关键，完全在于“方策”，以某人的战略思想为主，“其人存，则其政举；其人亡，则其政息”[④]。秦以

① “唐之举人，先借当世显人以姓名达之主司，然后以所业（作品）投献，逾数日又投，谓之‘温卷’。”见赵彦卫《云麓漫钞》卷八。

② 参见潘光旦、费孝通《科学与社会流动》。

③ 周伯棣：《中国财政史》，上海人民出版社 1982 年版，第 122、222 页。

④《礼记·中庸》第二十章。

后，国家政治保持同态形式，即“二千年之政，秦政也；二千年之学，荀学也”。其中包含两层意义：一是反映在政治体制的形式和内容上，是“法治”；一是反映在统治思想和方法上，是“人治”。

“人治”和“法治”，在中世纪及其以前的西方国家是前后相续的治国方式，在秦以后的古代中国却是一种混合的形态。它以法的形式规定了中国古代政治体制的构造，以完备的行政机构取代了“家即国”的原始形式。即使是在儒家思想处于“独尊”之时，其政制却始终不避“名儒实法”，这是“法治”的具体表现。但这里所说的“法治”并非近代西方康德、施泰因等人提出的“法治”主义，而是以君主威势（“人治”的表现）为中心，法律建筑在义务而非权利之上的治国方略大纲[①]。这是一种维护“君势王权”的法治，其要旨是治下而不治上，目的是巩固尊卑等级秩序和君主专制。在君主法制形成的氛围中，普通人的权利意识逐渐淡化，从伦理的范围辨别善恶甚于从法的角度考虑是非。

2. 治德与治心

君主法治的中心是“人治”，这是古代政治与道德合一的前提之一。人治有两个思想标准，一是治德，二是治心。治德即德化，是政治道德的治人和治于人之道。它要求君主应具备道德条件，然后才能从事王者的事业，扩大到整个统治阶层，则要求通过主体的德性修养，在为人、待人和治人上尽力维护封建“和谐”的秩序。“治心”在封建社会里带有很明显的理想化倾向，能否实现无关紧要，重要的是利用德治感化民心：“道之以德，齐之以礼，（民）有耻且格”[②]，利用道德的内约和伦理的外约，使民顺“善”从“良”，恪守纲常，这是“治心”的内涵。可见，在君主专制基础上的人治，重点在于“治民”，而不在“治官”、“治政”。但由于“治德”与“治心”概念的推广，再经过哲人从本体、人性等方面进行诠释和演绎，客观上促进了道德文化和传统的发展。

3.“民维邦本”[③]

“民”是国家之本，无民作为基础，君主无所立。因此，中国传统中的重民思想相当突出，形成独特的“民本”思想。“民本”包含两种认识：一种是民本从周代开始与“神本”分离，人的地位不断上升，终居本位之所；相反，对“神”的认识不断模糊，因此，中国传统中不具备彻底的宗教信仰。另一种是滥觞于先秦的君与民分离，如“民为贵，社稷次之，君为轻”[④]，即国家的

① 参见吴经熊：《中国法律与政治哲学》，载刘小枫编《中国文化的特质》，三联书店 1990 年版。
②《论语·为政》。
③《孟子·尽心下》。
④《孟子·尽心下》。

安危在于民心向背，君主要重视这一点，将本身利害放在这一前提下来考虑“民贵君轻”。这种民本认识是“重民”思想的主要来源。在地主制经济为主导的时代，民是赋税的人格化和徭役的负担者，这又强化了“重民”的认识。应该看到，“重民”并不包含对作为个人的民和作为类的民的权利的尊重，在古代传统中，甚至没有关于民的权利的观念与规定。因此，在重民思想的核心中，民是被动的，重民的主体是君主和圣贤，最终目的还是为了保持国家整体的平衡，保证君主专制制度的长存。

官僚体制是中国封建社会的主要控制系统，其功能主要在于不断调节由经济、政治和社会结构组成的系统的均衡状态。为了能使官僚体制正常运转，君主专制成为一种机制。可以说，君主专制是当时地主经济和社会关系共同作用的产物。维护君主专制，导致官僚政治与意识形态的一体化，其结果是孕育成中国以儒家为主的独特的政治文化，文化的整体状态和各子系统的构成也无不受其深刻影响。

第三章　中国传统文化的社会载体

文化不是一种孤立、静止的现象，在外部，它与外界环境发生物质、能量和资讯的交换；在内部，各要素之间不断进行资讯和内容的传递及调整，使文化系统在平衡与不平衡的交替转换中不断进化，最终实现其永恒的价值。文化的进化使文化系统带上历时性特征，成为传统。无论是要素的调整、资讯的传递还是文化的进化，都离不开载体，文字符号是一种资讯载体，思维方式是文化特征得以成为传统的另一种载体。通过文字保存下来的文化是可视的（符号本身的变迁、史书、史料记载），文化传统蕴涵的思维方式则是无形的。但无论是有形的，还是抽象的，只要能够保证文化意识的历史流动和传统的延绵不绝，便可证实这种“载体”本身具有一定的历史价值。

第一节　中国传统思维方式

思维是人类在认识客观事物过程中所进行的理性思考的过程，思维方式则是心理深层结构的一种外在表现，是一个民族、一个地方的人或一个稳定的群体在思考问题和解决问题时所习惯采用的方法。也可以这么说，“在一个民族的发展过程中，那些长久地、稳定地、普遍地起作用的思维习惯、思维方式、对待事物的审视趋向和公认的观点，就叫做该民族的思维方式”①。

民族的思维方式有极强的定向性，它总是趋于一定的方向，使其自身在随机的动荡中保持相对稳定的有序状态，这种状态又可成为习惯，控制着人的意识，支配着人的行动。正因为如此，思维方式可以承载文化基因，使民族文化长久、稳定、普遍地起作用。了解一个民族文化的思维方式，无疑可以帮助我们深入了解民族文化的深层结构、本质以及文化的走向和特征。

一、中国传统思维方式的特点

中华民族的思维方式具有明显的民族特征：在认识方法上具有“意会体

① 刘长林：《中国系统思维》，中国社会科学出版社 1990 年版。

悟”的直觉性，在思维方法上以“月令图式”的辩证性为主要内容，在分析方法上则首选“取象比类”的推理性。

1. 意会体悟的直觉性

人类对事物的认识大约经历了“主客浑然一体”、“主客体两相对立”、“主客体辩证统一”等几个阶段。巫史时期，人类的认识处在主客体浑然不分的状态，在“万物有灵”的自发宗教意识中，人与自然之间没有明确的界限，人类被动地接受自然力量的主宰，既不能认识自然，也不能认识自己，更无法协调人与自然、人与人之间的关系。这时，人的思维属于直觉行动思维，即一种在直接觉察具体事物时进行的心理活动，其可以“就事论事”，对事物进行直接了解或认知，却无法计划行动，也无法预知后果。

当人类开始懂得将自我同外界事物区别开来时，人类的自我意识随之诞生。在以后很长的历史时期内，人类逐渐摆脱“主客浑然不分”的朦胧状态，进入自觉认识世界的先觉时代。主体和客体的关系也确立起来。

伴随哲学的产生，人类开始具有对事物本性追根溯源、以无限性为特征的哲学思维，以后伴随生产活动中观察实验材料的积累和经验性思维的完善，人类又具有可判定性的、有限性的科学思维。只是由于科学在产生之初仍然是以经验和观察活动为主，因此，那时的科学思维是与哲学思维合二为一的，使人类的思维方式带有古代思维的特点。

其一，对世界的认识仍然以直觉为主，是一种直觉思维。直觉本属于对事物的一种比较笼统、不精确的认识，而这种认识主要来自过去经验、知识的积累和重组，也来自自己所受过的思维训练。但是，由于有早期的哲学和科学思维作为基础，这时的人类开始具有系统领悟能力，直觉的层次得以提高，能有意识而自觉地体会领悟外部世界的生灭变化，并试图以此去推论世界的本原。只是受当时语言发展的限制和对本质性事物缺乏精确的认识，对外部世界的领悟有时便只能是直接的、臆测的，或是建立在观察、体验和实际经验基础之上。

其二，由于直觉思维长于将自然、社会作为一个整体直接纳入人的经验，而不是进行部分的分析，因此，对事物的认识往往带有概括性，同时也带上了模糊性，缺乏严密而系统的论证。

其三，思维的模糊性和素朴性促使人们用概括的语言笼统地、直接地说出格言式的定律或定则，然而，概括出的往往是既具体又抽象的一般性结论。如中国和欧洲都曾经以物质元素来解释自然界的最终基质问题，中国有“五行”元素说，古希腊有“水本原”论（泰勒斯，Thales）、“火本原”论（赫拉克利特，Heraclitos)，但这些元素的本质又是什么，则语焉不详。

无论是古希腊、罗马，还是几乎同时代的中国先秦社会，思维的方式都有如此大致相同的发展水平①，只是到了后来，中西的思维方式才开始出现差异。

秦汉以后，随着国家组织化日益严密和“家国同构”在意识形态方面的致思趋势，中国传统思维方式的视线开始从先秦百家争鸣时的多种形态收缩，孤高地流连于道德领域。哲学思维和科学思维合二为一的结构随之向前者倾斜，即使是在科学思维范围内，发展的重心也有了偏向，与哲学思维相关的辩证性特别发达，却忽视了另外的分析性和创造性部分。

宋代是中国技术科学兴起的时期，火药、指南针、活字印刷相继被发明，医药、农技、航海、造船、建筑、工艺等达到了前所未有的高度，这势必对中国人的思维方式产生深刻的影响。从宋明理学比魏晋玄学更具鲜明浓厚的系统思维特性这一点来看，科学思维的辩证性已经得到长足进步，分析型逻辑领域也一度出现新的突破。如北宋理学家邵雍以象数解《易》，以此作为他的宇宙发生论的起点，并建立起系统的逻辑结构②。步邵雍之后，明清科学家纷纷将形式逻辑和分析方法纳入自己的视野：徐光启以西学为“金针”，倡导引进“由数达理”的新思维；李之藻提出“缘数寻理”的思维方法；戴震出语不凡，认为“事物之理，必就事物剖析至微而后理得”③。

然而，宋明清科学思维上的这一点闪光，并未带来新的裂变。科学思维仍然未能独立出来，从而改变中国人的整个思维方式，这里大约有两方面的原因：一方面宋明清时代部分哲人和科学家虽然采纳了科学思维的分析手段，但思维的目的却是哲学的本体问题，研究从自然着手，最后却因受社会问题（如道德、等级秩序的合理性等）的引导而复归社会。另一方面，受传播、应用等的时代局限，结构性、分析性思维方式只为少数研究者掌握，并没有得到广泛的承认与传播。再加之哲人们含蓄的性格和难以用语言形式传达抽象概念，一部分分析的方法可能逐渐失传。因此，一直以来，带有直觉性意会体悟的思维方式仍然是古代中国人认识外界和自我的主要形式。只是由于经过宋明科学思维的冲击，人们的整体观已然发生改变，从模糊的整体观过渡为有序的整体观。

2.“月令图式”的辩证性

中国传统的思维方式擅长于从具体同一性出发，整体地、流动地、统一地

① 参见陈新夏等：《思维学引论》第九、十章，湖南人民出版社 1988 年版；杨清：《简明心理学辞典》，吉林人民出版社 1985 年版，第 189 页。

② 刘长林：《中国系统思维》，中国社会科学出版社 1990 年版，第 161～169 页。

③ 戴震《孟子字义疏证·权》，见《戴氏遗书》。

认识对象。在思考方法上，一直倾向于发展的辩证逻辑，而绌于以形式逻辑作为分析的主要手段，这种思维方式其实是一种辩证思维。

由于中国特殊的社会环境，辩证思维方式带有浓厚的民族性特色，其表现大致有三：

（1）带有有机论色彩的过程性思维。在中国的哲人和对科学感兴趣的学者当中，普遍持有有关生命演化的观点，认为以生命发展为本质的事物既包括生物，也包括非生物。这种观点代表了中国的传统思维，说明中国人的思维侧重于考察对象的相互联系及其运动变化的复杂情形，是把握对象动态联系的思维。

通俗地说，在中国人的眼中，任何事物都是有生命、有机的，而生命的形式在于变化，在于动态的演化过程中。既然是演化，一切事物便要经历由小到大、由浅入深的渐变过程，汉代的贾谊称之为“积渐”①。这是一种纯粹的自然发生的过程，自始至终都是对正在发生的时态的否定，即“天地之道，极则反，盈则损”②，“曲则全，枉则直，洼则盈，敝则新，少则得，多则惑”③。

例如，中国对规律（道）的认识便是一种有机论。不同于西方传统思想中的自然规律诸概念，古代中国人从大量观察中发现，凡是具有有机生命的物质或生命形式，似乎都具有发展变化的规律，而且都以事物两极的相互转变为依据，无论是心性、人我、物我、天地、宇（空间）宙（时间），抑或是聚散、动静、生灭、消长、虚实、盈亏，都可被视为互为终始的范畴。每一个范畴中的两极互成否定形式，但都不是排斥的，而是互蕴互证，互为前提和证明：“无极而太极，太极动而生阳。动极而静，静而生阴，静极复动。一动一静，互为其根。”④这种对立互补的关系组成发展进程中的各个环节：正→反→正→反……以至无穷。

有了对发展变化规律的认识，中国传统的思维方式慢慢养成习惯，将事物及其规律看成是动态的，承认其中的矛盾（古人称之为“两”）和转化。因此，它注重考虑现象的全面图景，审视发展过程中的一系列片断和状态，希望以此预测始终、掌握本末。老子有这样一段话：“天下有始，以为天下母。既得其母，以知其子；既知其子，复守其母，没身不殆。”⑤意思是说，探察事物的本质，可以推及其食；同样，归纳事物的现象，可以了解本质。

①《汉书·贾谊传》。
②《淮南子》。
③《老子·二十二章》。
④ 周敦颐《太极图说》。
⑤《老子·五十二章》。

由于以对立互补的形式来反映对象，中国传统思维先验地倾向于场论（庄子称为“环”，也是我们所说的“圆圈”），即对整体内物质（或个体）之间的相互联系和相互作用有着一种自发的模糊的兴趣。这种思维方式丝毫不拘泥于“A是A，不能是非A”的两极对立，也不拘泥于那种认为要坚持一方的性质就必定要排斥另一方性质的观点。战国时代的思想家荀况曾认为：“始则终，终则始，若环之无端也”[①]，这就好像组成太极图中的两条“小鱼”，首尾相衔，如同一个圆圈，开端即终极，终极即开端，两者互相协调、互相作用，组成一个共生场。

这种认识使中国人得以在欧洲人认识磁的极性前就为磁偏角而操心；得以在8世纪中叶，就不仅对潮汐的成因和变化规律有科学的定性认识，而且对来潮时间也有较精确的定量认识；得以在法拉第作出结论前对不相接触的两物体间的媒递作用不再感到困惑。

场论（环）的效应也发展了中国人求变、应变的思维，《庄子·德充符》中的一段话概括了与“变”所对应的现象：“死生、存亡、穷达、富贵、贤不肖、毁誉、饥渴、寒暑，是事之变。”概括地说，应变既有基于空间多样性或不确定性的变换，如“应事而变”、“应地而变”、“应人而变”等等，也有基于时间的更替性或不确定性的变化，如“应时而变”、“应缘而变”、“随机而变”等等。

值得指出的是，古代思维中存在大量的模糊现象，这种现象不在于无法界定事物的属性、状态，而仅仅是对事物属于某种性质、状态的程度未加精确的数量分析。比方，道家人物庄子很早就提出任何物质都可以对半分割，如此一直分割下去，可获得物质的最微小的状态（类似现代人所说的“分子”、“粒子”等），即“每况愈下”。但是，物质在分割过程中以及最小状态的组合成分、质量等是多少是什么，却很少引起人们的注意。况且，古代中国人分析的知识性传统较弱，因此，在解决模糊性的问题时，只能依靠对立互补的方法来完成，既承认“非此即彼”，又承认“亦此亦彼”，如《庄子·齐物论》所言：“彼出于是，是亦因彼”，“因是因非，固非因是”。这使古代中国人特别善待诸如“中庸”、“中和”、“中行”、“中道”等观念和行为，也巩固了辩证性在传统思维方式中的地位。

（2）带有“月令图式”特色的整体性思维。[②]辩证思维有一个基本特点，

---

① 《荀子·王制》。

② 本小节参见刘长林：《中国系统思维》，中国社会科学出版社1990年版，第108～115页；金春峰：《月令图式与中国古代思维方式的特点及其对科学、哲学的影响》，载深圳大学国学研究所：《中国文化与中国哲学》，东方出版社1986年版。

那就是认为宇宙[①]间存在着普遍联系。这种思维早在八卦生成时代就已经滥觞，并于先秦至汉代初步发展为朴素系统观，即自发地将系统现象看作是宇宙普遍联系的一个具体形式。《吕氏春秋》表述了对普遍联系的理解："天行不信（信，通'伸'，在此是顺利流行、延伸、传播的意思——著者按），不能成岁。地行不信，草木不大。春之德风，风不信，其华不盛，则果实不生。夏之德暑，暑不信，其土不肥。土不肥，则长遂不精。秋之德雨，雨不信，其谷不坚。谷不坚，则五种不成。冬之德寒，寒不信，其地不刚。地不刚，则冻闭不开。"[②]"人之与天地也同，万物之形虽异，其情一体也。"[③]"故父母之于子也，子之于父母也，一体而两分，同气而异息。若草莽之有华实也，若树木之有根心也，虽异处而相通，隐志相及。痛疾相救，忧思相感。"[④]

精于观察的古代中国人很早就掌握了普遍联系的大量现象，尽管他们无法从知性分析方法中获得事物联系的原因和本质，然而，却找到了通向构造整体的桥梁——理性。理性可以与宏观领域沟通，可以在其内自由驰骋，直至用一般性的综合方法，找到建立事物整体秩序的规律。这就是古代思维过程中的整体观念。

在这种观念指导下，"古代学者将已经发现的局部事物之间的联系连缀起来，从中领悟到，原来各种事物都是由若干要素按一定结构组成的，而无数多个大大小小有一定结构联系的事物按一定的次序构成了整个宇宙"（刘长林语）。

《易》的卦爻理论是这种认识的初期具体体现，由阴阳说和五行说演绎而成的"月令"图式则是宇宙一体化结构的典型之作。

"月令"一词来自《小戴礼记》"月令"篇。作者在"月令"篇里谈论一年四季的气候变化，从气候变化引入物候以及人的生理、心理、艺术、社会乃至政治等的变化。在许多人看来，气候变化（代表时间关系）、物候变化（代表空间关系）似乎与人及人的社会活动没有直接的联系，但"月令"的作者却把这种关系确定下来，不仅在空间上按照五行法则安排各种事物（帝、神、色、虫、畜、数、音、律、嗅、味、性、事、五脏等）的整合系统，而且在时间上，将四时代谢的自然发展规律引进系统中，作为系统内次序的参照系。后来，《吕氏春秋》中的"十二纪"采用了《礼记·月令》的思维方法，并在系

① 公元前4世纪，晋国人尸佼给宇宙下的定义是："四方上下曰宇，往古来今曰宙。""宇宙"在古代中国人的观念中即为时空整合状态。

②《吕氏春秋·贵信》。

③《吕氏春秋·情欲》。

④《吕氏春秋·精通》。

统上作了进一步的发挥。

从《月令》和“十二纪”提供的模型里，我们看到一幅和谐统一的整体型的宇宙图式，其核心是时间与空间的统一；其基本观点是天—地—人一体，天地人相与，天地人感应；其整合过程是多元统一——先将多种元素归类，再在更高层次把它们整合（统一）起来。此后，无论是《淮南鸿烈》、《春秋繁露》设定的“天—地—人”三元系统，还是《白虎通》构制的“三纲六纪”新秩序的架子，其思路均离不开《月令》提供的模式。可以说，《月令》里反映出来的思维方式很独特，它类似于近现代哲学上说的“辩证法”，但又没有辩证法严密和精求科学和实践的论证，也就是说，它的论证带有强烈的模糊性，很典型地代表了古代中国人的思维方式。目前，在没有找到更好的词汇时，国内的一些学者主张暂时用“月令图式”来代表中国人的这种独特的思维方式。在此，我们给“月令图式”的思维方式所下的定义，是“在看似互不相干的事物之间建立时空结构的思维方式”，而“月令图式”所要表述的结构通常是一种“三体”结构，即由三个不同的个体组成具有一定内部结构的整体。

我们相信，古代中国人建立这样的关系结构，最初的目的是为了在“天”、“地”和“人”之间建立一种“全息系统”（现代资讯理论使用的语词，指的是在彼此存在固定结构的两者之间，如关系密切且持久的夫妻、朋友等，会通过资讯的交流和传递，使双方都带有另一方的某些特征），然后通过了解“天”、“地”来推知人事，因为，毕竟“天”、“地”的规律容易发现，而人的社会太复杂，要找到其中的规律颇为不易。到了后来，这种思维方式渐渐固定下来，并最终将中国人的生活方式导进“圆”的形式中，由此产生诸如“君子安而不忘危，存而不忘亡，治而不忘乱”[①]，“塞翁失马，焉知非福”，“三十年河东，三十年河西”，“举措应变而无穷”等的启示；将艺术、哲学等精神方式导向求真和求善的统一，将科学导向技术、宇宙、人生、伦理、政治、经济等互相推演的整合结构里。

耗散结构理论的创始人 I. 普里戈金（I.I.Prigogire）在《从存在到演化》一文中指出：“中国传统的学术思想是注重于研究整体性和自发性，研究协调与协和的。”尽管中国古代没有形成完整的系统理论体系，也由于受历史和科学条件的限制，在整体性思维里精华与糟粕混杂，但从中国文化创造得以卓尔于古代世界这一点来看，古代中国人的思维方式在当时是相当先进的，其进步之处，就在于思想家在朴素的自然观中，早已自发地运用系统观念来思考和认识自然界和人类社会，并将之付诸实践。

① 《易传·系辞上》。

(3) 缺乏严密论证的非知性思维。早在先秦及其以前，中国存在着两种逻辑思维方式：以《墨辩》为代表的形式逻辑，以荀子、《易传》为代表的辩证逻辑。由于《墨辩》未形成完整的逻辑推理演绎系统和方法论体系，因此，在思维方法上，对传统并未造成太大的影响。汉代以后，形式逻辑逐渐式微，辩证逻辑却得到了长足的进步，以致传统思维方式已不同于近代西方的命题推理，而成为系统型推理，即从一个系统推出另一套系统。专门研究整体关系的辩证逻辑相对发达，而注重严密推理的形式逻辑又相对弱化，使古代思维重视对事物的功能作出有效的判断，却又忽视作质和量的分析；精于直觉概括，却又疏于概念分析和严密推理，因而难以把握对象的各具体要素，在推理时难免出现牵强附会。

同时，中国人擅长理性思维。在认识对象时，悟性思维（直觉思维的高级形式）常被凸显出来，在思考问题时，辩证思维又得以在系统中穿梭。虽则两种思维在活动特点上有很大的区别，一个是抽象理性思维，一个是具体理性思维，但在中国传统中，两者却能巧妙地弥合，互相补充。这样一来，固定、单义、精确和分解性的知性思维便没有多少立足之地了。因此，中国古代对宇宙系统的认识，对“环”（场）论的思考，对本质和现象（“体用”）的把握等等，基本上就是来自经验积累式的直觉领悟，带有朴素的思辨性质。

思维方式的形成总是以物质和资讯的实践活动为基础，因此，物质生产和资讯分析、传播的发展水平必然成为思维方式发展的前提。在近代科学分析方法产生以前，人的思维往往缺乏严密的论证，只是单纯地依靠观察现象和经验积累。如前人提出的“天人合一”、“我物相渗”就是将人还原为自然本身加以认识，同时又将人当作认识自然的现场观察物件，从经验类比中寻找发现规律的途径。但这对精确掌握自然物件的本身，尚远远不足。如宇宙间原本存在普遍联系，这是中国人很早就感悟到的问题，那么，其本质和中介是什么?古代哲人们虽然进行了大量的探讨，从老庄的元气到宋明时的本体，但都始终难以论证清楚。同样，对媒体传递的现象，古代的人们早有直觉，却无法从科学的角度去进行证明。

偏重领悟，对量的分析推理的作用持怀疑态度，对概念的形式反映不重视，使中国古人忽视了系统的理性阐述，这些都直接影响了中国思维方式向近代转型。

3. 取象比类的推理性

科学发展水平的局限，使古人缺乏精深的分析技术和手段。作为弥补，中国人自发地创造了两种主要的推理方法：一种是“合理外推”，另一种是“取象比类”。其中，“合理外推”指的是“将人对一类事物的理解整理出来，形成模式，用来对尚不可知的事物进行符合规律的推理”。比方，以自己的某些个性特征为基准，推知周围人群的共同特征，再进一步推出无法接近的群体的特征，并如此推论下去，便可知人类的共同特征，这就是所谓“推己及人”，“推近及远”。当然，这种推理不是盲目进行的，也不是主观臆测的，而是以“合理”作为推理的标准。为了达到这个标准，古代中国人会尽量去寻找推理的每一个层次之间的关系，建立一种类似“自己”→“周围人”→“其他群体”→……→“整个人类”这样的关系结构，以此求得对直观的或不直观的、可以接近或不可以接近的事物的理解。古代不少学者在解释自然现象时，便总是喜欢以人的行为和感受作为推断的初级形式，如东汉的王充以“元气呼吸，随日盛衰”[①]来解释潮汐周期。

合理外推虽则可使人们接近远离身边的事物，使君子“足不出户而知天下事”，但这种推理方法毕竟过于“似是而非”，只求关系而不求严密。因此，尽管在那些用日常经验和直观外推能解释的科学领域里，中国科学理论都有过精彩的论述，如对流星、陨石、化石、虹的解释等等。但是，一旦越出直观外推所能把握的领域，这种推理方式就显得含混不清了[②]。比方，中国史学治史的方法就有这样的特点。本来，中国史学是相当发达的，古人善于取精用宏，对社会现象进行大量的观察和记载，甚至对某些社会行为产生的原因和实质都有精辟的判断。古代史学的成就使史学得以率诸学科之先，但是也正因为这种现象，反映了古人对人文的重视，反过来又使史学带上泛知识性色彩。科学家们在研究自然现象时，习惯于以社会经历和史书提供的经验作为验证的尺度，从而导致科学理论人格化，使史学诠释材料的方法自然成为诸学科推理的范本。

与合理外推关系密切的中国传统思维方式中的第二种推理方法，是“取象比类”。

“象”指的是现象，用来象征自然和社会现象的符号也可称为“象”，如《易》中的卦象。“比类”用词所见甚多，《内经》云，“不知比类，足以自乱”；明清之际的王夫之说：“或始同而终异，或始异而终同，比类相关，及知此物所以成彼物之利。”[③]取象比类又叫“援物比类”，作为一种辩证推理，依现在的话说，指的是“将杂乱无章的事物加以综合归纳，分门别类，用以比较某种规则，目的是为了了解这些事物之间的关系，或是在它们之间建立有规律的联系和秩序”。这种推理的特点是对杂乱无章、千头万绪、表面无关的各种现象进行有机整合。

---

① 王充《论衡》。

② 刘大椿：《比较方法论》，第 91 页，见中国文化书院 1987 年编“中外比较文化教学丛书”。

③ 王夫之《张子正蒙注·动物篇》。

因为需要“比类”，因此，推理的第一步就是要寻找可供借鉴和参考的规则、常模。古代中国人在这方面做了大量的工作，从观察自然界和人类社会入手，再用上千年的时间进行积累，最后按照自然规律提供的线索，建立起不同的关系模式。就目前来看，在古代经常被用来“比类”社会和各种关系的常模有“阴阳”模式（二体结构）、“八卦”模式（多体结构、环形结构）、“月令”模式（三体结构）、“五行”模式（五体结构）等等。甚至有人认为，在古代影响颇大但失传甚早且至今尚未能完全破译的“河图洛书”，在历史上也曾经负有关系研究的使命。

取象比类的推理方法在两个领域里应用得最多：① 用“取象比类”的方法了解未知的事物。在古代人看来，世界上的事物无穷无尽，但基本上可以分为两大类，一类是“已知”的事物，另一类是“未知”的事物。那么，如何从“已知”去推知“未知”？有一条途径，那就是在“已知”与“未知”之间建立某种关系，比方，导入“阴阳”关系、“月令”关系或其他。只要有了这种关系结构，便可通过资讯传递了解不可知的事物。例如，在军事行为中，利用关系结构将敌我双方联系起来，以便通过“知己”来达到“知彼”的目的。② 用“取象比类”的方法，在人群中建立管理秩序。在古代，无论是国家管理、工程管理（古代修筑长城、开挖运河等浩大工程，多由朝廷中的专门机构统筹）还是军事管理，最大的问题是如何在行动之前，将杂乱的人群变得井然有序？同样道理，首先将杂乱无章的人群进行分类，再将“五行”的沟通规则和秩序引入群体之中，使几十万乃至上百万人的群体得以协调一致、统一指挥，如此一来，管理几十万人的群体却能像管理几个人的群体一样：“治众如治寡。”（《孙子兵法》）。

无论是“合理外推”还是“取象比类”的推理方法，都是以综合作为基础，综合的材料一般来自形象的属性或规定，而不是抽象的概念化的属性或规定；综合的结果可以反映共性，但综合在整体里的各个个体不一定具有本质的共同性，即不一定都是真理性的事物。因此，按照形象思维综合起来的整体意象（意象与概念相对），往往是具有多种规定性和丰富情感的[①]。如中医的藏象学说，建立了脏腑、经络、脉、色、味、液、体、窍、志、天、地、方、位、季节等的联系，表面上看，各个个体没有本质上的共性，但在中医理论中，它们之间存在按照阴阳五行建立起来的比类关系。中国音乐的内感状态、绘画的构图、文学的比兴等都存在着这种推理特点。

可见，中国传统思维方式中的普遍联系引发了“合理外推”和“取象比

① 陈新夏等：《思维学引论》，湖南人民出版社 1988 年版，第 211～243 页。

类”的推理方法。这些方法并非按照线式渐进的程式，一步一步地去进行严格的推理，而基本上是用诠释圆环的思考方法，着重从始终、功能、时空等因素入手，建立复式网络状组织系统。如五行相生相克关系，就是一种简单的网络结构：“五行”元素各成其他元素消长的基础，同形的克谐关系在系统里最少有五对（复式），每一种元素都可成为其他元素的始终或背景，如此循环下去，使系统保持一种开放性（见图 3-1）。

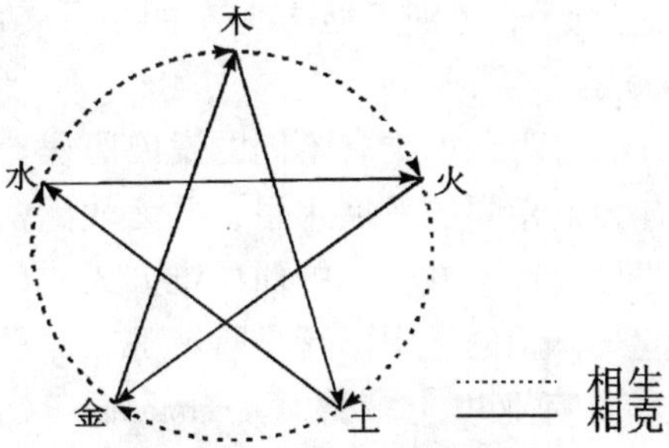

图 3-1　“五行”结构图

对于这种系统，简单的线式渐进的推理方法是很难把握其全部的。因此，中医的“辨证（象）”推理不是抓住一端，由浅入深地进行，而是“察其下，适其脉，观其志意，与其病也”[①]，将通过直接观察所认识到的六淫、七情、饮食伤、房劳伤与环境、季节等外在因素联系起来，归纳综合，再比照阴阳五行的克谐理论去进行；古代兵战也是将“道、天、地、将、法”[②]与“形论、势论、知论、法论”相比类，依照《易》中阴阳观、变易现、对立互补观等原则进行辩证推理。

以上说明，“合理外推”和“取象比类”的推理方法在实践中带有一定的合理性，尤其是在社会科学和自然科学的宏观研究领域里，辩证的推理方法常可给人们带来意想不到的效果。但由于缺乏实证和分析，单凭这种方法尚不能解决自然科学中的具体问题，特别是当“本来富有辩证性的阴阳范畴，一旦固定为自然科学本身的解释模式，就会对科学的发展起阻碍作用，因为它诱使那些对自然感兴趣的人，停留在根本不能解决问题的解释上”[③]。

① 《内经·素问·五藏别论》。
② 《孙子兵法·计篇》。
③ 刘大椿：《比较方法论》，第 92 页，见中国文化书院 1987 年编“中外比较文化教学丛书”。

二、传统思维方式产生的根源

人类的思维开始于同一的原始状态，以后，随着社会大背景的演进，思维的宏观系统出现分叉，分化出多种方向、多种形态的思维方式，思维的进化，便只存在定向性，而无单一的规定性。思维方式的多种形态，是人类认识发展过程中受民族性、地域性和时代性的影响分化而成。因此，考察中国传统思维方式产生的根源，首先应该本着民族、地域和时代的发展特征，以特定社会与历史的发展标准衡量之。对于区别于西方形态的中国传统思维方式产生的根源，我们有以下几点看法：

其一，中国思维方式与西方思维有不同的发展历程。如前所述，中西思维方式在初成时期，具有大致相同的发展水平，并无孰优孰劣之分。只是受社会环境的影响以及不同的哲学致思方向，中西思维方式才在风格上略有差异。如公元前 5 世纪至前 3 世纪，无论是中国还是欧洲都在探索中产生了有思维规律的最初科学。在古希腊，有亚里士多德（Aristoteles）创立的形式逻辑，在中国，有以墨子的“名实论”、“三表法”为主要内容的形式逻辑和公孙龙的逻辑学。由于在此之前的古希腊面临的最大问题是海外移民，及以“分裂繁殖”的形式建立殖民城市，后来又发展海上贸易和进行海上战争，这些都将哲学家的视线引向与航海有关的自然科学，或者说，这时的哲学家本身又是自然科学家。而在中国，此时正处于新旧秩序交替的前夜，春秋战国时的社会变革，使学者们注目于社会问题，哲学家往往同时又是思想家、社会学者。

将不同的研究目标导入思维方式中，便有了中西思维风格的差异：在热点和重心上，古希腊人较多地对自然和自然观问题进行思索，中国人则更倾向于思考人生、社会政治和历史观问题；在思维主体的趋向方面，古希腊人总是尝试对客观现象作出各种解释和说明，中国人则更具有强烈的入仕和从政意识；在思维的流程上，古希腊注重思考个体事物的属性，中国注重思考整体事物的功能、发展过程和关系，这为辩证逻辑和思维中辩证法因素的发展开辟了广阔的前景。[①]

5 世纪至 15 世纪，欧洲进入上千年的哲学沉寂时期，没有什么实际作用的经院哲学将人们带入单一的意识形态之中——宗教和神学，思维方式的本质只是神学的世界观。而这段时期，中国哲学的发展并未中断，中国的思维方式一直走在世界前列，并带动了古代文化的繁荣。

到明朝中叶，中国传统的思维方式大致定型，但也被局限在天道、八卦、

① 参见朱立言：《中国传统思维方式的成就与不足》，载《中国人民大学学报》1988 年第 4 期。

阴阳五行的框架里，没有进一步突破和飞跃，甚至还因习惯产生一定的抗变性。恰逢其时，欧洲兴起文艺复兴运动，出现对神学世界观以外的追求。由于其哲学长期沉寂，没有有关本体论的激烈争论及其在争论之后建立的牢固体系，古希腊时期以自然和自然观为主的思索比较容易复原。因此，当近代工业兴起以后，哲学便轻而易举地与近代科学结合起来，促成思维方式的革新。

其二，中国传统思维方式根源于具体实践的直接需要。一般来说，传统思维方式都具有突出的实践性特征。古代朴素的宇宙论萌生于原始农业对天的关注、对天象的观察，人们提出各种思想观点或对某些问题感兴趣，往往不是出于单纯的求知需要和研究爱好，而是出于实践的需要，目的是为了能“物为己用”、“物尽其用”。哲学家们建立了“形而上学”（有关“道”的学问），其意义不在于解释世界、探索世界，而是为改造世界、建立理想社会秩序的实践提供一种更抽象更具有普遍性的理论指导。因此，中国思维方式偏重理性，但不是集中表现人的智慧的纯粹理性，而是集中表现人的智慧（仁、义、礼、智、信的总和①）的实用理性，这是思维方式重心在哲学思维的原因。

其三，当代学者刘长林提到“文化基因”问题，认为民族文化是一个全息系统，而一切系统的发育都受基因控制。②基因使文化系统内表面不相同的各个子系统都带上了共同的资讯，包括思维方式。换句话说，思维方式的特征同样受本民族文化基因的控制，只是思维方式作为文化的深层结构，具有相对的稳定性，它同时可以作为“遗传”——保证文化机体全息的一部分载体（见第九章）。

人类的思维领域，从方法和流程上看，经历了“合久必分，分久必合”的发展历程。古代思维的重点在于“合”。从原始状态无序的整体观到有序的整体观，从主客浑然不分的原始宇宙观到具有自主意识的系统宇宙观，表现出古代系统思维的上升趋势。这种思维最大的特点是坚持对立互补，以整合的、流动的和统一的方法去观察和认识世界，祈望在主体和客体之间建立有机的、连续的等级结构。因此说，古代思维方式是一种辩证思维，是“合”的思维。中国传统思维以其不断的历史，保持了辩证思维的历时性和发展性，在人类思维的古代历程上功不可没。

近代人类的思维方式出现“分”的趋势，分析型思维方式从静态角度认识对象，将复杂事物还原为最简单或最基本的形式，通俗地说，就是“拆零”，“将问题分解成尽可能小的一部分”（阿·托夫勒语），以便从多样性中分析出

① 王充《论衡·论死》。

② 参见刘长林：《中国系统思维》，中国社会科学出版社1990年版，第573～584页；张岱年等：《中国思维偏向》，中国社会科学出版社1991年版，第201～219页。

主要的、稳定的、相似的基质，然后用已知的比较基本的规律（如各种定律、程式、定则、公式等）来研究之，以期获得对客体本质的认识。这种简化、缩小实体使存在多样性、复杂性的方法，是一切科学所必备的。要想使科学趋向精确化、定量化，将复杂现象归结为简单规律的分析，还原方法是必不可少的。17世纪后的西方文明证实了还原论和分析方法的科学作用，也为人类分析型思维方式的发展作出了贡献。

但分析型、还原论的方法在解释诸如“电子在什么样的轨道中绕着原子核运动”这类现象时，就显得“太狭窄”了，“仅靠分析型思维的单纯推理，要得到某种绝对真理是决不可能的”①，特别是面对像人类社会这样极其复杂的现象，仅凭分析还原的方法，很容易将研究导向结构论的泥淖。因此，20世纪及其以后，人类思维及科学又重复“合”的状态，综合性思维、辩证性思维为越来越多的科学家所重视及运用，继爱因斯坦的相对论、量子力学之后，又出现了控制论、系统论、资讯理论、耗散结构理论、协同论、超循环论等综合性的理论和方法。②

当然，人类思维这个大系统的发展，每次“分”、“合”都有质的突变，20世纪及其以后的“合”，并不是古代“合”的复制，尽管其带有古代系统思维的资讯，如辩证性、有机性和层次性（从已有的等级结构的组成部分向上发展出更高的一个层次的系统。瑞士心理学家皮亚杰（Jean Piaget）称之为“螺线型”辩证圈③），但它毕竟是更新的自觉的思维方式。如古代中国的系统思维是建立在直觉性意会领悟的基础上，而现代的系统思维则是建立在科学分析方法上；古代中国的系统思维自发地将哲学思维和科学思维综合起来，以具体实践为目的（实用理性），以哲学思维为主要手段，现代则是科学与哲学互成目的和手段，以实现二者的辩证统一。因此，现代的系统思维是广泛的综合，“这个综合既包括可逆的时间，也包括不可逆的时间”，整体组织化的关系“不仅是在宏观现象水平上的，而且也是在最微观的水平上的”④。

综上所述，我们可获得一点启示：中国传统思维方式不仅走在古代世界的前列，成为中国古代文化繁荣的前提条件和心理准备，而且在现代系统思维的前景上，中国的传统思维仍然有其一席之地。因此，摆在我们面前的任务，不仅仅是加强现代科学意识，建立完整的思维理论体系，而且有必要全面思考中

---

① 海森伯：《物理学和哲学》，商务印书馆1981年版，第50页。

② 20世纪思维方法上的“合”当始于18、19世纪哲学家和思想家的探讨。最初是康德和黑格尔开始对辩证思维理论作系统研究，以后，马克思、恩格斯批判改造其学说，在研究当时社会发展规律和自然科学所取得的成就的基础上，完善了这一研究，使辩证理论具有了科学的形态。

③ 皮亚杰：《结构主义》，商务印书馆1981年版，第84～87页。

④ 普里戈金等：《从混沌到有序》，上海译文出版社1987年版，第18页。

国传统思维的精髓部分，发掘业已失传的方法，为世界文化和科学的发展提供新要素。

第二节 中国汉文字

文字是记录语言的书写符号体系，是人类重要的交际工具之一。它既能突破时空的限制，将人类的文化创造与生活经验记述下来，使之流布八方，垂迹千古，又能推动社会发展，提高人类的精神素质。汉文字是汉族人民在长期的社会实践中创造出来的一套记录汉语的书写符号体系，是世界上历史最悠久的文字之一。

一、汉文字的性质与特点

世界上通行的文字可以分为拼音文字和表意文字两大类。拼音文字是用一套字母来拼写每个词的声音，一般情况下，看到形体就能念出词的声音，也就能了解词的意义（如英文、法文、德文、藏文、维吾尔文等）。而汉文字则是典型的表意文字，同拼音文字比较起来，具有几个显著的特点：

第一，从形体上看，每个字都是独立的方块形状，即所谓方块字。

第二，从读音上看，汉字是一字一音，每个字代表一个音节；汉字有四声，即一种声音有四种声调。

第三，从表意上看，汉字常常利用形体来表示意义。这种情况在汉字发展的初期非常明显，如“山”、“水”、“鱼”、“鸟”等的古文字，就是把实物外表的主要特征描画出来，使人一看便知。以后，虽然出现了表音的成分并发展为汉字的主体，但是，人们还习惯于依靠表意的成分来了解字义；即使字的表音部分原来也是表意字。所以，汉字实际上是一种表意文字，每一个汉字都有与其形象相符的意义。

二、汉文字的形体与构造

1. 汉字的形体

汉字的体系是在不断演变中逐渐完善起来的。它的演变既表现在字式——字的构造上，即由独体到合体，从单纯表意到表音义表意，从异体并存到定型为一；又表现在字体——字的形体方面，即由繁入简。总的说来，汉字字式的变化较小，字体的变化则较显著、频繁。因此，汉字的演变主要是形体的演变。

汉字的演变过程，大致可分为“甲骨文—金文—篆书—隶书—楷书”。它们之间有着一脉相承的关系，在一种字体通行的时候，往往还有其他字体作为辅助的书写形式。

甲骨文是商代后期刻在龟甲、兽骨上的文字，是现存公认的、能够确定年代的最古文字。金文是商周时期刻、铸在青铜器皿（主要是钟和鼎）上的铭文。青铜是铜和锡的合金，古人称“铜”为“金”，因此称青铜器上的文字为“金文”。

篆书，有大篆、小篆之别。大篆是古象形文字的统称。西周后期，周宣王主政时，有位太史名叫籀，他对我国文字作了第一次大改革，著大篆十五篇，大篆因此得名。与大篆相对的是小篆，秦统一中国后，进行文字改革，统一文字，由大篆改为整齐、简化、规范的小篆。小篆的写法较以前的古文字有明显的区别，即把不规则形体改为平直或带弧形的线条，象形的意味明显减少，符号性却加强了，并由此奠定方块汉字的基础。小篆结束了因先秦诸侯割据造成的长期“文字异形”的状态，促进了汉字的发展和政治、经济、文化水平的提高。

隶书创于秦代，定型并通行于汉代，是对汉字形体的又一大改变、又一次进步。它把小篆的长方改为扁方，改曲线为直线，使书写速度加快，改变了甲骨文以来的古文字构造，使文字失去了原来的图画意味，成为有一定笔顺的书写符号。

楷书创始于汉末魏初，至晋代渐趋成熟，并通行至今。楷书字的形体由隶书的扁方变为正方或竖长方，偏旁部首也随之标准化，有了固定的形体。这种文字，结体端端正正，中规中矩，完全成了由点画组成的方块形，在摆脱古汉字的图画意味这一点上，楷书较隶书又进了一步。

此外，还有草书和行书两种各具特色的形体。草书是一种比较潦草的字体，书写速度很快；行书是介于草书与楷书之间的字体，既不像草书那样潦草，也不像楷书那样端正，兼有两者之长而去其短，是一种很合用的手写体。

从几千年汉字的进化历程来看，其形体演变的规律，一方面表现为一种“简化”的趋势，另一方面表现为其象形成分的逐渐消失；文字作为一种工具，必然经历由繁到简的历史过程，以适应日益频繁的社会交际。而汉字由表形到表意则是由文字的本质决定的。“文字”从本质上说是“语言”的记录，写出来的“字”都是可以读出来的。“语言”不是物象的镜子，其本身与世界的关系只是“指示性”的符号关系，“语言”的这一特点影响了文字的特点。文字总是要向语言靠拢，而不是向图画靠拢，这又势必导致文字中象形成分的消亡。

2. 汉字的构造

汉字是在原始的绘画、锲刻基础上发展起来的，其构造方式可分为两大系统：象形、指事、会意——表意系统；形声、假借——表音系统。

象形：用线条来描画实物的造字法。人类早期只有语言，没有文字，一些事情只能口耳相传。这样必然不能传之久远。后来，人们开始用图画来记事，这便形成了象形文字，视而可识，察而见意。象形文字数量不多，但它是表意字的基础，是汉字的字根，如“日”—“⊙”等。

指事：用简单的线条表示抽象的意义。这是因为有的事物难以用图画来表示，所以人们在象形文字上另加标记来指示事物所在或表示事物特征，这就是指事文字。如“刃”，在“刀”字上加上一点，表明刀口就在这里。指事字的数量极少，但也是表意字的基础。

象形字和指事字一般都是独体，古人称之为“文”；两个以上的独体合在一起，便成为合体，古人称之为“字”。“文”与“字”本来是有区别的，后来则连用成为合成词。

会意：把两个以上的独体组合起来，借以表示一个新的意义。这样就可以表达那些既无象可形，又无事可指的抽象概念。如“休”，由“人”和“木”两个独体完成，人依靠着树木，表示休息。会意字把若干图形合起来表示意义，表意的倾向比较明显，是一种较为能动的造字方式。

形声：由形符和声符两部分组成，如“粮”，由“米”（形符，表意）和“良”（声符，表音）合成。这是一种最易把握的造字法，在甲骨文中，形声字就占了20%左右，以后越来越多，终于成为汉字的主体。

假借：借用已有的同音字来代替要造的字。如“容易”的“易”字，本来有音无字，古人便借用“晰易”的“易”来表示它。假借完全摆脱了“表意”，走上了纯粹的“表音”阶段。传统的文字学把象形、指示、会意、形声、假借，加上“转注”（为了适应方言分歧或语音发展而造的字），合称为“六书”。

三、汉文字的文化功用

中国社会早在几千年前就进入了文明社会，在数千年的历史中，创造了光辉灿烂的古代文化。汉文字对中国古代文化的创造毫无疑问起了重大作用。

文字是文化最基本的创造工具，也是文化最重要的社会载体之一。任何一个古老民族的文化，都在史前就有了语言，以后发展出各自相对独立的象征性符号，成熟的符号便演进为文字。自从文字产生以后，文化的传承开始具有较为固定的形式，可以循着一脉相承的系统持续发展。这时候，文字不仅负载了历史的遗传资讯，更犹如一面镜子，映照出民族文化的方方面面。汉文字记载了中国的历史，谱写了浩如烟海的文献典籍，保存了丰富而宝贵的文化遗产，而且对于国家统一、文学艺术的创作以及人们的思维方式都具有不可忽视的意义。

1. 汉文字是国家统一、民族融合的“凝聚力”

中国是一个地域辽阔、人口众多的以汉民族为主体的多民族国家，在漫长的历史时期里，汉民族内部始终以统一和融合为主要发展趋势，并以“和”为与周边民族融通的主要指导思想。这其中，象形表意的文字作为一种共同的认知工具，无疑在增强民族凝聚力和向心力方面，起着重要的促进作用。

战国时期，言语异声，文字异形，对政策法令的推行与文化的传播带来很大的障碍。秦始皇正是看到了这一点才非常重视文字的改革和统一。他重用丞相李斯创制小篆，统一六国文字。此外，当时搜集和整理隶书的程邈，本是一介囚犯，也正因为他对文字改革有所贡献，秦始皇不仅将他从牢狱中释放出来，而且委以御史重任。秦统一了文字，不仅仅是对中国古代文字的一大改革，更重要的是对汉民族文化的发展起了推动作用。共同的认知工具，突破了地理上的限制和语言上的阻碍，使人们在心理上得到相互的认同，感情得以交流。汉文字以其特有的功能，成为汉民族乃至整个中华民族统一的最基本条件之一。

2. 汉文字对中国文学艺术的形成和发展起着不可估量的作用

如果说，文字是语言的艺术，那么汉语言和作为汉语符号的汉文字则有着更为明显、更为独特的表现能力。中国文学之所以呈现出它独具一格的风貌，与汉文字的影响密切相关。

汉文字具有象形表意的特征，容易引起具体意象，这在中国文学的发展中曾受到自觉的利用，如赋和骈文，就大量地运用同形旁的字。虽不无堆砌之病，却自成一体。这些文字的排列，本身就极易引起对某种具体的“意象”的联想，构成一种独特的审美效果。国外许多研究中国文字的汉学家们都注意到了这一点。如美国的费诺罗萨提醒人们：在汉字的表意字中，“联想在眼前颤动。丰富的汉字结构使人们有可能挑选一些词汇，在所选的词汇中，单独一个带支配性的联想，便可给每一层意思抹上 一层色彩”[①]。

一般来说，汉字是单音节字，一节一音，用这种文字去作诗，便形成了中国诗歌在音节变化上的独特规律，而且外观上造成整齐对称的形式美。中国古

① 张隆溪选编：《比较文学译文集》，北京大学出版社 1982 年版，第 191 页。

诗被誉为世界上最为精严的格律诗，与中国文字的这种特别的表现工具是有很大关系的。另外，中国古诗简约凝练，婉而不露，虽寥寥数语，却能启动读者对其意象的领悟。如唐人崔颢的《长干行》（其一）："君家住何处，妾住在横塘。停船暂借问，或恐是同乡。"全诗仅 20 个字，但"墨气四射，四表无穷，无字处皆其意也"①。那年轻女子对素昧平生的男子的爱慕之心，她大胆直率而又唐突羞涩，掩饰冒失之情却欲盖弥彰……只写问候语，但其情自见。这也是与汉文字的丰富表现力分不开的。

与文学相似，中国古代艺术也是力图追求由象达"意"的创造。"以追光蹑影之笔，写通天尽人之怀"②，是中国艺术最后的理想和最高的成就，如颇具中国传统文化特点的中国画，画家从文字中"借取草情篆意或隶体表达自己心中的韵律，所绘出的是心灵所直接领悟的物态兴趣、造化和心灵的凝合"③。其一山一水，一树一石，一花一鸟，无不蕴涵着无限的深情。书法艺术也是如此，那一点一画，一撇一捺，无不意态纵横，情趣盎然。然而这一切都与汉字有很大的关系。用最通俗的话来说，中国书法就是"写字的艺术"。"写字"就是写汉字，汉字不仅是中国书法的表现对象，而且是书法艺术的载体。可以说，没有汉字就没有中国书法。中国早期的书法（汉魏之前）本来就是与汉字合二为一的。那时候的书法就是那时候的文字——甲骨文、金文、大篆、小篆等。

3. 汉文字对汉族人民思维方式产生深刻的影响

语言是思维的工具，作为书面语言的文字是一种符号性的知觉媒介，能够为思维的形成和传播提供认识程式。文字的造字法及自身的特点，都不可避免地会对使用它的人的思维模式产生不可小觑的影响。

汉字形象如画，形意相合的特征使人们在使用它们时，几乎无须了解其读音，往往可以直接从形体上就能把握它所标识的概念的意义。所以，认识汉字的过程就是以象达意的过程。这种方式的长期重复操习，便把人的思维导向一种直观把握的途径，这是中国人偏重形象思维的客观原因之一。由于大量的思维活动都在直觉的认识中进行，借"象"的认识去领悟其中的"意"，去认识和把握世界，而往往忽略了其中的分析与逻辑推理。同时，由于汉字符号化功能的弱化，也在一定程度上影响了古代中国人以简约的符号方式进行复杂的推理。可见，直观性与意会性之所以成为汉民族乃至所有中国人的一般的思维方

① 王夫之《姜斋诗话·诗绎》。
② 王夫之《姜斋诗话·诗绎》。
③ 宗白华：《美学散步》，上海人民出版社 1981 年版。

式，汉文字起了推波助澜的作用。这就难怪那些古代哲学家如老子、庄子，在论述“道之极”等本体问题时，总是点到即止，让读者自己去心领神会，或者用描述形象的寓言故事来说明抽象的道理。究其原因，除了中国人的含蓄与“和”的文化心理特征之外，大概还有汉文字功用上的约束——“难以言传”深邃的思想这个原因。

汉文字是世界上历史最悠久的文字之一，也是至今得以保存下来的典型的表意文字之一。它以独特的表意、表音方式传载了中华民族深刻久远的传统，使中国文化虽历经数千年而绵延于今。汉文字注重由象达意，这本身就是一种内容与形式结合的艺术，其中既表现了中国传统对称和谐的外在美，又反映出传统文化重意重悟的思维方式。汉文字作为中国文字的主体，在构筑中国“和”文化体系方面，起着不可磨灭的作用。

第二部分

中国传统文化诸要素

第四章 哲 学

哲学，是围绕关于“世界的固有状态”和“人类的生活方式”的智慧而形成的知识理论体系和活动整体。哲学的“哲”字，在中国古已有之，含有“聪明、才能”和“智慧卓越”的意思，《尚书·皋陶谟》就有“知人则哲”的教诲。因此，按照上述解释，我们可以通俗地将哲学理解成“一门教导人们如何去研究并获得卓越智慧的学问”，简言之，哲学是一门“智慧学说”。

每个民族的哲学都是该民族文化和智慧的精华。中国古代哲学，以其独特的思维触角和表现形式，展示出我们的先辈对真理和智慧的执著追求。其历史之源远流长，其成果之绚丽多彩，在世界上是不多见的。在这里，我们试图从三个侧面勾勒出中国古代哲学这一博大精深的认识体系：首先，粗线条描述中国古代哲学的起源、历程以及发展阶段中的特点倾向；其次，简略谈谈中国古代哲学的三个主要类型，这也是中国传统哲学的基本特征；最后，考察作为认识之“细结”的哲学基本范畴。透视中华民族用理性把握世界的独特品格，旨在使大家对中国古代哲学的概貌和特质有一个基本的了解。

第一节 中国古代哲学的起源和流风

和其他事物一样，中国古代哲学也有一个萌芽、形成和发展的过程。根据现有的研究成果，中国古代哲学的发展经历了起源、形成、发展和总结（转型）四个阶段。

一、阴阳启行：哲学起源期

1. 原始思维与早期世界观

早在远古洪荒时代，中国古代哲学思想就已开始萌芽。旧石器时代晚期（距今约 1.8 万年前）的山顶洞人，已经有了“灵魂不死”的观念。生活在仰韶文化时代（距今 5000 ~ 7000 年）的原始先民，形成并盛行“万物有灵”的观念，并据此举行各种自然宗教祭祀活动。[①]在动物崇拜的基础上，先民把它与对本民族的来源的探寻结合起来，形成了图腾崇拜，即以动物来解释本民族的来源。《说文解字》分析道，“南方蛮闽从虫，北方狄从犬，东方貉从豸，西方羌从羊”，认为虫、犬、豸、羊是中国远古时代周边部落的图腾。中国近代学者闻一多先生也指出，作为封建帝王标志的“龙”，是从图腾崇拜演化而来的。龙，不过是一种想象合成的“动物”，它的基本形态是蛇，又兼有兽类的四脚、马的头、鼠的尾、鹿的角、狗的爪、鱼的鳞和须。他认为，龙可能是在部落的兼并、融合过程中，以某些崇拜蛇的氏族为主，又吸收其他氏族若干特征而形成的。[②]

不难看出，先民的这种原始宗教观念和行为是极其幼稚和愚昧的。但是，这种远古现象至少说明两点：其一，图腾观念的出现，表明先民的思维形式已从直观感性上升到抽象思维高度，而思维的物件则从自然转向人类社会本身，因此，这是先民思维的巨大进步。其二，“灵魂不死”、“万物有灵”观念的出现，表明先民已经能够把肉体（生命）与灵魂区分开来——这正是思考存在与思维的关系这个哲学基本问题的前提条件。这种幼稚的、幻想式的早期世界观构成了中国古代哲学的开端。

2. 原始的阴阳说

阴阳说是揭示事物现象两极对立与转化的学说，这种具有朴素辩证法色彩的学说，起源于原始先民对自然的观察和早期的狩猎、农耕活动。

“阴阳”范畴的形成经历了从感性具体到理性抽象的过程。一种观点认为，“阴阳”观念最早只是用于气象和方位方面，源于人们对日照等自然现象的观察。在商代的甲骨文中，就有“阳日”（晴天）和“不阳日”（阴天）的记载。西周初期的《公刘》诗云：“既景及冈，相其阴阳，观其流泉”[③]，说的是观察日照以确定山坡的向阳或背阳，并观察泉水的流向，以确定是否居留在豳地。我们推论，作为一种两极性现念，“阴阳”概念的形成有着远比日照向背更丰富的背景内容。例如，季节之寒暑、草木之荣枯、石斧之利钝、弓箭之长短、性别之男女[④]、体力之强弱等等，这些两极对立的主观现象都可能对“阴阳”概念的形成产生影响。然而，这时的“阴阳”概念，都只是在对立的感性的具体事物现象上使用，还未上升到哲学高度。

此后，人们逐渐用阴阳之间的相互作用来解释事物的运动变化。周初成王

① 任继愈主编：《中国哲学发展史》（先秦部分），人民出版社 1983 年版，第 41～49 页。
② 闻一多《神话与诗》，转引自任继愈主编《中国哲学发展史》（先秦部分），第 55～56 页。
③《诗经·大雅·公刘》。
④ 传说伏羲时画的八卦符号，最基本的“—”与“--”就可能是表示男女两性的区别。

时，设立太师、太傅、太保等“三公”，确定其职责是“论道经邦，燮理阴阳”①。这里，“阴阳”观念被应用于社会领域，成为治理国家的原则。再进一步发展，“阴阳”这一对范畴，已经有极大的包容性，用于揭示世间一切事物的相互对立与相互转化，从而具有相当程度的解释力和预见力。著名的例子是周太史伯阳父以阴阳说来解释地震的原因。周幽王二年，西周三川皆震。伯阳父曰：“周将亡矣！夫天地之气，不失其序，若过其序，民乱之也。阳伏而不能出，阴迫而不能蒸，于是有地震。今三川实震，是阳失其所而镇阴也。阳失而在阴，川源必塞，源塞，国必亡。夫水土演而民用也。水土无所演，民乏财用，不亡何待？”②从这段话可看到，伯阳父把“阴”、“阳”提升到“天地之气”的高度，而它们之间的消长变化是有规律的，“失其序”、“过其序”就会引发地震。而且，伯阳父用阴阳说来猜测，预言社会将要发生的变化，力图揭示“自然环境—农业生产—人民生活—国家兴亡”之间的内在联系，体现了一种朴素唯物论的观点。原始阴阳说在解释和预见事物发展变化方面所具有的新功能，使它逐渐为人们所认识，被作为一种思维范式得到广泛使用。后来，老子、庄子、邹衍、周敦颐、张载、何塘、王廷相等哲学家对阴阳说都有所发展。

3. 原始五行说

原始五行说实质上是一种揭示世界物质多样性的观念。这种观念的形成与原始先民的采集、狩猎活动密切相关。近来有学者指出，对采集物件（动物、植物）、工具器皿、音律图形的最早分类，导致先民的分辨与分类能力的提高和多样性观念的形成。而这种萌芽中的多样性观念正是商周时期五行说的雏形。③

早期的五行说，见于《尚书·洪范》：“一曰水、二曰火、三曰木、四曰金、五曰土。水曰润下、火曰炎上、木曰曲直、金曰从革、土爰稼穑。润下作咸，炎上作苦，曲直作酸，从革作辛，稼穑作甘。”这里，不仅明确提出了“五行”的内容是水、火、木、金、土，而且说明了“五行”的特性与表现，如方位有上下之分，形体有曲直之别，味道有甘苦之异，性质有润燥之差等。古“行”字若街衢道路之形，有通路的意思。据此，有学者认为，这种五行说实际上是把五种物质元素看成世界上不可缺少的、最基本的东西④。

周太史史伯进一步发展了《洪范》的五行说，把“五行”看作是产生世界上万事万物的基本物质元素。他说：“夫和实生物，同则不继。以他平他谓之和，故能丰长而物归之；若以同裨同，尽乃弃矣。故先王以土与金、木、

① 《尚书·周官》。
② 《国语·周语》。
③ 吾淳：《对中国哲学源的重新思考》，《上海师大学报》（哲社版），载1992年第4期。
④ 张岱年：《中国古典哲学概念范畴要论》，中国社会科学出版社1989年版，第89页。

水、火杂，以成百物。是以和五味以调口，刚四支以卫体，和六律以聪耳，正七体以役（营）心，平八索以成人，建九纪以立纯德，合十数以训百体、出千品、具万方，计亿事，材兆物，收经人，行姟极。”[①]史伯“和实生物”的五行说突破了《洪范》五行说的局限，他所说的“五行”不仅是五种基本元素，而且可以通过“和”构成世界上万事万物，成为宇宙构成的始基。这样，“五行”范畴就获得了哲学意义上的升华。

与原始阴阳说一样，原始五行说体现了中国古代哲学处于萌芽时期的特点。这些带有浓厚朴素唯物论和朴素辩证法色彩的哲学观念，对后来中国哲学的发展产生了深远的影响。应该指出，原始阴阳说和原始五行说仍然带有宗教和猜测等局限性，对这些局限性的扬弃体现在春秋战国时期哲学思想的发展。

二、多元之秋：哲学形成期

从东周起至秦始皇统一中国这一历史时期，被称为春秋战国时代。在这长达五百多年的时期中，社会经济发展很快，封建制逐渐形成并最终取代奴隶制，可以说是一个社会大变动大震荡的时代。在学术思想方面，出现了诸子蜂起、百家争鸣的局面。儒、墨、道、法、名、阴阳、纵横等重要学派在批判总结前人思想成果的基础上，围绕着“古今”、“礼法”之争，“天人”之辩，“名实”关系等问题展开激烈争论。不同学派之间既互相斗争又互相吸取，先后形成了形态不同、各具特色的哲学思想体系。

中国当代著名哲学家冯友兰先生把春秋战国时期的主要哲学派别概括为六大家，即出于文士的儒家、出于武士的墨家、出于隐者的道家、出于辩者的名家、出于方士的阴阳家以及出于法术之士的法家。此外，还有纵横家、杂家、农家、小说家等。[②]各家之中又有不同的派别，例如，“儒分为八，墨离为三”（《韩非子·显学》）。下面，仅就儒、墨、道、法几家及其主要代表人物与学说作一简要介绍。

1. 孔子与儒家

儒家是创立最早、影响较大的一个学派。孔子是其创始人和主要代表人物。孔子把“仁”看作自己思想的核心和最高原则，把“礼”视为维护旧等级制度的重要手段，以仁释礼，并发展成具有浓厚伦理、政治色彩的仁礼一致的思想体系。孔子之后，“儒分为八”，被称为“亚圣”的孟子进一步完善和发展了他的仁学体系，具体化为“仁政说”和“性善论”。唐宋以后，孟子的思

① 《国语·郑语》。

② 冯友兰：《中国哲学简史》，北京大学出版社2002年版，第41～47页。

想备受封建统治阶级的青睐，成为封建社会中国哲学的重要组成部分。与孟子的唯心主义学说相对立，荀子博采众长，建立起一个较为完整的朴素唯物主义思想体系。荀子既主张“隆礼”，又强调“重法”，力图把“礼”与“法”统一起来，显示出由儒家的“礼治”到法家的“法治”的过渡倾向。

2. 墨子与墨家

墨家的创始人是墨翟，又称墨子。他手工业者出身，早年是一个出色的工匠，精通制造兵器和车辆。曾“学儒者之业，受孔子之术”，但后来“以为其礼烦扰而不悦，厚葬靡财而贫民，（久）服伤生而害事”[①]，故抛弃儒家学说，成为儒家第一个有力的反对者，并创立了墨家学派。这是个纪律严明的政治学术组织，在当时影响很大。“杨朱、墨翟之言盈天下；天下之言不归杨，则归墨。”[②]历史上有前后墨家之分，墨子死后，墨家分离为三派，对墨子的思想有所改造和发展。

墨家学说极富个性特征。在社会政治学说方面，针对诸侯连年争霸、战乱频仍的局面，墨子提出 10 项政治主张，即针对不同的诸侯国采取不同的政治对策：“国家昏乱，则语之尚贤、尚同；国家贫，则语之节用、节葬；国家熹音湛湎，则语之非乐、非命；国家淫僻无礼，则语之尊天、事鬼；国家务夺侵凌，则语之兼爱、非攻。”[③]这些政治主张反映了当时劳动人民渴求和平安定的要求，同时也具有空想改良的色彩。

在哲学方面，唯心主义宇宙观和唯物主义认识论是墨子学说中的主要矛盾。墨子在认识论方面作出了非凡的贡献，他强调人的知识来源于众人的“耳目之实”，批判了孔子“生而知之”的观点；他主张“察类明故”[④]，肯定逻辑推理在认识中的重要作用；在检验认识正确与否的问题上，他提出了著名的“三表”说，即用“古者圣王之事”、“百姓耳目之实”以及“国家人民之利”[⑤]作为检验标准。墨子否定孔子“死生有命，富贵在天”[⑥]的天命论，同时又提出“天志”说，要求人们以天的意志为言行的准绳；他的“明鬼”说则认为鬼神无处不在并能赏善罚恶，这就使他富有战斗性的学说陷入了宗教唯心主义。

3. 老子与道家

道家是以老子“道”的学说为中心的学派。这是中国历史上唯一能和儒家

---

① 刘安《淮南子·要略》。
②《孟子·滕文公》。
③《墨子·同鲁》。
④《墨子·非攻下》。
⑤《墨子·非命上》。
⑥《论语·颜渊》。

分庭抗礼的学派，也是构成中国古代学术思想主流的一个重要学派，其思想对中华民族的思维方式和心态有着深刻的影响。①

道家学者否定儒家的仁学和礼治政治模式，认为儒家只强调表面形式而忽视内心信念；他们贬抑墨家的尚贤主张，认为那样只会引起竞争并导致社会分化；他们抨击法家的法治和专制政治，认为越是严刑峻罚，民心就越是"不古"，盗贼增多。道家创始人老子一贯主张"无为而治"，即统治者灭欲无为，让人民自然生活；被统治者无欲无争，"小国寡民"，"民至老死不相往来"，"使人复结绳而用之"②，天下就太平了。不难看出，这种社会实际上是被美化了的原始社会，是一种社会复古方案。在老子看来，道为物之本源，"人之道"的"无为"是根据"天之道"的"无为"来作定义的，而天道并没有刻意地去主宰万物。道家在战国时期分化为两派：一派以稷下道家为代表，对老子的"道"作了唯物主义的解释；另一派以庄子为代表，夸大了认识的相对性，走向主观唯心主义。

4. 韩非与法家

法家是战国时期以法治为思想核心的学派。其思想渊源可上溯到春秋时的管仲、子产，而实际创始人包括战国前期的李悝、吴起、慎到、申不害、商鞅等人。战国后期的韩非集前期法家思想之大成，建立了较为系统的法治理论和朴素唯物主义思想体系。因此，通过了解韩非的思想可以掌握法家的基本观点。

韩非首先比较了前期法家三个代表人物的思想：商鞅重"法"；申不害重"术"；慎到重"势"。他认为这些"皆帝王之具也"，但"皆来尽善也"。③因此，必须综合三派的思想，取长补短，糅合为一，"法"、"术"、"势"结合使用，才能巩固和加强统治。

在社会历史观方面，韩非在驳诘颂古非今观点的同时，指出历史是不断变化、日趋进步的。他把历史分为上古之世、中古之世、近古之世和当今之世，认为治理国家的法治措施也应顺应时势，"圣人不期修古，不法常可，论世之事，因为之备"，"治当世之民"不能用"先王之政"。④韩非还试图从物质利益关系来寻觅观念变化的原因，指出：并不是古人比今人道德更高，因为在古代，"人民少而财有余，故民不争"，而今时，"人民众而财货寡，事力劳而

① 道家和儒家的主要思想及其相互关系，详见本章第二节的论述。

② 《老子·八十章》。

③ 《韩非子·难势》。

④ 《韩非子·五蠹》。

功养薄，故民争”[①]。这种观念为新兴地主阶级治国争天下提供了新的理论依据。

在认识论方面，韩非反对主观猜测的“前识”，主张通过“参验”的方法，即多方面地考察事物，进行比较、分析、验证，“循名实以定是非，因参验而审其辞”[②]，以“功用”的实际效果来检验人的言行。这说明韩非已经能够把认识的主观目的与客观效果的一致性作为真理的标准，把古代唯物主义真理论向前推进了一步。

战国后期，封建制度已经初步确立，出现了封建大一统的趋势。与此同时，百家争鸣积累了丰富的思想成果，先秦哲学到了总结阶段。完成这一历史使命的是荀子。他在批判总结诸子学说时，弃其所“蔽”，扬其所“见”，建立了我国古代第一个比较完整的唯物主义思想体系，成为先秦哲学的集大成者。荀子的哲学思想，反映了新兴地主阶级生气勃勃的进取精神，对后来哲学思想的发展产生了巨大的影响。

先秦诸子学说的提出和百家争鸣，把中华民族先民的理论思维推进到一个新的阶段，它标志着中国古代哲学的形成，预示着中国哲学发展的进程与方向。

三、举本统末：哲学发展期

公元前221年，秦灭六国，建立起中国历史上第一个大一统的中央集权制的封建国家。从此，中国历史进入封建社会发展的新时期。在这个漫长历史阶段的前期，社会生产力水平提高较快，自然科学技术也取得重大成就，推动了社会经济的繁荣，为哲学的发展提供了物质和经济基础。另外，随着封建制度的发展，广大农民与地主阶级的矛盾对抗激化为此起彼伏的农民战争，促使新王朝的统治者调整国家经济关系，重新建构维护其统治的政治思想和意识形态。正是在这样的社会背景下，中国古代哲学经历了以下四个阶段的发展进程。

1. 两汉时期的主要哲学思想

这个时期哲学面临的中心问题是：新建立的汉王朝应该以怎样的统治思想来治理国家？新兴地主阶级为了巩固中央集权统治，试图营造新的上层建筑。几经反复，汉武帝采纳了董仲舒的建议“罢黜百家，独尊儒术”，确立了新儒学的神学思想体系。从此，儒学由先秦诸子百家中的一家变为“独尊”，成为“官方意识”与国家统治的理论基石。

与先秦儒学不同，经董仲舒改造的汉代儒学以神学化的“天人感应”说为

① 《韩非子·五蠹》。
② 《韩非子·奸劫弑君》。

其核心。董仲舒继承和改造了先秦儒学的天命思想，把“人”说成按天道而行事的道德实体。在他看来，天的这种决定作用，是通过阴阳、五行以及仁义、三纲、五常等范畴体现出来的。这样，董仲舒就构造了一个“天人合一”的神学思想体系。显然，这是为巩固封建王朝的统治而提供的理论依据。

与“天人感应”的目的论相对立，王充把“天”还原为“自然之天”，把“气”作为派生万物的本原，建立起独具特色的“气”一元论宇宙观。他还运用天道“自然无为”的思想，批判当时流行的“命符”等天人感应说。针对汉高祖刘邦是龙的儿子的传说，他指出：“物生自类本种”，“今龙与人类异，何能感于人而施气”。①这种批判以生物遗传知识为科学依据，对“君权神授”说进行了深刻的批判。

2. 魏晋时期的主要哲学思想

这个时期占统治地位的哲学是玄学思潮。魏晋玄学是在汉代儒学逐渐衰落的背景下，以补充儒学不足的面貌出现的。在内容上，魏晋玄学抛弃了两汉神学的天人感应说，用老庄哲学来论证儒家传统的纲常名教，以思辨的哲学形式，展开了有与无、本与末、体与用、一与多、动与静等关系的论辩。玄学发展到东晋南北朝时期日渐衰微，佛学遂取而代之成为这一时期思想的主流。魏晋玄学上承先秦两汉的道家思想，开创了融合儒道学说的哲学发展新时期，把古代哲学思维提升到一个新水平，并对以后的佛学、宋明理学产生了深远的影响。

3. 隋唐时期的主要哲学思想

隋唐两代盛世，哲学思潮发展的最大特点是儒、道、佛三家并行发展，出现了“三教”鼎立的局面。

佛教自两汉起从南亚次大陆传入中国，在“中国化”过程中，逐渐取代玄学而融入中国传统文化之中。②隋唐统治者认识到儒、道、佛对巩固封建统治各有其用：儒学治世、道教养身、佛学治心，故推行“三教”并行的政策。唐代皇帝大都信佛，更加促进了佛教的流传。佛教在唐代发展到鼎盛时期，甚至有高出儒、道之势。佛教哲学是一种精致的唯心主义学说，以其特有的神学形式服务于封建统治。当然，佛教学说中也具有比较丰富的辩证思维成分，对中国哲学理论的发展起到一定的推动作用。

唐中叶，韩愈提出了“道统说”以对抗佛教势力的发展，站在维护儒家道统的立场上展开了排佛的斗争；但其理论带有唯心主义天命论色彩，故未能从

① 王充《论衡·奇怪》。
② 参阅本书第五章“宗教”中的第二节“佛教”部分。

根本上动摇佛教哲学的理论基础。韩愈的“道统”说，引发了后来宋明理学的产生。这一时期的唯物主义代表柳宗元、刘禹锡对韩愈等人的天命思想以及各种神权理论进行批判，总结了自荀子以来关于“天人关系”问题上的认识成果。

4. 宋明时期的主要哲学思想

这一时期是我国封建社会从成熟逐渐走向衰落的时期，社会基本矛盾日趋尖锐，君主专制统治则被不断加强，统治者迫切需要有新的理论思想来维护其统治。在这样的历史背景下，形成了以儒家纲常伦理为内容，兼取佛道两说的道学（又称理学）。宋明各学派大都探讨理、气、心性、天理、人欲等问题。唯心主义理学中的程朱学派（程颢、程颐、朱熹）把“理”作为世界万物的本原，认为忠、孝、仁、义等皆源于“理”；而陆王（陆九渊、王守仁）学派则把“心”视作宇宙之本原，认为忠、孝、仁、义等皆源于“心”。尽管二者互相争论，但都认为物质生活欲望会破坏忠、孝、仁、义纲常伦理，故主张用禁绝人欲的方法来维护封建的天理。与此同时，张载、陈亮、叶适等哲学家对程朱理学进行了批判，提出了气一元论、理欲统一等唯物主义思想。明代王廷相在批判程朱理学和陆王心学的同时，发展了张载等人的唯物主义思想，并为明清之际的王夫之总结古代朴素唯物主义思想做了理论上的准备。

四、寓“通几”于“质测”：近代哲学启蒙期

明清之际，中国的封建经济逐渐解体，资本主义生产关系开始缓慢地萌芽，新兴市民反封建的斗争也开始出现——中国封建社会正处于一个特殊的转型历史时期。在这“天崩地解”（黄宗羲语）的时代，中国思想学术界出现了一批先进思想家，兴起一股早期启蒙思潮。早期启蒙学者注意从当时自然科学成果和外来文化中吸取思想养分，在批判宋明唯心主义理学的斗争中开辟了一代重实证、重实践的新风。

这一时期的哲学以经世致用、注重实际为特征。明清统治者以程朱理学为正统思想来维护其统治。因此，进步的思想家往往通过批判宋明理学来阐释其哲学思想。其中李贽大胆地以“异端”自居，公开向宋明道学“正统”派宣战，表现了敢于“颠倒千万世之是非”的批判精神。方以智提出“质测即藏通几”的观点，倡导求实学风，在自然科学研究的基础上建立唯物主义思想体系。颜元尖锐批判了空谈心性的社会陋习，主张以“实”代“虚”，倡导经世致用的新学风。戴震猛烈抨击道学“以理杀人”，倡导实学，重视“习行”，推进了唯物主义认识论的发展。王夫之更是用其敏锐的批判眼光对中国古代哲学进行了系统总结，建立了超越前人的朴素唯物主义思想体系，达到了中国封建

社会所能达到的哲学思维发展的高峰。

下面，仅就较有代表性的方以智、王夫之的哲学思想作一简介。

1. 方以智的唯物主义自然哲学

方以智的思想曾对王夫之产生重要的积极影响，王夫之把方以智的"质测之学"作为他批判道学"格物致知"的思想武器①。由此，方以智哲学思想的地位可略见一斑。方以智哲学思想的一个重要特色，是他具有广博的自然科学知识（包括中国和西方的自然科学），在此基础上力图概括出哲学新结论，并用作批判宋明理学的思想武器。

方以智把学术研究分成"质测"、"宰理"以及"通几"三类。其中，"质测"指自然科学；"宰理"指社会政治学说；"通几"指哲学，即通观天地万物，由各种现象深入到内在本质和规律的研究。他对"质测"与"通几"的关系作了深刻的分析。一是"质测即藏通几"，即自然科学知识中蕴涵着哲学所要探求的原理，哲学应该以"质测"为基础，否则，就会流于空谈；二是"通几护质测之穷"，意谓哲学可以克服自然科学的局限性。"或质测，或通几，不相坏也"②，即二者不可分割，应该结合起来。以这种科学哲学为指导，方以智研究了古今中外有关天文、地理、物理、生理、病理、药理、矿物、植物、动物等自然科学知识，写成《物理小识》和《通雅》，他还以此为武器对宋明理学进行批判，认为理学是"有竞扫质测而冒举通几以显其宥密之神者，其流遗物"。这种批判是入木三分的。

在认识论方面，方以智也作出了贡献。他认为，人的认识活动是"心物交格"，认识过程就是"学天地"，"觉悟交道"，方能获得真正的知识。而且，还要将认识付之行动，考其实效，才能掌握其规律性③。他还提出认识过程中要坚持"三不"原则，即"不必回护、不必玄妙、不妨矛盾"④。也就是说，要实事求是地反映客观事物，不要掩饰，不要故弄玄虚，不要掩盖矛盾。这是对"设教之言"论调的有力批判。

2. 王夫之的哲学思想

王夫之认为，以往的思想体系可以划分为"贞邪相竞而互为畸胜"的对立阵营。据此，他对宗教神学和唯心唯识之说进行了严厉的批判，自觉地坚持、发展朴素唯物主义和辩证法学说，并注意批判吸取各家学说中的合理成分，创

① 蒋国林：《方以智哲学思想研究》，安徽人民出版社 1987 年版，第 259 页。
② 方以智《物理小识·总论》。
③ 方以智《通雅》卷一。
④ 方以智《一贯问答》。

立了集古代朴素唯物主义思想之大成的哲学体系。

在本体论方面，王夫之批判了理学唯心主义，继承和发展了张载的“太虚即气”的唯物主义思想，把宇宙看成是由元气构成的物质实体。他指出，“气”只有聚散而没有生灭，处在不断运动之中，这已接近物质不灭思想的认识。

在辩证法方面，王夫之指出“天地之气，恒生于动而不生于静”，气之运动导致“天地之化日新”。对于变化运动的原因，他归结为阴阳二气的对立统一矛盾性，肯定了运动的源泉在物质本身矛盾之中。他认为，治理国家也要“趋时更新”，否则，“守其故物，而不能日新，亦槁而死”[①]。

在认识论方面，王夫之提出了“能”必须符合“所”的反映论观点。这里“所”即客观物件，“能”是认识能力，他认为“因所以发能”、“能必副其所”，强调认识必须与客观物件相符合。他还提出了“行先知后”，“行可兼知”的知行观，批判了朱熹的“知先行后”论和王守仁“知行合一”的唯心主义学说。

在历史观方面，王夫之看到历史总是不断向前发展的，提出了“理势合一”的历史观，承认历史发展具有其规律性，历史发展规律正是在人的活动中实现的。在批判宋明理学“存天理，去人欲”的观点时，他指出“天理”即在“人欲”中，“私欲之见，天理所寓”[②]。

当然，王夫之的哲学思想仍带有时代和阶级的局限性。尽管这样，他的思想还是达到了他所处时代能达到的高峰。

第二节　中国古代哲学的类型和基本特征

在中国古代哲学发展的漫长过程中，学派林立，体系各异，可谓群星灿烂。这些学派以中国文化作为发展的基础，依据古代社会这样一个大舞台，互相争鸣、互相补充，共同发展出具有中国特色的思维方式和智慧类型，这就是中国古代哲学的基本特征。

一、儒家的人文主义——一种对人性的认识

从汉武帝“罢黜百家，独尊儒术”，直至1919年“五四”运动前的两千多年间，儒家思想一直统治中国学术界，成为传播最广、影响最大、延续最长的

① 王夫之《思问录·外篇》。
② 王夫之《四书训义》卷一。

哲学思想主流。因此，要理解中国古代文化，理解中国古代哲学的特征，不可不研究儒家思想。综合儒家思想的各个方面，可以看到，儒家给中国哲学带来的最大贡献，是在有关“人类的生活方式”的智慧方面，为人类哲学的发展提供了有益的启示。

儒家崇奉孔子的学说，以孔子为宗师，而孔子的思想又是围绕古代国家对人的内在（人心）管理接触社会发展规律的。这是一种对国家管理的深层讨论，后来便慢慢发展成一种关注人性及人性与群体秩序之间关系的传统。可以说，儒家学说主要是一种以社会政治为中心的人性哲学（或伦理哲学），我们不妨称之为中国古代的“人文主义”。

人文主义是一种“讲人的文化，突出人的命题的思想或流派”。

很显然，既有人文主义，就表明在人文主义思潮出现之前，必有一个不讲人的文化，不关心人的存在的时代。在这个时代里，一般会充斥着对神的崇拜，人们会利用生活和艺术的各种形式去表现神的存在和意愿，对神歌功颂德，允许神凌驾于人之上。但当人的权利被完全剥夺殆尽时，人们就会高举人文主义的大旗，要求将生活与文化的主动权归还人类自己。可见，人文主义是对神文主义的一种否定。既然如此，无论是在哪个地方哪个时代，只要神文主义泛滥成灾，那么，随之而来的，就必定会是人文主义的时代。当然，不同的地方产生的人文主义，都会有自己不同的使命和不同的时代特点。

例如，欧洲的人文主义思潮最初流行于14世纪至16世纪出现的文艺复兴运动之时，一开始便针对在欧洲延续了上千年的中世纪神学传统，反对神学禁欲主义和宗教观，力图摆脱教会对世俗政权和人们思想的束缚。因此，欧洲的人文主义可以旗帜鲜明地宣称，作为世俗政权应该独立于神权之外，具有与神权平等的地位、尊严和自由。在此后的两三百年里，欧美国家相继发生资产阶级革命，文艺复兴时期为提高王权——当时作为人的权威的象征而提出的“平等”、“尊严”、“独立”和“自由”的口号被继承下来，并通过变换对象和内容，使之成为西方文化以个人权利为主体的一种价值理想和哲学观念。可见，欧洲的人文主义产生于近代，是适应近代文化需要的产物。比较而言，中国的人文主义出现较早。早在周初，中国的人文主义就已开始萌芽。商亡后，周统治者仰览殷鉴，认为前朝之所以灭亡，主要是由于鬼神文化盛行，人在文化中则完全被忽略，即“敬鬼不敬人”，这最终当然会招致人的不满和抵抗。吸取这一教训，周朝统治者在敬鬼神的同时，也开始略微眷顾人的文化，“人德”便在鬼神观念中悄悄地生根发芽。自从孔子、孟子创立儒学之后，中国的主流文化和哲学便趋向人性研究，并逐步建立起一整套国家管理的学说。这说明，适应古代社会对群体进行管理的需要，中国的人文主义一开始就以建立礼制社会为使命，这也是中国的人文主义偏向人性的关系层面，提倡群体和谐以及道德内约的原因之一。

古代中国的人文主义主要包含以下几种理论：

1. 仁义观

古代仁义观包括“仁政”和“尚义”，这是早期儒学的理论核心。在下文里，我们将分而叙之。

(1)“仁政”思想。儒家学说是以“仁”为核心而建构起来的一种理论体系。

什么是“仁”？孔子对“仁”有多种界说，但就其实质而言，“仁”即“爱人”①。这种对人之“爱”，具体表现在两个方面：一是“己欲立而立人，己欲达而达人”②；二是“己所不欲，勿施于人”③。前者是从积极方面来讲对人要“忠”，要真心诚意；后者是从消极方面而言，要求对人要“恕”，要宽容谅解，孔子的弟子曾参认为这两点正是孔子仁学的基本宗旨，“夫子之道，忠恕而已矣”④。这里，“仁”具体化为一种将心比心、推己及人的道德行为准则。孔子认为，“仁”还包括“恭、宽、信、敏、惠”等内容，“能行五者于天下，为仁矣”，因为“恭则不侮，宽则得众，信则人任焉，敏则有功，惠则足以使人”⑤。这样，“仁”又成为一种调节人际关系的行为规范，一种既贴近生活又升华了的人性自觉意识。

孔子仁学不仅是一种伦理学说，还是其治国安邦的理论基础，首先，他把“爱人”原则与宗法血缘关系相结合，强调“孝悌也者，其为仁之本与”⑥。这里的“孝悌”，是指孝顺父母，敬爱兄长，即“爱人”原则在宗法血缘关系中的具体体现。其次，他把“爱人”原则用到社会人际关系，主张包含“爱有差等”的“泛爱众”，“老者安之，朋友信之，少者怀之”⑦，其实质是把“孝悌”原则推而广之为“仁民”思想。再次，他把“仁”作为政治规范的“礼”的精神支柱，使“礼”从外在的强制约束变成与人性相通的内在心理欲求，认为“一日克己复礼，天下归仁焉”⑧，这样，孔子就建构起从“孝悌”到“仁民”再到“复礼”的理论体系，实现了仁学与德治的结合，为统治者设计了一种治国安邦的理论模式。汉以后许多朝代的统治者，如明朝的朱元璋就标榜

① 《论语·颜渊》。
② 《论语·雍也》。
③ 《论语·颜渊》。
④ 《论语·里仁》。
⑤ 《论语·阳货》。
⑥ 《论语·学而》。
⑦ 《论语·公冶长》。
⑧ 《论语·颜渊》。

"以孝治天下"，体现了孔子思想对中国政治文化有巨大而深远的影响。

孟子继承和发挥孔子的仁学，提出"仁政"思想。"仁政"思想的核心是"贵民"，在孔子"仁民"思想的基础上，孟子提出了"民贵君轻"的思想。在他看来，一个国家中，"民为贵，社稷次之，君为轻"，也就是说，从三者的地位和作用看，民众最重要，政权又比君主重要。这是因为，"得乎丘民而为天子"[①]，即君主的统治基础在于民众。况且，国家的兴衰存亡取决于民心的向背，"桀纣之失天下也，失其民也；失其民者，失其心也，得天下有道，得其民斯得天下矣；得其民有道，得其心斯得民矣"[②]，这是根据历史经验教训而总结出来的至理，据此，孟子告诫统治者要处理好君主与其他人的关系。在君臣关系方面"君之视臣如手足，则臣视君如腹心；君之视臣如犬马，则臣视君如国人；君之视臣如土芥，则臣之视君如寇仇"[③]。在君民关系方面，君主要了解民意，与民同忧共乐，"乐民之乐者，民亦乐其乐，忧民之忧者，民亦忧其忧。乐以天下，忧以天下，然而不正者，未之有也"[④]。

在"民贵君轻"思想的支配下，孟子在经济上提出了"制民之产"的主张，他认为"民之为道也。有恒产者有恒心，无恒产者无恒心。苟无恒心，放辟邪侈，无不为已"[⑤]。这里的"恒产"指稳定的生产资料，当时主要是指土地，"恒心"即正常的道德意识与行为。显然，孟子是在努力去揭示人的道德意识与物质生活的联系。之后，他又指出，"是故明君制民之产，必使仰足以事父母，俯足以畜（蓄）妻子，乐岁终身饱，凶年免于死亡，然后驱而之善，则民之从之也轻"[⑥]。这就是说，让人民拥有一定的土地耕种，满足其生活需要，人民就容易教化，遵守道德行为规范。孟子认为，统治者实施"仁政"还应该设法满足拥有土地的民众的愿望，做到"省刑罚……薄税敛，深耕易耨"[⑦]，人民安居乐业，就不会有"不仁政"的意识和行为发生了。

孟子还把"尊王贱霸"的主张作为他"仁政"思想的一个重要内容。他把治国的策略分为"王道"与"霸道"两种类型。其区别就在于是否实行"仁政"，即"以德行仁者王"，"以力假仁者霸"[⑧]，前者能使君主巩固统治进而统一天下；依靠后者即使能得到天下（"霸天下"）也是暂时的，因为"以力服

---

①《孟子·尽心下》。
②《孟子·离娄上》。
③《孟子·离娄下》。
④《孟子·梁惠王上》。
⑤《孟子·滕文公上》。
⑥《孟子·梁惠王上》。
⑦《孟子·梁惠王上》。
⑧《孟子·离娄上》。

人者，非心服也”，“得道者多助，失道者寡助。寡助之至，亲戚畔（叛）之；多助之至，天下顺之”[①]。值得指出的是，孟子并不反对一切战争，在他看来，即使进行战争，也是实行“王道”者才能取胜，因为“仁者无敌”。鉴于此，他特别赞扬汤、武征诛，认为对这种“吊民伐罪”的义师，群众会“箪食壶浆以迎王师”，“若大旱之望云霓”[②]。

孟子的“仁政”学说显然是为维护统治阶级的利益服务的，但它承认人民在历史发展过程中的重要作用，揭示了民心向背是政权存亡兴衰的决定力量，强调要顺应民心制定经济政治政策，这些思想是中国古代政治思想史上的一大进步，因而具有积极的历史意义。

(2) “尚义”取向。义与利的关系问题是中国古代哲学的一个重要问题。义，指道义，是道德原则；利，指功利，是物质利益。对于二者的关系，中国历史上各学派持有不同观点。儒家学派很重视这个问题，朱熹曾把它说成是“儒者第一义”[③]。总的来说，儒家的基本倾向是尚义轻利。

历史上，是孔子第一个把义与利相对照，并与人的道德行为选择相联系起来。他认为，“君子喻于义，小人喻于利”[④]，在他看来，人天生就兼有求义和欲利这两种本性。在义利二者不一致的情况下，有教养的人（“君子”）应该把道义原则放在首位，“见利思义”，“义然后取”[⑤]。相反，放弃道义原则而去追逐私利，则是应该鄙视的行为：“不义而富且贵，于我如浮云。”[⑥]这正是孔子尚义轻利价值取向的生动表述。孟子进一步发挥了孔子的尚义思想。在他看来，“义，人之正路也”[⑦]，人生的最高价值在于实现道德理想。因此，当义利二者发生尖锐冲突的时候，应该“先义后利”，甚至“舍生取义”[⑧]。他以形象的比喻来说明自己的观点：“鱼，我所欲也，熊掌，亦我所欲也；二者不可得兼，舍鱼而取熊掌也。生，亦我所欲也，义，亦我所欲也；二者不可得兼，舍生而取义也。”由此可见，孟子并非否定“利”的价值，只不过是认为二者比较起来，“义”才是最高目的，因此，应该以“义”为重。据此，孟子认为，如果违背了“义”的原则，即使“禄之以天也，弗顾也；系马千驷，弗视也”，总之“非其义也”，“一介不以取诸人”[⑨]。用今天的话来说，就是对

①《孟子·离娄上》。
②《孟子·梁惠王下》。
③《朱文公文集·与李延平先生书》。
④《论语·里仁》。
⑤《论语·宪问》。
⑥《论语·述而》。
⑦《孟子·离娄上》。
⑧《孟子·告子上》。
⑨《孟子·万章上》。

不义之财概不接受。显然，这些思想是对孔子“见利思义”和“义然后取”观点的发展。

孟子还进一步把“义”与“仁”结合起来，作为其“仁政”学说的理论基础。他指出，战乱是由于“后义而先利”造成的。在一个不尚仁义的社会里，国王讲“何以利吾国”，大夫讲“何以利吾家”，士庶人讲“何以利吾身”，这样“上下交征利”而互相争夺，势必发生战争，国家就危险了。因此，他对梁惠王说：“王！何必曰利？亦有仁义而已矣。”这就是说，只有把仁义放在首位，实行“仁政”与“王道”，社会安定，国泰民安，才能消弭战争。

荀子的许多思想与孟子不同，但在义利观问题上，二者的观点却极为近似。荀子承认每个人都有好义和欲利两种本性，但他认为在义利互相冲突的情况下，“能使其欲利寸不克其好义”者，即为尧舜；而“能使其好义不胜其欲利”者，即为桀纣[①]。据此，他明确提出要“重义轻利”[②]，他对两种对立的义利观的评价是“先义而后利者荣，先利而后义者辱”[③]。由此，他强调要“羞利”，即以贪利为羞，以好义为荣。

西汉董仲舒亦主张重义轻利，认为“义之养生人，大于利。……夫人有义者，虽贪能自乐也；而大无义者，虽富莫能自存”[④]。这是对重义轻利思想的新的发展。董仲舒又提出：“失仁人者，正其谊不谋其利，明其道小计其功。”[⑤]这两句话，对后世影响很大。董仲舒以后，义利之辩按基本思想倾向可分为两大类：义利对立论和义利统一论。前者构成了发展的主流，后来演化成一种空谈性理甚至“以理杀人”的流弊。明代一反过去重义轻利的思潮，出现重利的观点。颜元针对董仲舒的义利说提出“正其谊以谋其利，明其道而计其功”[⑥]，表述了义利统一的辩证观点。

2. 人性论

中国古代的人性理论较多地谈“善”、“恶”问题，却较少讨论“真”、“伪”问题，这反映出中国的传统哲学更关注人与人的关系以及个人与群体的关系，并以此来确定人的社会价值和人生价值，反而很少从自然属性的角度去分析和研究诸如人的意志、意识、生存生活形式等问题。这是中国传统人性论与近代欧美人性论的最大区别之处。关于中国古代人性论的内容，本章第三节

---

① 《荀子·大略》。
② 《荀子·成相》。
③ 《荀子·荣辱》。
④ 董仲舒《春秋繁露·身之养莫重于义》。
⑤ 《汉书·董仲舒传》。
⑥ 颜元《四存编》。

已专门谈到，此不赘述。

3. 社会论

社会，按照《辞海》（上海辞书出版社1999年版）的解释，是“以一定的物质生产活动为基础而相互联系的人类生活共同体”。这是对“人类社会”的解释。考虑到人以外的动物世界同样存在着群体和社会，如蜂群、蚁群、狼群、猴群等等，我们也可以这样定义：社会，指的是同类个体共同生活，个体之间有着直接或间接联系的大群体。

无论是在人的社会还是在其他动物的社会，都会存在矛盾和冲突，因此，社会群体能够共存的首要条件，是如何消解矛盾、协调个体之间的关系。对此，每一种社会群体的处理都不同。动物世界解决矛盾的方法很简单，最普遍的是“弱肉强食”、“胜王败寇”。如果人类也只会用这种方法处理矛盾和冲突，这对人类来说，是极不正常的。自从文化产生以后，人类就总在想办法，希望找到更好的协调人际关系和协调社会的办法。一旦人们找到了解决矛盾的方法，并据此建立常模，这种方法就叫做“社会论”。约言之，社会论是“专门研究解决人际冲突、协调人际关系的方法理论”。

在人类社会，由于文化地域性的影响，人们会产生不同的情感、思维方式和哲学方法，由此而来的社会论也就有了不同的侧重点。为了更好地说明这个问题，本书试就欧美、印度和中国在人际关系方面的地域性特征做一个粗略的比较。

首先，看一看传统西方文化是如何解决矛盾的。西方文化的主流是强调“自我依赖”，因此，看重平等和区别，力图保持自己的特征。但在群体关系中，坚持自我而彼此地位平等，一旦出现纠纷便不易进行说服，其结果是导致群体中出现离心性并极易产生冲突。对于这种情况，已经形成传统的西方文化自有解决的办法。如现代美国习惯于利用具有契约关系的俱乐部、社团组织等来消除群体中的离心性[①]。至于群体内冲突的解决办法，通常是允许冲突的存在。但是，一旦冲突达到高潮，为了避免局面失控，给双方（或多方）带来无可挽回的损失，这时，冲突的各方都有了解决冲突、达成一致的愿望。最后，冲突各方达成统一的途径主要是“妥协”（即“双赢”）——冲突的双方在原有立场上各自后退，或各让出部分利益，以便握手言和。在此过程中，法律在平衡各方利益方面，一直扮演着主角的作用。

再看一看古代印度解决矛盾的方法。依照美国学者许烺光的观点，在印度，实际生活与宗教理想是分开的。在实际生活中，要么流行一种纯粹的理想

① 参见许烺光：《宗族·种姓·俱乐部》，华夏出版社1990年版。

性的原则，要么单纯追求自然，两者似乎不相融。或者说，要么是迷离的爱欲，爱欲中不含理智，不受理智的束缚；要么是非常的理智，理智到可以灭情禁欲。但是，这两个不相融的东西，却可以在宗教幻想中统一起来。在现实社会关系中，也是如此。古代印度社会长期以来存在着种姓制度，种姓之间是分隔的，在传统观念中，低等种姓依赖于高等种姓，高等种姓却不需依赖低等种姓。这种“单向依赖”必然造成种姓之间的隔绝，形成分裂性的社会。这种现实中的矛盾和隔绝，一般被认为难以找到解决的办法，除非是在宗教的幻想里，才有可能将矛盾的各方统一起来。如印度社会的五个主要种姓在现实社会中根本无法协调，但在宗教那里，他们却可统一在造物神梵天的身上。因此，在印度，宗教的功能并非只是提供一种价值观或人生的归宿，它在协调社会关系、解决矛盾冲突方面，同样起到一种引导的作用。

中国传统的社会观在儒家，尤其是早期儒家思想的长期浸润下，既不同于传统西方的平等对立，也不同于古代印度的等差隔绝，而是相对协调。在论述社会关系时，中国传统的矛盾观首先看到的是一个整体。这个整体有如一个家庭，矛盾的双方就像是这个家庭中的父母和子女，他们之间的关系既非对立也非隔绝，而是相对存在，谁也离不开谁，形成一种“双向依赖”的关系。一般来说，双向依赖容易给社会和群体带来稳定的向心性和凝聚性；反过来，它又成为古代建立礼制社会的一种实践依据。由于强调“相对”关系，因此，一旦遇到矛盾和冲突，中国传统的解决、处理方法就显得很独特。传统观念认为，仅仅采用“妥协”的方法来处理千差万别的矛盾关系，那就太过于狭隘了，应该视矛盾及冲突的内容、形式和对象，采用不同的处理和协调方法。尤其是对待群体内的冲突，要达到解决问题的目的，在进行协调时，需要有两个条件：①在相对的双方中建立一种秩序，即相对双方的地位并不平等，其中一方在群体中起主导或权威作用，另一方则起被主导或非权威作用。在儒家看来，自然界广泛存在着秩序——“天不变其常”，这正是自然界长期以来能稳定持续发展的重要因素——“地不易其则，春秋冬夏不更其节，古今一样”（管子 语）。人类只有将这种秩序引入社会关系中，才可以保持群体的稳定与和谐，比如，强调主导一方的作用，目的正是为了加强说服的力量。②在群体中，衡量矛盾的标准是“礼法”——一种以秩序为中心的法律。但是，在这种秩序中，无论是权威，还是非权威，两者是相互制约的。权威的作用在于协调关系，而不是压制。因为，群体内一旦出现压制，被压制的一方必会反抗，强势群体的权力将会失去——“水可载舟，亦可覆舟”。

4. 道德观

道德（“善”性）是人的社会性的最高形式。换句话说，是人类用来协调人际关系的最理性的方法。

每一种社会群体都会有自己协调群体关系的方法，一般的动物群体常常利用两种方法达到“协调”：一种是进化选择而成的“生态位”现象，即“在大自然中，亲缘关系接近的，具有同样生活习性或生活方式的物种，不会在同一地方出现。如果它们在同一地方出现，它们必定利用不同的食物生存。如果它们需要的是同一种食物，那么，它们的寻食时间必定会相互错开……在动物世界里没有两种物种的生态位是完全一样的”①。利用生态位避开种群之间的冲突，我们可以将其看成是动物世界的一种竞争规则。动物群体“协调”的另一种方法是利用本能和模仿，在彼此之间进行低层次的“协调”，如猩猩群体中间出现的、类似人类的“寒暄”行为。只有人类才会出现经过思虑选择而成的高层次的协调行为，即利用“仁、义、礼、智、信”等最理性的人为方法去指导或平衡人际关系。

由于对“善恶”的深入讨论开始得很早，因此，中国传统道德观有较明晰的界定，认为“群体协调”是道德的核心。相比之下，西方哲学比较偏重对自然哲学的研究，但也并不是没有谈道德问题的，只是他们中的一部分学者与中国传统的看法有区别。古希腊数学家毕达哥拉斯（Pythagoras）是希腊第一位谈道德的哲学家。只是他反而将道德的问题还原为一种数，所以不能建立正确与完整的道德理论。德国 19 世纪哲学家叔本华（Arthur Schopenhauer，1788—1806）在他的著作《世界即意志和观念》里这样提出，人的本质是意志，因此，人是利己的。稍晚的另一位德国哲学家尼采（Friedrich Nietzsche，1844—1900）进一步认为，人生的目的在于发挥权力和“扩张自我”。于是当人们为了维护自我意志而向外扩张时，必然会与其他人的自我发生碰撞和冲突，随之而来的当然就是战争。也许在尼采看来，战争是解决自我扩张带来的冲突的最后手段，因此，他断言“战争就是道德”。然而，当战争真的成为人类解决冲突的唯一和最高手段时，人类也就重新复归只有自然属性而无社会属性的动物阶段了。

二、道家的自然观——一种对宇宙的认识

在整个古代中国，能与儒家相提并论的学说，就是中国古代哲学思想的另一主流——道家学说。如果说，儒家在我们获得“关于人类的生活方式的智慧”方面，提供了一些可贵的启示的话，道家则是在追求“关于世界的固有状态的智慧”方面，给予我们很大的帮助。

道家是以老子关于“道”的学说为中心的学派。老子提出了以“道”为核

① 曹康林：《生态位现象》，载《企业家天地》2002 年第 1 期。

心的思想体系，以“道”来说明世界万物的本质与变化，故被称为道家。老子之后，道家又形成了庄子学与黄老学两大不同派别。战国时期的庄子继承和发展了老子的哲学思想，对“道”作了进一步的发挥和说明，其见解精辟，立意高远，对中国文化影响巨大，是道家的所谓正统学派，故后人常以老庄并称。庄子哲学反对人为物役，追求个体身心的绝对自由，具有相对主义的思想倾向。此外，道家之学在发展中与名家、法家合流，逐渐形成黄老之学。西汉初，黄老之学受到统治阶级极力推崇，曾盛极一时。汉武帝独尊儒术后，黄老之学渐衰。魏晋时期，玄学盛行，流行以老庄解释儒家经典的思潮，佛教也援用道家之学解释佛经。总的来说，道家毕竟与儒家不同，他们的精力主要是用在对自然界及其规律的研究上，由此而形成一种深刻的自然观。下面，我们就道家自然观的几个命题展开论述。

1. 以“道”为本

这是道家区别于其他各家的基本思想之一。老子提出“道”作为其哲学的最高范畴，主要是用以推论天地万物起源和发展的基本规律。他说：“有物混成，先天地生。寂兮寥兮，独立而不改，周行而不殆。可以为天下母。吾不知其名，字之曰：道。”[①]这就是说，“道”是先于天地而存在的世界万物的本原，它无形无声，独立存在。他又说：“道生一，一生二，二生三，三生万我，万物负阴而抱阳，冲气以为和。”后人对此解释说，这里的“一”指阴阳未分的宇宙混沌体；“二”指宇宙由混一而剖分为阴阳；“三”即“阴”、“阳”相互组合而成八个生成万事万物的基本元素——“八卦”；“和”是阴阳的共同点（共性）。由此我们可以进一步推论：世界万事万物都是从“道”开始，一层一层地分析（具体化）出来的。换句话说，如果对万事万物进行一层层的概括（抽象化），即找出每一层事物的共同点（“损之又损”——老子语，下同），最后便可得到所有事物发展的最抽象（“玄之又玄”），也是包含在所有学科里的最基本的方法（“众妙之门”），这种方法就是对存在于万事万物发展变化过程中的规律的一种论述。由此可见，老子所说的“道”，实际上就是我们所说的“总规律”。每一门学科都会有自己的认识规律，即“众妙”，如“剑道”、“棋道”、“琴道”、“书道”等等，对所有规律进行概括的规律，就是总规律——“众妙之门”。老子对“道”的认识，开辟了中国最早的宇宙生成论。如果说孔子仅仅对天命鬼神有所怀疑的话，那么老子则彻底否定了天命鬼神思想，开创了中国无神论的传统。

和老子一样，庄子也企图探讨世界万物的规律问题。他继承了老子关于

---

① 《老子·二十五章》。

"道"为事物发展的本原和规律的思想，并对"道"作进一步的阐释："夫道，有情有信，无为无形，可传而不可受，可得而不可见，自本自根，未有天地，自古以固存。神鬼神帝，生天生地。在太极之先而不为高，在六极之上而不为深，先天地生而不为久，长于上古而不为老。"[①]这里，庄子指出"道"有以下几个特性：其一，"道"是一种客观存在，但它不可能被人的感官所感知，因为它"无形"而"不可见"；其二，"道"在时间上和空间上都是无限的，因为它无法穷尽；其三，"道"先于天地而存在，是世上万物乃至神鬼神帝的本原。庄子还试图用"气"进一步说明万物之形成，他认为，"道""生天生地"之后，就由天地合气而产生万物："至阴肃肃，至阳赫赫。肃肃出于天，赫赫发乎地，两者交通或和而物生焉。"不仅物的形成如此，人的生死也不例外："人之生，气之聚也；聚则为生，散则为死。"总之，在庄子看来，"通天下一气耳"。由以上分析可知，庄子继承和发展了老子以"道"为本的思想，力图用更富于理性的抽象思维来解释世界万物起源及规律的问题，体现了古代哲学思维层次的跃迁。

2. 自然无为

这是道家对规律的本质的认识，我们不妨称之为道家的"自然观"。有的人以为道家的自然观代表了一种对自然界的崇尚体验，希望人能够去拥抱自然回归自然。这种认识比较肤浅，并未理解道家的自然观蕴藏着的深刻含义。老子认为，"道"不仅是世界万物的本原，也是世界万物运动必须遵循的规律。在他看来，"道"产生万物并不是像"天"那样有意为之，而是顺其自然的，"道"常"无为，而无不为"，正是在"无为"之中使万物得以产生，即"人法地，地法天，天法道，道法自然"。

在现实中，不少人对老子的"无为而无不为"的真正含义无法理解，因此也就无法进一步去解释道家的"自然"是什么意思了。事实上，在老子及道家看来，规律，即"道"的发展是有一个限度的，达不到这个"度"，是"不为"、"不做"、"不动"，是静止；而一旦超过了这个"度"，那就会出现"妄动"（即没有秩序地乱动）、"过为"（做得太过分）、"太过"，是失序。无论是"过为"还是"不为"，都是违背"道"的，都会使人无法循"道"而行，即无法按照规律行事，这也就意味着人总是面临失败。因此，"无为无不为"作为一种符合"道"的行为标准，其含义就是"无过为无不为"。这其中也揭示了"道"（规律）的本质：宇宙有自己的发展规律——"自然如此"、"本然如此"，宇宙会按照自己的规律发展下去——"道法自然"、"自然而然"，这是

① 《庄子·大宗师》。

不因人的意志而改变的；人可以发现规律、认识规律和适应规律，即“顺其自然”，但不要试图去改变规律，或做一些超越规律的事，否则，人将受到自然规律的报复；这就是道家的“自然无为”精神——“自然”是“顺其自然”，“无为”是不做违背或超越规律的事，并不是什么都不做！只要抓住“自然”这样一个核心，无论是老子还是庄子，他们的哲学思想便可一通百通，因为，老庄的思想即使是千头万绪，实际上都可归结为一点：“自然”。

老子认为，在社会生活领域，人也应该遵循“自然无为”的规律。在他看来，“道”体现在社会政治领域就是实行“无为而治”，即统治国家不能超越社会发展规律。统治者的“有为”实质是“过为”，是对民众干涉过多，使民众生活越来越穷困：“天下多忌讳，而民弥贫；民多利器，国家滋昏；人多使巧，奇物滋起；法令滋章，盗贼多有。”因此，为政者就该“处无为之事，行不言之教”，“不尚贤，使民不争；不贵难得之货，使民不为盗；不见可欲，使民心不乱”。这样，就可达到“我无为而民自化；我好静而民自正；我无事而民自富；我无欲而民自朴”。老子为此设计了一个“小国寡民”的理想社会模式[①]，显然，这是对自给自足小农经济的理想化描绘。事实上，这种“无为之治”虽然是对“过为”的一种摒弃，但脱离了阶级社会的现实，反而成为一种“不为”，从另一个角度违背了“道”。可见，人类对社会规律的认识，不能离开社会发展的现实，更不能与社会存在脱节。

如果说老子哲学侧重于社会政治治理方面，那么庄子哲学则带有追求个性自由的特色，在“自然无为”思想的展开中更是明显体现了二者之间的区别。

庄子认为，人应该按人的自然本性去生活，“彼民有常性，织而衣，耕而食，是谓同德。一而不党，命曰天放”[②]。这里强调的是生命个体按自然本性自由自在发展（“天放”）的境界。为此，庄子主张鄙弃物欲，反对“以物累形”，强调要保持心灵的恬静，“淡而无为”[③]。值得指出的是，庄子还以保持人的自然本性（“民有常性”）来批判否定儒家的仁义思想。在他看来，人的本性与仁义是对立的，“吾所谓藏者，非所谓仁义之谓也，任其性命之情而已矣”，“屈折礼乐，呴俞仁义，以慰天下之心，此失其常然也”[④]。因此，推行仁义统治必然会破坏人的自然本性，造成伪善。他尖锐地指出：“彼窃钩者诛，窃国者为诸侯，诸侯之门而仁义存焉？”[⑤]偷东西的被治罪，但窃国的诸侯却开口闭口大谈仁义道德！这种揭露是相当深刻的。在中国古代思想史上许多

① 《老子·八十章》。
② 《庄子·马蹄》。
③ 《庄子·刻意》。
④ 《庄子·骈拇》。
⑤ 《庄子·胠箧》。

学派（尤其是儒家）都强调社会秩序的重要，人的个性发展问题却常常被忽略。从这一视角来看，庄子的自由个性观点具有独特的研究意义。

3. 反者道之动

以老庄为代表的道家学说，具有丰富的辩证法思想，老子认为，“道”不仅是世界万物的根源，也是世界万物运动的规律。在考察事物变化发展的基础上，他猜测到了矛盾双方的相互依存和相互转化，提出了许多含有辩证法思想的观点。

首先，老子指出世上万物均有其对立面，并且对立的双方是相互依存的。他说：“天下皆知美之为美，斯恶矣，皆知善之为善，斯不善矣。故有无相生，难易相成，长短相形，高下相倾，音声相和，前后相随。恒也。”①他以此来观察思考社会生活，指出“贵以贱为本，高以下为基”②。其次，老子提出“反者道之动”的命题，认为事物运动的结果必然要向自己的对立面转化。他说：“曲则全，枉则直，洼则盈，敝则新，少则多，多则惑。”③又说：“祸兮福之所倚，福兮祸之所伏，孰知其极，其无正？正复为奇，善复为妖。”④老子还认识到，事物向对立面的转化是要有一定条件的，“将欲歙之，必固张之；将欲弱之，必固强之；将欲废之，必固兴之；将欲取之，必固与之”⑤。老子将辩证法思想运用于战争领域，提出了“以柔克刚”、“以退为进”、“以守为攻”等军事辩证法策略。这种“以反求正”方法的运用，是中国古代朴素辩证法发展成熟的一个重要标志。庄子的哲学思想中也包含着许多辩证法的因素，例如，在考察人类认识能力的时候，他揭示了个体认识能力的有限性与人类整体认识能力的矛盾，“吾生也有涯，而知也无涯”⑥。在探讨事物运动变化的时候，认识到时空的有限性与无限性的矛盾，“道无终始，物有死生”，认识到世界万物的演化表现为“量无穷，时无止，分无常，终始无故”⑦。在观察事物存在时间长短的时候，提出了参照系的确定性与变动性问题。他的某些见解开阔了人们的视野，启发了人们的思维。不过，庄子企图在主观上超脱乃至回避充满矛盾的现实世界，不自觉地滑向了相对主义的立场。

① 《老子·二章》。
② 《老子·三十九章》。
③ 《老子·二十二章》。
④ 《老子·五十八章》。
⑤ 《老子·三十六章》。
⑥ 《庄子·养生主》。
⑦ 《庄子·秋水》。

三、儒道互补——中国古代系统观

从哲学的认识论和目的性，乃至思想方法来看，儒学道家各有差异，很不相同。然而正是因为异，方成为儒道相互吸引的基础，也成为二者耦合的契机。中国文化史上的儒道结合、互相补充，使中国哲学传统具有不同于其他哲学传统的独特个性。

儒学道家双方能够融合在一起，除了中国文化土壤的培育和传统的陶铸外，各自心理上的需求也促成了这种结合，究其原因，大致有三点。

其一，儒需要方法，道需要沟通。儒家的学问基本上是道德的学问。这种学说的社会目的性很强，以人格修养、道德实践和治国平天下为最高价值。早期的儒家思想源自殷商以来对天与天命等原始宗教观的超越，以后逐渐“形而上”化（意指人为地客观化），即将宗教的“皇天之天”转变为带有一定客观性的“天命之天”，然后再赋予人性意义，这就是为道德正命的“天道之天”，由于儒家的道德学说多少带有早期宗教不求精解，但求体悟的痕迹，因此，注重经验性和实践性知识的传播，却不太注意培养逻辑思维能力。即使是贤明如孔子者，也是将“德性之知”（有关道德的知识）置于“闻见之知”（自然知识）之先。这造成儒学的哲学论辩程式的过分简易化，也使儒学倡导的道德价值问题与经验事实问题发生混淆，从而直接影响到儒学精神的进一步弘扬。可见，儒学要保持其生命力，就要广纳其他各家学说，取长补短。汉儒以法家思想为支柱的“名儒实法”体系，宋明理学将佛教、道教、道家的部分思想引入体系中，将道德问题理论化，就是儒学哲理化的一种实践；而儒学要建立自身的系统，抽象道德的实质，以及圆满地解决天道与人性，社会与个人的问题，也必须借助道家对自然规律的思考和对认识方法（如环道观、相对论）的把握。

对于道家而言，道德问题只不过是感性万物中的某个组成部分，并不是“在太极之先而不为多，在六极之下而不为深，先天地生而不为久，长于上古而不为老……”[①]的无限宇宙的实质。因此，道家只是把道德看成是研究宇宙本体的一座桥梁。他们更关心自然整体中“道”的问题。由于自然界中的各种事物普遍存在矛盾，如“天下皆知美之为美，斯恶已；皆知善之为善，斯不善已。故有无相生，难易相成，长短相较，高下相倾，音声相和，前后相随……”[②]故而，道家能够领悟到，具体事物在形质的规定上，具有一定的相对性、褊狭性和有限性，越是企图对事物加以准确、细致的界定，越是把

① 《庄子·大宗师》。
② 《老子·二章》。

事物分割为各种不同的类别、层面，人们所得到的认识也就越零碎，离开事物的整体特质（兼）和本然状态（真）就越远[①]，即“为学日益，为道日损”[②]。正是这种认识，促成了道家变通性地看待具体事物的习惯。但是，也正由于这种变通性，使道家对固定的程式和规范不以为然，甚至忽视对所要深究问题的语言交流。如老子的概念语言相当含蓄，往往只可意会而难以言传，这难免会影响思维的传递和道家思想的传承。这就是说，在悟的功夫之外，道家还需要引进交流和沟通，这恰是儒家教化的特长。

其二，儒需要内化，道需要外合。儒家道德学说以孟子等的性善论和良知论（由王阳明总结而成）为前提，证明人人都有发展道德的潜能，并从道德的理想主义出发，编织儒家伦理道德的最高规范、目标以及道德判断和道德行为。在儒家看来，人的价值只能在社会关系中才能体现出来，因此，个体应该突出自己的正心、诚意和为善的主动性，自觉地服从群体中的等级秩序。尽管儒家学说在道德的修养和践履方面为后世留下极为丰富的思想资料和修养方法，但早期儒学终未能为实现伦理道德的终极价值——“内圣”（具有崇高道德境界的人），铺设最低限度的“踏板”，这是因为儒学在提出道德的理想主义的同时，却忽略了人的个体特性，也即在探究人的本质（人兽区别）之时，忽视了人与人的区别这个一般性的问题。

相反，道家从探寻“万有的根本意义是什么”这一点出发，去研究“（人）以其知，得其心，以其心得其常心，物何为最之哉”[③]。在他们看来，人存在的根本意义，以儒家的道德观念无法解释透彻，因为任何道德问题都难免带上特定时代某一等级约束个性的人为痕迹，《庄子》对此就有独到的见解，“意而子见许由曰：‘尧何以资汝?’意而子曰：‘尧谓我，汝必躬服仁义而明言是非。’许由曰：‘而奚来为轵？夫尧既已黥汝以仁义，而劓汝以是非矣！汝将何以游夫遥荡、恣睢、转徙之涂乎?’”（《大宗师》）为此，老子主张“绝圣弃智”，“绝仁弃义”[④]。庄子则主张人不应“以己废物”，以自己为中心，以人的视物观点来衡量万事万物，而应“以物度物”，以事物本然之性观照事物之本然，以达到“知通为一”，“和之以是非而体乎天钧”[⑤]的境界。既要还事物（包括人本身）的本然面目，就必须超越礼法强行规定的同一性，承认人的性格彼此不同，人的行为变化无常，人的是非经验各有取舍。从这个意义上看，人是平

① 冯达文：《道家哲学的把握方式》，载《学术研究》1986年第5期。
②《老子·四十八章》。
③《庄子·德充符》。
④《老子·十八章》。
⑤《庄子·齐物论》。

等的、自由的。

以上可见，儒强调同一，希望建立群体的共同准则；道强调相对，注意区分个体的本然。前者需要将人性问题内化为对个体特殊性的关心，后者需要将分离的异体化合为整体，必须看到整体内存在秩序的重要性。儒道两种态度的交相补苴，成为中国“和”文化发展的基础。

其三，儒需要远，道需要近。儒家的生命精神是“志于道，据于德，依于仁，游于艺”[①]。秉承这种精神，儒家学者尤其关注人生，以天下为己任，抱着一种进则“道仕”（为道义而仕），退则“时隐”（坚持人格尊严，不仕昏君，暂时隐居待时，期待“天下有道”的时代）的功利主义思想，积极置身于现实社会。从整个儒学道德论发展的过程都可看到，儒颇能求近，甚至可以将对恢弘的“天”的讨论，浓缩为以人为中心的学术阐述，追求形而上的人文之道。与此相反，道家以自然之道为生命的终极，因此可以超脱世外，“为而不自为”（庄子语），以追求宇宙的总的秩序和规律。秦汉以后，儒道出现合流的趋势，儒学采纳道家对天道的运筹，将对心性的自然主义的描述提到更高的层次，使传统的道德论有了理性的论述，知道心与性之别，天理与人性之辨，心与性之分，理与气之异。道家思想也通过这种结合获得现实的意义。

儒家与道家各从对方的特点中发现自己所需要的价值，并从两家初成体系之时，便开始了互相融合、补充的过程，中国古代哲学也在这一过程中逐渐成形和成熟。儒道互补使中国古代哲学最终发展出完善的系统观。

1. 古代系统论的进一步完善

现代系统论对“系统”的定义是，“相类或相异的事物按一定的秩序和内部联系，组成具有相互补充、相互依赖和相互制约的整体组织（自组织）”。从这个定义来看，中国很早就出现了对系统的认识并将这种认识付诸实践。

中国古代系统观发源于殷周时业已成形的阴阳观念，至“五行”论成熟时，中国古代系统观便脱颖而出，成为中国古代管理和商战等行为的指导方法之一。可以说，阴阳观和五行观共同构建了中国古代系统论的基本框架，但使这种方法论在社会实践中得到论证并使之逐步发展完善的，其功应归于儒的同一说与道的相对论的完美结合。儒道互补的系统观在古代世界辩证法发展史上不仅有突出的地位，而且有自己的系统和特色。其要点有三：

其一，着眼于整体稳定、协调的对立互补，以及有别有序的阴阳交感的矛盾观。中国古代的哲人们历来重视事物的矛盾关系，视阴阳交感和变易为宇宙

---

① 《论语》。

的根本规律，但对事物的矛盾关系，他们所强调的不是对立面之间的排斥、斗争、分裂，也不是同一、相加，而是相承相应、相辅相成的互补关系。《内经》曾指出："智者察同，愚者察异。愚者不足，智者有食"[①]，这里的"同"是相异事物的共同本质（与模仿性的"同一"不同）。在"同"的基础上结合起来的阴阳两极或矛盾各方面相济为用，各依对方作为自己存在的依据，因此，矛盾的各方可偏胜而不可偏废；在交易运动中，不是一方克服、消亡另一方，而是一方的消长变化必以另一方相应的消长变化为补偿，始终保持着整体的稳定。

其二，着眼于整体的完善和连续的物极必反、生生不息的回圈运动观。在阴阳对立中，互补的双方并不是等价的平等关系，而是存在着严格的"有别"、"有序"的等级秩序，即对立双方的地位和作用不同，存在着主导与被主导的协调关系。

其三，以应变为目的，以"全体"、"用中"为要点的实践辩证法。儒道互补的系统观为中国文化确定了一个绝妙的核心，即中国文化所倡导的最大的美德，那就是"中和"（中庸）。其中，如果是从社会的角度来看，"中"代表了人的个性，在儒家看来，每个人的个性都应该是"稳固"的，不会随波逐流，就像一根直上直下的木棍，宁折不弯；每个人在坚持自己的理想上都应表现"执著"，所谓"富贵不能淫，贫贱不能移，威武不能屈"（孟子语）；每个人都有自己的独立见解，不应朝三暮四，以显示自己的"清高"。"和"则主张"关系"，代表"变化"——"应时而变"、"应事而变"、"应物而变"，代表"和谐"——忍耐、等待、适应和协调，也代表"平凡"（"庸"的其中一个含义）。以气质而论，儒家正是以"中"为特点，坚持理想、坚持信仰、坚持原则，就像一个稳定的"方"形，不会轻易改变自己，却缺少了一些变化；道家则以"和"为特点，信赖相对、信赖变化、信赖圆融，就像一个不稳的"圆"形，善于顺应，却缺少了一点原则。当儒道结合起来，就如同方圆互补，"中—和"（中—庸）系统最终确定。这时，中国文化系统表现出来的气度，那便是既可秉持个性又不失与外界的人、物、事联系，既可坚持原则又不失随时变化，所谓"知进退存亡而不失其正"（《易》）。

2. "近取诸身"的实践方法

儒家注重"经验"，道家注重"理性"，但二者都注重"心"的作用，这成为儒道融合的基础之一。中国哲学在讨论"心"的问题时，既借助儒的"经验"，又借助道的"理性"，形成一种直观（或具体）的理性主义。所谓直观的

① 《内经·素问·阴阳应象》。

理性主义，即从具体的意义来建立理性精神，其不同于西方重玄思和思辨，充满躁动不安的理性主义，而是独树一帜，把人视为理性的动物，确认人可以凭借理性的功能来认识真理，但这种理性主义又是具体的，以大量的经验和观察作为基础，《易》便是从阴阳（如牝牡、向背、多少、动静）的相互变化中观察、领悟并发展了的“变”的哲学。从生活中的经验、自身的感悟推测尚不可知的“天道”的本质，便是“近取诸身”的方法。

3. 内在的人学倾向

在儒道互补的结构里，从方法上看，道是主导，但从目的来看，则儒是主导，这决定了中国哲学的发展方向，基本上是以人学为主，探究人与人之间的关系，对人生经验进行积极的反思。由于有道家思想的补苴，对人的研究已经不仅仅具有人类学的意义，同时也具有宇宙学的意义，即将人与自然或实在视为和谐的统一体，人的“心”（心灵）、“体”（肉体）之间没有一种根本的界限，人的存在及其存在价值的根本意义是生命，而生命的含义又与自然和创造性活动（如“道”、“天”）连接在一起。“儒家圣人，道家真人和中国佛学中的佛，都在证明着一种信仰，那就是人有一种宇宙的潜能来实现在自然中的价值和使自己成为完人”[①]，这个“完人”，就是中国哲学所推崇的理想人格。

相应地说，中国有关社会的理论比较发达，从社会出发的理论观念甚至表现出政治伦理哲学化的倾向。囿于这一特点，中国哲学虽然也出现了思辨和有关方法，但哲学的科学倾向却不发达，使得中国的哲学缺乏完备的理论形态。

4. 智与慧的结合

中国哲学尤其注重智与慧的结合，与西方哲学所执著的“智”（智力、理智）大不相同，中国哲学中的“慧”是达到理想人格的一切准备，包括“仁、义、礼、信”等；“智”是人间际遇中的机敏和睿智，所谓“运筹于帷幄之中，决胜于千里之外”，就是这种智的哲学在军事战略上的一种运用。智慧结合，能使人在处理社会关系时，高掌远跖，明见于未萌之前，即“智者其所能接远也”[②]。受哲学这种特征影响，中国人更重视代数、工艺、运筹和建构，与西方人重视几何学、分析物理、形式逻辑和解构形成鲜明的对照。

① 参见成中英：《中国哲学的特性》，载刘小枫编《中国文化的特质》，三联书店 1990 年版。
② 《吕氏春秋·观世》。

第三节 中国古代哲学的范畴

范畴，是反映客观事物的本质联系的思维形式。各种范畴之间往往存在着内在的关系，表现为既相互区别，又相互联系和转化。范畴作为人类认识发展的产物，被称为“认识之网的纽结”，而哲学范畴更是标志着人类认识的深度和广度。德国哲学家黑格尔（Georg W.F.Hege，1770—1831）曾经指出：“既然文化上的区别一般基于思想范畴的区别，则哲学上的区别更是基于思想范畴的区别。”[①]因此，要进一步了解中国古代哲学的内容和特点，有必要研究中国古代哲学的基本范畴及其演化的历史。

近年来，人们加强了对中国哲学范畴发展史的研究，并已经取得一定的成果。据当代哲学家张岱年先生的分析，中国哲学范畴的发展经历了以下四个发展阶段：①先秦时期，诸子百家各自提出了自己学派的范畴体系，总起来就构成了先秦哲学范畴体系，其中许多范畴对后来影响很大；②汉魏至隋唐时期，魏晋玄学是中国哲学范畴发展到更高程度的标志；③宋元明清时期，形成了理学范畴体系，是中国哲学范畴的进一步发展；④近现代，是中国哲学范畴发展的新阶段，出现了作为中西结合产物的新范畴体系。[②]

对范畴的研究要把静态剖析与动态考察结合起来。所谓静态剖析，即区分每个范畴多层面的含义；而动态考察则是对它们作具体的历史分析，揭示它们作为人类认识发展必经环节的内在本质和逻辑进程，下面我们选择九个基本范畴进行分析考察。按照通常研究的分类，其中的天、道、理、气、体用属于天道观范畴，性、命、理、势属于人道观范畴，而知、行则属于知识论范畴，在中国古代哲学的范畴体系中，它们处于中心地位，因此，对它们的把握有助于对中国古代哲学基本状况进行深入了解。

一、“天”：行之有常

“天”是出现最早、影响最大的中国哲学范畴之一，也是天道观的逻辑起点。几乎所有的中国哲学家都谈到“天”这个范畴，但对它的理解却千差万别，归纳起来，有三种基本的看法：①指自然之天，即无限的客观实在；②指神灵之天，把天看作能主宰人的命运的、至高无上的人格神；③指义理之天，即把天看成是天道之天或天理之天。第一、二种看法在中国历史上很早就出现

① 黑格尔：《哲学史讲演录》（第1卷），商务印书馆1983年版，第47页。
② 汤一介、杜维明、张岱年等：《中国哲学范畴集》，人民出版社1985年版，第402～406页。

了，如西汉时期的纬书就已经指出："天有五号：尊而君之，则曰皇天；元气广大，则称昊天；仁覆闵下，则称旻天；自上监下，则称上天；据远视之苍苍然，则称苍天。"[①]这里讲的五种"天"，其中昊天、苍天是指自然之天，而皇天、旻天、上天则是把天看成主宰人间世界的神灵，故可称为神灵之天。中国古代哲学不论是谈"天"还是说"地"，都带有浓厚的政治、伦理色彩，因此，持第二、三种看法似乎更为普遍，影响也更为深远。

中国远古先民把人头顶以上称为天，这在甲骨文中已有记载。殷周时期，"天"被人们看成至高无上的有意志的人格神："丕显文王，受天有（佑）天命"（《大盂鼎》），"天命玄鸟，降而生商"[②]。在这种观念指导下，商代奴隶主在狩猎、征伐、疾病、祭祀活动时都要卜问"大帝"，按"天"的意志行事。而产生于殷商之际的《易》则将早期"八卦"观念加以系统化，试图用乾（天）、坤（地）、震（雷）、巽（风）、坎（水）、离（火）、艮（山）、兑（泽）八种自然现象，解释宇宙形成以及万物变易之法则，在神学观念中透露出朴素唯物主义辩证法思想的光辉。《管子·形势篇》中说，"天不变其常，地不易其则，春秋冬夏不更其节，古今一也"，肯定了"天"的客观存在及其运动的规律性，是春秋战国时期最早的唯物主义观念。从西周后期到春秋时期，出现了怨天、疑天、责天的思潮，如《诗经》中的《小雅》、《大雅》否定天的明察，"昊天不佣，降此鞠讻，昊天不惠，降此大戾"（《节南山》）。与此同时，开始出现重人轻天的观念，如"夫民，神之主也"[③]，"国将兴，听于民；将亡，听于神"[④]等等。

在先秦诸子百家争鸣时期，对"天"的看法分歧颇大。孔子虽然认为有主宰世间人事的神灵之天，未敢背弃"天命"观念[⑤]，但有时也讲"天何言哉？四时行焉，百物焉"[⑥]，承认了自然之天。孟子也讲"天命"，但比孔子更崇尚人为，他把"天"与"人性"联系起来，认为："尽其心者，知其性也；知其性，则知天矣"[⑦]，强调了"天"与"人性"的合而为一，这种观点对宋明哲学影响颇大。老子最早明确否认"天"是最高的主宰，宣称"道先天地生"，是世界万物的本原，提出"人法地，地法天，天法道，道法自然"。墨子反对

① 明代孙瑴编《古微书》，见《宋山阁丛书》卷三。
② 《诗经·商颂·玄鸟》。
③ 《左传》"桓公六年"。
④ 《左传》"庄公三十二年"。
⑤ "五十而知天命"，见《论语·为政》；"畏天命"，见《论语·季氏》。
⑥ 《论语·阳货》。
⑦ 《孟子·尽心上》。

孔子的“天命”论，宣扬“天老”说，“吾所以知天之爱民之厚者也矣”①。他改造了“天”的形象，把“天”与“爱民”联系起来。庄子强调“天”与“人”的区别，认为“天”就是自然世界，就是自然状态。他用比喻的方式解释道：“牛马四足，是谓天；落马首穿牛鼻，是谓人。”②这样理解的“天”实际上是自然之天。荀子把“天”看作是客观存在的自然界。在他看来，“列星随旋，日月递炤，四时代御，阴阳大化，风雨博施……皆知其所以成，莫知其无形，夫是之谓天”。他还指出“天”的运动变化是有其规律的，即“天行有常，不为尧存，不为桀亡”。荀子也肯定天人之别，但他批判庄子“自然无为”的人生态度，提出“制天命而用之”的人定胜天的思想。他认为，天不能直接干预和决定人的贫富和祸福，“强本而节用，则天不能贫，养备而动时，则天不能病；修道而不贰，则天不能祸。……本荒而用侈，则天不能使之富，养略而动罕，则天不能使之全；背道而妄行，则天不能使之吉”；总之，“天有其时，地有其财，人有其治”③，关键在于人的作为。荀子的天人之辩，既肯定了天的客观规律性，又强调了人的主观能动性，并力图把二者结合起来。因此，它批判了因循天命的宿命论，又区别于夸大人的主观能动作用的唯心论，是先秦时代百家争鸣的理论总结。

西汉董仲舒尊崇儒学，但又将儒学宗教化。他认为“天者百神之大君也”④，他强调天人同类，“以类合之，天人一也”⑤，并由此推出带有神学色彩的天人感应说。东汉王充以天道自然论批驳董仲舒的天人感应说。他根据当时天文学上的成果“盖天说”，指出天不过是包含日月星辰的自然体，“夫天，体也，与地无异”⑥，因此，“人不能以行感天，天亦不随行而应人”⑦。这是用自然之天来反对神灵之天。唐代刘禹锡支援柳宗元“天不相预”的观点，继而提出“天人相胜还相用”说，指出“天之能，人固不能也；人之能，天亦有所不能”，“天之道在生植，其用在强弱。人之道在法制，其用在是非”⑧。这个思想把荀子、王充的观点向前推进了一步。

在宋明理学中，天的含义有突破性进展，被理学家们看成哲学的最高概念，即宇宙的本原和实体。北宋的张载认为，天即太虚，太虚即气，“由太

---

①《墨子·天志中》。
②《庄子·秋水》。
③《荀子·天论》。
④ 董仲舒《春秋繁露·郊语》。
⑤ 董仲舒《春秋繁露·阴阳义》。
⑥ 王充《论衡·变虚》。
⑦ 王充《论衡·明雩》。
⑧《旬子·天论》。

虚，有天之名”[①]。在他看来，天地和人都是“气”聚合而成，天人合一，一就是气。这就赋予“气”超过具体物质实体的更抽象的意义，把天看作无限物质世界的总称。程颢反对这种说法，提出“天者，理也”[②]，又说：“只心便是天，尽之便知性，知性便知天。”[③]程颢还认为：“自理言之谓之天，自禀受言谓之性，自存之人言之谓之心。”[④]在他看来，心即性也，在天为命，在人为性，论其所主为心，其实只是一个道[⑤]，即天、理、性、心其实是一回事。这里，二程把天看成了天理之天、义理之天。陆九渊发展了这一思想，指出“宇宙便是吾心，吾心便是宇宙”[⑥]。明代王守仁更强调：“心即天，言心则天地万物皆举之矣。”[⑦]显然，无论是以天为理说，还是以天为心说，都是唯心主义的观点。不过，它们强调天人合一，力图通过探索天人相通之处以达到天人之协调，乃是中国古代哲学的特色之一，时至今日仍然不失为一种有价值的思想资料。

二、“道”：自古固存

“道”的本义是道路，后来逐渐上升为哲学范畴。“道”作为中国古代哲学中特有的范畴，各派哲学的阐释有所不同，但其基本含义不外乎四个方面：①“道”是世界的本原或最高的实体；②“道”是事物（自然界和人类社会）发展变化的过程；③“道”是世界万物发展的普遍规律；④“道”是人们用以认识、改造世界的规范或原则。

“道”的含义随着时代的更替而不断丰富发展。春秋时代，子产提出“天道远，人道迩，非所及也”[⑧]的观点。这里讲的“道”已具有规律之意，并且作了天道与人道之区分。孔子较少谈天道[⑨]，而主要谈人道，他主张“君子学道则爱人”[⑩]，提出：“志于道，据于德，依于仁，游于艺。”[⑪]这里的“道”指道德原则。《管子·任法》云：“故法者，天下之至道也”，这个“道”指政治原则。与这些观点不同，老子对道作了全新的解释，他第一个把“道”看作

① 张载《正蒙·太和》。
② 程颢、程颐《遗书》卷十一。
③ 程颢、程颐《遗书》卷二。
④ 程颢、程颐《遗书》卷二十二。
⑤ 程颢、程颐《遗书》卷十八。
⑥ 陆九渊《象山先生全集·杂说》。
⑦ 王守仁《答要明德》。
⑧《左传》“昭公十八年”。
⑨ 子贡说：“夫子之言性与天道，不可得而闻也。”见《论语·公冶长》。
⑩《论语·阳货》。
⑪《论语·述而》。

宇宙的本原和普遍规律。在这之前，人们对世界万物之源只推论到天，所讲的"道"是从属于天的。老子认为"道"是世上万物乃至天的本源，"有物混成，先天地生，寂兮寥兮，独立而不改，周行而不殆，可以为天下母，吾不知其名，字之曰道"①。老子对宇宙生成的过程作了这样的推测："道生一，一生二，二生三，三生万物，万物负阴而抱阳，冲气以为和。"②他还说："道冲而用之不盈，渊兮似万物之宗。……吾不知谁之子，象帝之先。"③意为："道"不仅是万物的本源，甚至是上帝的祖先。由此观之，老子对"道"的猜测和描述，开始冲破宗教神话思想的束缚。从哲学角度探讨宇宙生成和万物起源问题，这是他对中国思想史的杰出贡献。庄子继承和发展了老子的思想，亦把"道"看成世界的终极根源，"夫道，有情有信，无为无形；可传而不可受，可得而不可见；自本自根，未有天地，自古以固存，神鬼神帝，生天生地"④。荀子承认"天有常道矣，地有常数矣"⑤，他更强调人道的重要性，他说："道者，非天之道，非地之道，人之所以道也。"与老庄思想不同，《管子》认为道并非在天地之先，"道在天地之间也，其大无外，其小无内"，他还把道与理联系起来，认为"礼出乎义，义出乎理，理因乎道者也"⑥。韩非通过以理释"道"改造了老子关于"道"的思想，他认为："道者，万物之所以然也，万理之所稽也。理者成物之文也。道者万物之所以成也。……万物各异理，而道尽稽万物之理。"⑦这是把"道"看成世上万物的总规律，又是万物之理的总依据。此外，《易·系辞上》提出："一阴一阳之谓道"，把道看成对立面相互转化的普遍规律，还指出："形而上者谓之道，形而下者谓之器"，把"道"作为抽象规律与具体事物区别开来，这些都具有朴素辩证法色彩。

董仲舒把"道"看成封建伦理纲常，认为"道之大原出于天，天不变，道亦不变"⑧，东汉王充反对这种观点，强调"天道无为"。值得注意的是，宋明理学家把"道"看成最高的实体。如北宋邵雍认为"天由道而生，地由道而成，物由道而形"⑨。张载以气为道，认为"由气化，有道之名"⑩，即把气的运动变化过程看作是"道"。二程以理为"道"，程颢说："盖上天之载，无声

① 《老子·二十五章》。
② 《老子·四十二章》。
③ 《老子·四章》。
④ 《庄子·大宗师》。
⑤ 《荀子·天论》。
⑥ 《管子·心术上》。
⑦ 《韩非子·解老》。
⑧ 董仲舒《举贤良对策三》。
⑨ 邵雍《观物内篇》。
⑩ 张载《正蒙·太和》。

无臭，其体则谓之易，其理则谓之道。”[①]朱熹也是以理为道，认为“理也者，形而上之道也，生物之本也”[②]。王守仁以心为道，提出“心体即所谓道，心体明即是道明，更无二”[③]。在宋明以后，以气言道的气学派，以理言道的道学派以及以心言道的心学派，构成了理论上三足鼎立之势。

三、“理”：是非之宗

“理”作为哲学范畴出现于战国时期，其主要含义是指事物发展过程中的条理、规律。

在百家争鸣时代，对“理”的诠释有两种不同的倾向：道家侧重于对客体现象方面的认识，与道、气范畴相联系；儒家则侧重于对主体现象方面的认识，而与礼、义范畴相联系。[④]孟子把理看作人性所具有的道德观念，他说：“心之所固然者何也？谓理也，义也。”[⑤]这就是说，义理是人性中本来就有的，所谓人同此心，心同此理。显然，这是一种道德先验论，与此不同，庄子讲“天理”、“生理”（即万物生成之理），“万物之理”[⑥]，强调的是自然规律的客观性。庄子已经认识到世上万物各有自己的运动变化规律，提出了“万物殊理”[⑦]的观点。韩非也认为“万物各异理”，“理”即各种事物的特殊规律或属性，物之“短长、大小、方圆、坚脆、轻重、白黑之谓理”[⑧]。荀子所谓之“理”涵盖面极广，包括了自然、社会乃至认识等领域的内容。他还提出：“凡以知，人之性也；可以知，物之理也。以可以知人之性，求可以知物之理……”[⑨]不仅承认了客观规律的可知性，也肯定了人类认识的能动性。荀子的思想可以说是对儒、道两家观点的批判性总结与发展。

先秦诸子对理的探讨多局限于一物之理（所谓“万物各异理”），而《吕氏春秋》则力图在综合中突破这种局限性，明确提出“理也者，是非之宗也”，把理当作衡量一切是非的标准。汉初的贾谊探讨了“理”与治国方略的关系问题。他认为“秦国失理，天下大败”[⑩]，“失理”是秦亡的根本原因。董仲舒把理看作由天的意志所主宰的万物的秩序，即“理”由天授，故称为“天理”。

① 程颢、程颐《遗书》卷一。
② 朱熹《答黄道夫》。
③ 王守仁《王文成公全书》卷一“传习录上”。
④ 张立文：《中国哲学范畴发展史·天道篇》，中国人民大学出版社 1987 年版，第 540 页。
⑤《孟子·告子上》。
⑥《庄子·秋水》。
⑦《庄子·则阳》。
⑧《韩非子·解老》。
⑨《荀子·解蔽》。
⑩ 贾谊《新书·时变》。

他强调“行有伦理，付天地也”[①]，即人伦道德及社会秩序都必须符合“天理”。王充用“物气之理”[②]来批判董仲舒的“天理”论，坚持用自然界的本来面目解释自然。

北宋以后，随着理学思潮的出现，“理”成为各哲学流派讨论的中心问题。张载从气为万物之源的气本论出发，提出“理”是物质运动的一般规律，说：“天地之气，虽聚散，攻取百途，然其为理也，顺而不妄”。二程则视“理”为宇宙之本原，第一次把“理”作为最高本体，建立了理本体论哲学。朱熹继承、发扬二程的观点，认为“理”包含着多层次多方面的内容，对“理”作了系统的论述。陆九渊提出“人皆有是心，心皆具是理，心即理也”[③]；王守仁亦认为，“理也者，心之条理也”[④]，陆王心学把“理”完全化为了“主观精神”。上述分析表明，宋明理学标志着我国古代哲学思维发展到一个新的阶段，它突破了先秦时期思想家仅从世界某个领域探究规律的局限，把“理”从事物中抽象出来，作为哲学的最高范畴进行研究。尽管其中有不少观点是唯心主义的，但探讨了许多重要问题，留下了丰富的思想内容，从而成为哲学在更高层次上发展的一个重要环节。王夫之系统地阐述了“理”的学说，他认为，“气”是一切事物变化的客观实体，“理”则是这种变化的客观规律，“理本非一成可执之物，不可得而见；气之条绪节文，乃理之可见者也。故其始之有理，即于气上见理”，因此，“理与气原不可分作两截”[⑤]。

四、“气”：万物始基

在中国古代哲学中，“气”是用以表示物质存在的基本范畴。把握这一范畴，首先应注意区分其两种不同的含义，“气”的原意（亦为常识意义）是指气体状态的客观存在，是有别于固体和液体的，具有流动而又无形特点的各种气体的总称。中国古代思想家认为，固体物和液体物都是由气体凝聚而成，故逐渐赋予气以哲学意义，用来指构成天地万物的原始基础物质[⑥]。

“气”的概念起源甚早，始见于《国语·周语》。其中谈到，西周后期周太史伯阳父用气解释地震原因。“夫天地之气，不失其序。若过其序，民乱之也。阳伏而不能出，阴迫而不能蒸，于是有地震。”战国时期，气开始被提升为哲学意义使用。老子用“道”解释宇宙生成过程时引入了气的范畴。庄子认

① 董仲舒《春秋繁露·人付天数》。
② 王充《论衡·变动》。
③ 陆九渊《与李宰书》。
④ 王守仁《书诸阳卷》。
⑤ 王夫之《读四书大全说》卷九，“孟子”。
⑥《中国大百科全书·哲学卷》，中国大百科全书出版社 1987 年版，第 680 页。

为世上万物乃至人都是由气聚而成。“人之生，气之聚。聚则为生，散则为死……故曰：通天下一气耳。”这是古代最早的气一元论。荀子在剖析物质世界之层次时亦把气作为万物的基础，说：“水火有气而无生，草木有生而无知，禽兽有知而无义，人有气有生有知亦且有义，故最为天下贵也。”[1]

西汉初成书的《淮南子》认为天地是由气演化而成的：“道始于虚霩，虚霩生宇宙，宇宙生气，气有涯垠，清阳者薄靡而为天，重浊者凝滞而为地。”（《天文训》）东汉王充认为“天地合气，万物自生”[2]，把世上万物看作是天地之气结合而产生。东汉时期另一个哲学家王符对万物起源作了详细的分析，他说：“上古之世，太素之时，元气窈冥，未有形兆，万精合并，混而为一，莫制莫御。若斯久之，翻然自化，清浊分别，变成阴阳。阴阳有体，实生两仪。天地一郁，万物化淳。和气生人，以统理之。”[3]这里，宇宙生成演化的公式是：$\text{元气}\left\{\begin{array}{l}\text{清气}\rightarrow\text{阳气}\rightarrow\text{天}\\ \text{浊气}\rightarrow\text{阴气}\rightarrow\text{地}\end{array}\right\}\text{万物（人）}$[4]。

以元气为起点，构成了宇宙生成及万物进化的链条，是元气本原论的较为详尽的表述，对后世思想有深远的影响。

北宋张载在前人思想的基础上建立了气本体论体系，对“气”的学说的发展作出了重大的贡献。他指出，一切存在都是气，“凡可状皆有也，凡有皆象也，凡象皆气也”[5]。气的聚散就是万物的生灭，“太虚无形，气之本体，其聚其散，变化之客形尔”，“气聚则离明得施而有形，气不聚则离明不得施而无形”[6]。程颐不同意张载气永恒存在的见解，认为气是有生有灭的，“凡物之散，其气遂尽，无复归本原之理”[7]。朱熹用“理”来取代“气”的世界最高本原地位，而“气”则成为“理”产生万物的凭借。他说：“未有天地之先，毕竟也只是理……有理便有气，流行发育万物。”[8]王夫之发展了张载气一元论的思想，对“气”作了进一步的诠释：“凡虚空皆气也，聚则显，显则人谓之有；散则隐，隐则人谓之无。……盖阴阳者气之二体，动静者气之二几，体同而用异，则相感而动，动而成象则静，动静之几，聚散、出入，形不形从来也。”[9]

① 《荀子·王制》。
② 王充《论衡·自然》。
③ 王符《潜夫论·本训》。
④ 周桂钿：《中国传统哲学》，北京师范大学出版社 1990 年版，第 34 页。
⑤ 张载《正蒙·干称》。
⑥ 张载《正蒙·太和》。
⑦ 程颢、程颐《遗书》卷十五。
⑧ 《朱子语类》卷一。
⑨ 张载《正蒙·太和》注。

五、“体用”：车乘相备

“体用”作为中国古代哲学中的对偶范畴，主要含义有两种：①指实体与作用、功能、属性的关系；②指本质与现象或根据与表现的关系[①]。

“体”与“用”作为单一概念在殷周时期已出现。如《易·系辞上》说“故神无方而易无体”，又说“显诸仁，藏诸用”。“体用”概念成对使用则始于战国末期的荀子，他说：“万物同宇而异体，无宜而有用。”此后，东汉魏伯阳曾经有内体外用对举的提法：“春夏据内体，从子到辰巳，秋冬当外用，自午讫戌亥。”[②]

魏晋时期，实体和作用的关系成了哲学论争的重要问题，“体用”亦随之成为这时重要的哲学范畴。王弼从老子“以无为用”的思想出发，进而提出了“以无为体”的观点，建构了一个“以无为本”的哲学体系。他指出：“万物金贵，以无为用。不能舍无以为体也。舍无以为体，则失其为大矣，所谓失道而后德也。”[③]在这里，王弼以体用规定有无，认为圣人依靠无的作用，同时也就必须依靠无作为本体，把体与用统一起来了。裴頠则提出“崇有”论来批评上弼的“贵无”论。

南北朝、隋唐时期，佛教各派普遍将体用范畴纳入自己的体系，用于解释自己的学说。如禅宗的惠能强调“定惠体一不二”，认为修定是智慧的本体，智慧是修定的作用。他举例说：“有灯即有光，无灯即无光。灯是光之体，光是灯之用。名即有二，体无两般，此定慧法，亦复如是。”[④]佛教哲学的体用观具有辩证法的因素，但其基本思想是否认现实世界的客观性的，是在“心”的基础上把本体与现象统一起来。因而，它是一种唯心主义性质的体用不二说。南北朝范缜在批判佛教神不灭论时提出了“形质神用”的观点，他指出：“形者神之质，神者形之用，是则形称其质，神言其用，形之与神，不得相异也。”[⑤]这里，“质”即形质，引申为物质实体。形是神所赖以派生的实体，神则是形体的作用，精神是不能脱离物质形体而存在的。范缜的形质神用说在反对佛教神不灭论的论争中起了重要的作用。

宋元明清时期，“体用”范畴被更广泛地使用而得到进一步发展。张载认为，太虚之气是世界万物的本体，而“用”则是气的运动变化过程，简言之，

① 《中国大百科全书·哲学卷》，中国大百科全书出版社 1987 年版，第 868 页。

② 《荀子·富国》。

③ 王弼《周易参同契》。

④ 《坛经校释》十三。

⑤ 范缜《神灭论》。

体与用是气的两个方面，二者不可分割。从这个思想出发，他把有与无、虚与实、形与性、天与人等统一起来，开创了唯物主义的气一元论学说。在他看来，“气聚则离明得施而有形”，这是有；“不聚则离明不得施而无形”[①]，这是无。气未聚，无形，故不可见，这是虚；气聚，有形，故可见，这是实。张载用这种“体用不二的气一元论对佛、老思想作了深刻的批判。程颐明确提出了“体用一源，显微无间”[②]的观点，朱熹对此作了进一步发挥，在唯心主义的基础上丰富了体用范畴所涵盖的内容。

王夫之对魏晋以来的体用观作了总结。首先，他提出，“体用胥有”的观点：“天下之用，皆具有者也。吾从具用而知其体之有，岂待疑哉？用有以为功效，体有以为性情，体用胥有而相需以实”[③]，这就肯定了体与用都是客观的存在。他进而对唯心主义的体用观作了揭露批判，指出：“佛老之初，皆立体而废用；用既废，则体亦无实。”[④]王夫之还论述了体用之间的辩证关系，认为体用互相依赖，不可分离：“易之则无体，离之则无用。用此以为体，体此以为用。所以然者，彻乎天地与人，惟此而已矣。”又说：“体用相函者也。……体以致用，用以备体。”[⑤]他举例用车与乘、器与贮来说明体与用的关系，说：“无车何乘？无器何贮？故曰体以致用；不贮非器，不乘非车，故曰用以备体。”[⑥]由上可见，王夫之的体用观既坚持了唯物主义的立场，又含有丰富的朴素辩证法思想。近代以来，体用范畴继续为中国哲学家所沿用，并且它是在中西文化冲突异常激烈这一大氛围中展开的。时至今日，哲人们论争的思想轨迹对我们仍有所启迪。

六、“性”：善恶之争

“性”，一般指人的本性或本质。“治世”的实质是“治人”，而治人则要求认识“人性”，因此，重视对人性的探讨成为中国古代哲学的又一特点。

春秋战国时期，围绕着如何治世等问题，人性成为百家争鸣的议题之一。孔子是第一个提出人性问题的思想家。他对人性的见解是：“性相近也，习相远也。”[⑦]孔子对人性没有作进一步阐释，但他提出了人性与环境的关系问题，

① 张载《正蒙·太和》。
② 《二程式·易传序》。
③ 王夫之《周易外传·大有》卷二。
④ 王夫之《思问录·内篇》。
⑤ 王夫之《周易外传》卷五。
⑥ 王夫之《周易外传》卷五。
⑦ 《论语·阳货》。

开创了人性研究的先河。孟子从“性善论”角度第一个系统地探讨了人的本性。他认为，人与禽兽的本质区别在于人具有“善端”，这种“善端”即善的萌芽是每个人先天所有的，包括四个方面，即“恻隐之心，人皆有之；羞恶之心，人皆有之；恭敬之心，人皆有之；是非之心，人皆有之。恻隐之心，仁也；羞恶之心，义也；恭敬之心，礼也；是非之心，智也。仁义礼智，非由外铄我也，我固有之也，弗思耳矣”①。作为善端的“四心”进一步发展就是仁义礼智这“四德”，通过修身养性就可以成为君子、圣人，即“人皆可以为尧舜”。孟子的“仁政”理想正是建筑在这种性善论基础之上的。荀子提出“性恶论”，反对孟子的性善论，旨在政治上以法治补充礼治。他认为，人生下来就“好利”、“好声”、“好色”，如不加节制，必然发生争夺导致社会混乱，可见“人之性恶，其善者伪也”②。既然人性是恶的，故荀子主张改造人的恶性。经过改造，“途之人可以为禹”，即路上行走的普通人也可以成为像禹那样的圣人。这种观点与孟子的看法可谓异曲同工，对后来的思想影响深远。

董仲舒认为孟荀两说均有其片面性，故提出了“性三品”说。在他看来，人性之所以有善有恶，是因为性中含情的缘故。情欲是恶的，据其多寡可划分为三种人性：上等的是情欲少，不教而善的“圣人之性”；下等的是情欲多，虽教也难为善的“斗筲之性”（斗筲，喻其器量之小）；中等的是有情欲，既可为善也可为恶的“中民之性”③。上等及下等之人性均是极少数，中等之性才是“万民之性”。他进一步提出，万民之性是介于善恶之间的“未善性”，必须经过王者的教化才会变善④。荀况对各家人性学说进行了深入的分析：孟子讲性善，性善怎么会有“四凶”（指虞舜时代的四个大坏人）？荀子称性恶，性恶就不会有“三仁”（指商纣王时代的三个大好人）。公孙子曰性无善恶，果真那样，同样臣服周文王，为什么会出现周公那样的善人和管叔、蔡叔那样的坏人？董仲舒讲性善性恶，难道桀、纣这些恶人都没有人性，而尧、舜这些善人都没有人情？……可见，这些人性论都有其缺陷⑤。荀况在分析各家学说之后认为，情与性是相应的，人性的选择表现出来的就是情，情乃性的表现，“性虽善，待教而成，性虽恶，待法而消”⑥。

①《孟子·告子上》。
②《荀子简释·性恶》。
③ 董仲舒《春秋繁露·实性》。
④ 董仲舒《春秋繁露·实性》。
⑤ 荀悦《申鉴·杂言下》。
⑥ 荀悦《申鉴·杂言下》。

宋明时期，各派哲学开始从本体论高度诠释人性问题。张载从其气一元论出发，指出人性区分为“天地之性”和“气质之性”。他认为，人和万物一样都是由气构成的。人禀气而生，故每个人都具有太虚的本性，即“天地之性”，这是所有人都具有的共性。但由于人所祟受的阴阳二气不同，故又形成每个人所特有的“气质之性”。前者是纯善的，善恶由后者所决定。因此，要想达到善，就要改变气质，要改变气质，就要学习，“为学大益，在自能变化气质”①。二程从理一元论出发，亦把人性一分为二，即“天命之性”和“气禀之性”。在他们看来，性即是理，“天命之性”就是天理，“气禀之性”就是人的情欲，简称人欲。二程将天理与人欲截然对立起来，完全否定人欲的合理性。其“存天理，灭人欲”的思想对后世产生了重大影响。王守仁则明确提出：“心即性，性即理。”②陆王学派以心为性，促使性一元论思潮崛起。

明清之际涌现的一大批启蒙思想家，大都立足于唯物主义自然观，强调后天环境对人性的决定作用，如王夫之反对交谈先验的人性，提出了“性日生日成”论。他指出，“夫性者，生理也，日生则日成也”③，将人性看成一个不断发展变化的过程，否定了一成不变的人性。戴震以情欲为性来批判程朱理学的理欲观，指出：“人生而后有欲、有情、有知，三者血气心知之自然也。”④他尖锐地反问道：“无欲无为又焉有理?”⑤他认为，善恶的区别不在于能否“存天理，去人欲”，而在于是否有理智指导情欲。

七、“命”：机缘有自

在中国古代哲学中，“命”的基本含义包括两个方面：①指天命；②指必然性或命运、命定。

天命的概念在远古即已出现。《尚书·汤誓》云：“有夏多罪，天命殛之。”《诗经·商颂·玄鸟》中认为：“天命玄鸟，降而生商。”《诗经·周颂》中说：“昊天有成命。”天命观念的形成与人们改造世界的能力低下有关。在远古时代，先民对大自然和社会的变化感到无能为力，因而把自己的命运归之于上天的意志和命令。此外，古代的统治者也利用天命作为巩固自己统治的工具。周代开始出现了怀疑甚至责难天命的思潮，如认为“天命靡常”⑥，指斥“昊天

① 张载《经学理窟·义理》。
② 王守仁著，徐爱、薛侃、钱德识等编辑《传习录》。
③ 王夫之《尚书引义》卷三。
④ 戴震《孟子字义疏证·理》。
⑤ 戴震《孟子字义疏证·权》。
⑥《诗经·大雅·文王》。

不惠，降此大戾”①。春秋时子产认为：“天道远，人道迩，非所及也。”荀子则提出“制天命而用之”，体现了人类征服自然、改造社会的坚定信心，也是对因循天命的宿命论的有力批判。

在先秦诸子中，对“命”的理解和态度也很不相同。孔子罕言命，然又要求“畏天命”②，认为“死生有命，富贵在天”③。要服从天命，首先得知天命，因此，孔子又说“不知命，无以为君子也”④，说自己“五十而知天命”⑤。孔子讲“知命”，孟子进而讲“立命”。他认为：“顺天者存，逆天者亡。”⑥因此，知天就要“事天”、“立命”。他说“存其心，养其性，所以事天也。夭寿不贰，修身以俟之，所以立命也”⑦，强调既要遵循天命，又要努力尽其本分。道家认为人性就是人的自然本性，故主张“安命”。如庄子说：“知其不可奈何而安之若命。”⑧他还提倡“无以人灭天，无以故灭命”⑨。墨子反对天命论，主张“非命”。他揭露天命论的危害，认为“执有命者之言，不可不非，此天下之大害也”⑩。他主张“尚力”，说“夫岂可以为命哉，故以为其力也”⑪，这是以“力”（即努力劳作）来否定“命”，批判了听天由命、无所作为的思想。

王充否定天命，用元气说来解释“命”。他认为：“命谓初所禀得而生也，人生受性则命受矣。”⑫不同的“命”来源于禀受元气之不同，因此，“凡人受命，在父母施气之时，已得吉凶矣”⑬。这样，他就得出了“有死生寿夭之命，亦有贵贱贫富之命”⑭的结论。王充的“气命”论在否定天命论方面具有进步意义，但他混淆了社会现象与自然现象的本质差别，从而走向另一个极端，陷入了自然无为的命定论。二程把命与理、性统一起来，认为“理也、性也、命也，三者未尝有异。穷理则尽性，尽性则知天命矣”⑮。程颐还强调：“儒者只合言人事，不合言有数，直到不得已处，然后归之于命可也。”既透露出儒

①《诗经·小雅·节南山》。
②《论语·季氏》。
③《论语》“季氏”、“颜渊”。
④《论语》“尧曰”、“为政”。
⑤《论语》“尧曰”、“为政”。
⑥《孟子·离娄上》。
⑦《孟子·尽心上》。
⑧《庄子·人间世》。
⑨《庄子·秋水》。
⑩《墨子·非命上》。
⑪《墨子·非乐上》。
⑫ 王充《论衡》“初禀”、“命义”、“命禄”。
⑬ 王充《论衡·命义》。
⑭ 王充《论衡·命禄》。
⑮ 程颢、程颐《遗书》。

家积极有为的进取精神，亦展现了陷入困境时的“认命”心态。王夫之提出“造命”之说，认为“唯能造命者而后可以俟命，能受命者而后可以造命。……修身以俟命，慎动以永命，一介之士莫不有造焉”[①]，即不论是君主将相还是平民百姓，只要认识和遵循客观规律，都可以掌握自己的命运。显然，这种积极有为的命运观是极为深刻的。

八、“理势”：自然必然

有些研究者认为，中国古代哲学中的历史观主要有四种，即天命史观、圣人史观、民生史观和理势史观[②]。从历史上看，理与势作为单一范畴在先秦哲学中已经出现。“理”，指事物发展的必然规律；“势”，在法家代表人物的学说中主要指国君的地位和权力，后来主要指历史发展的必然趋势。理势并举较晚才出现，指历史发展的必然规律和趋势，故属历史观范畴。

理势史观的萌芽可追溯到百家争鸣时期。理，在指事物发展的必然规律时，与“命”、“道”等范畴基本同义。孔子承认天命论，认为“道之将行也与，命也；道之将废也与，命也”[③]，把道能否实行归结于“命”，这是神学意义上的必然性。荀子否定这种必然性，认为“天有常道矣，地有常数矣”，“天行有常，不为尧存，不为桀亡”[④]，对必然性作了无神论的解释。韩非强调治国方略也要顺从时势，“圣人不同循古，不法常可，论世之事，因为之备”[⑤]。韩非也使用“势”的概念，但用于指国君的权势，认为“抱法处势则治”[⑥]。东汉王充指出“国当衰乱，贤圣不能盛，时当治，恶人不能乱。世之治乱，在时不在政，国之安危，在数不在教”[⑦]，认为历史发展取决于“时”与“数”。王充的这种观点尽管带有神秘主义色彩，但肯定了历史进程有其客观规律，而不是由少数“贤圣”或“恶人”所能主宰的。唐代柳宗元明确以“势”来指代历史发展的必然趋势。他说：“彼封建者，更古圣王尧、舜、禹、汤、文、武而莫能去之，盖非不欲去之也，势不可也……故封建非圣人意也，势也”[⑧]。后来，朱熹等也在这个意义上使用“势”的概念，以“理势之当然”说明天理对社会历史进程的决定作用。

---

① 王夫之《读通鉴论》卷二十四。
② 周桂钿：《中国传统哲学》，北京师范大学出版社 1990 年版，第 302 页。
③《论语·宪问》。
④《荀子·天论》。
⑤《韩非子·五蠹》。
⑥《韩非子·难势》。
⑦ 王充《论衡·治期》。
⑧ 柳宗元《封建论》。

王夫之在阐明历史发展进程时提出了“理势相成”的历史规律论。他认为，“势”是历史发展的现实过程和必然趋势，与之对举的“理”则是历史发展进程中的客观规律性。在现实历史进程中，势与理是不可分离的，“言理势者，犹言理之势也”，“理势不可以两截沟分”[①]。他对理势相成的关系作了进一步的分析：一方面，合理必然成势，“理当然而然，则成乎势矣”[②]，他以周文王、宋太祖等人的成功为例，说明“得理自然成势”。另一方面，顺势自然合理，即能成为势的，其中必有其合理之处，“在势之必然处见理”[③]。相反，“离理无势”，即使君主极力提倡的主张，如果不合理也难以成为势。因此，理与势是不可分的，它们体现了历史发展的必然趋势与规律：“势者事之所固，事者势之所就，故离事无理，离理无势。势之难易，理之顺逆为之也。理顺斯势顺矣，理逆斯势逆矣。”[④]王夫之的理势史观对天命史观和圣人史观有深刻的批判意义，是我国古代历史辩证法的最高成就。

九、“知行”：认识与效验

“知”，指知识、认识、思想等；“行”指行为、行动、实践等。值得注意的是，古人讨论“知行”问题，多从道德意识和道德行为的关系立论[⑤]。

知性作为一个重要的哲学范畴很早就出现了。《左传·昭公十年》中有“非知之实难，将在行之”的说法。《古文尚书·说命中》亦提到“非知之艰，行之惟艰”，强调行动比认识更为困难，先秦诸子主要围绕知识的来源问题展开争论。孔子认为有“生而知之者”和“学而知之者”[⑥]，孟子提出“人之所不学而能者，良能也；所不虑而知者，其良知也”[⑦]，认为仁义礼智等道德意识是人先天固有的。荀子则强调知识来源于学习和经验积累，他还讨论了知与行的关系，认为：“知之不若行之，……知之而不行，虽敦必困。”[⑧]墨子认为知识只能来源于感官的感知：“有闻之，有见之，谓之有；莫之闻，莫之见，谓之亡（无）。”[⑨]与此相反，老子认为，否定感性经验才能获得真正的知识，通过“涤除玄览”（意即保持内心的洁净以明“道”）的直觉方法可以做到

① 王夫之《读四书大全说》卷九。
② 王夫之《读四书大全说》卷九。
③ 王夫之《读四书大全说》卷九。
④ 王夫之《尚书引义》卷四。
⑤《中国大百科全书·哲学卷》，中国大百科全书出版社 1987 年版，第 1169 页。
⑥《论语·季氏》。
⑦《孟子·尽心上》。
⑧《荀子·儒效》。
⑨《墨子·明鬼下》。

"不出户，知天下"[①]。他主张的是"不行而知"。

到了汉代，知识的检验证明问题得到较深入的探讨。如《汉书·董仲舒传》中就记载汉武帝在策问时的一段话："盖闻善言天者，必有征于人，善言古者，必有验于今。"王充提出了"效验论"，把效验看作检验认识真理性的标准，他说"事莫明于有效，论莫定于有证"[②]，"凡论事者，违实不引效验，则虽甘义繁说，众不见信"[③]。这就是说，认识或理论都必须经过实践验证，才能令人确信。在知行关系上，王充强调认识要以用为目的，他说："入山见木，长短无所不知，入野见草，大小无所不识；然而不能伐木以作居室，采草以和方药，此知草木所（而）不能用也。"[④]

从宋朝开始，知行问题成了哲学争论的一个重要侧面，讨论主要围绕知行的先后、难易、轻重等方面展开。程颐首先提出了知先行后说，认为"人力行，先须要知，非特行难，知亦难也"[⑤]。朱熹对此作了发展，提倡"知行相须"，认为"知之愈明，则行之愈笃；行之愈笃，则知之益明"[⑥]。他还提出，"论先后，知为先；论轻重，行为重"[⑦]。王守仁提出知行合一说："只说一个知，已自有行在；只说一个行，已自有知在。"[⑧]实际上，他把人的道德修养亦当成了"行"，其目的，用他的语言说就是"要人晓得一念发动处，便即是行了"[⑨]。显然，这是以知代行，混淆了知与行的界限。

王夫之建立了较系统的知行统一学说。他指出，程朱"先知后行"说的实质是"先知以度行"；王守仁"知行合一"说的错误则在于"销后以归知"，其共同错误就在于排斥行，"离行以为知"[⑩]。在他看来，知与行是相互依赖和相互作用的，其中行处于主导地位，因为，"行可兼知，而知不可兼行"。他倡导"行先知后"。认为"君子之学，未尝离行以为知也必矣"[⑪]。在强调行高于知观点的前提下，他指出知对行有重要的反作用，"知行相资以为用。惟其各有致功，而亦各有其效，故相资以互用"[⑫]。王夫之还指出知行的关系表现

① 《老子·四十七章》。
② 王充《论衡·薄葬》。
③ 王充《论衡·实知》。
④ 王充《论衡·超奇》。
⑤ 程颢、程颐《遗书》卷十八。
⑥ 《朱子语类》卷十四。
⑦ 《朱子语类》卷九。
⑧ 王守仁著，徐爱、薛侃、钱德识等编辑《传习录》上。
⑨ 王守仁著，徐爱、薛侃、钱德识等编辑《传习录》下。
⑩ 王夫之《尚书引义·说命中二》。
⑪ 王夫之《尚书引义·说命中二》。
⑫ 王夫之《礼记章句》卷三十一。

为一个“由知而知所行，由行而行则知之”[①]的过程，是知行因功并进的无限发展过程。王夫之的知行学说系统而深刻，达到了我国朴素唯物主义知行观的高峰。

中国古代哲学作为中国文化的核心层次，最能集中体现中国人的思维方式和内涵。早在远古时代，中国古代哲学思想已开始萌芽，在原始思维与早期世界观的基础上，诞生了阴阳观念和五行说，成为中国古代自发的系统观和朴素的辩证法。当哲学形成（约在春秋战国时期）之际，曾出现诸子蜂起、百家争鸣的现象。至两汉，古代哲学登上新的台阶，儒学独尊，中国哲学的人学倾向日益明显，并于宋明时代完成了儒学哲理化的全部过程。明清之际，中国社会处于“天崩地解”的时代，加之哲学面临异质文化的冲击，进入近代哲学启蒙期。

在中国传统哲学中，影响较大的是儒学和道家思想，二者一个“以和天人”，偏重哲学的社会功能化，一个追索万物本然之道，力图探究宇宙运动的规律。儒学和道家在漫长的历史发展过程中日趋成熟，终致互相影响，交相补苴，使中国传统哲学带上明显的儒道互补的特征，这既表现在哲学的特质上，也表现在传统的范畴之中。

应该说，古代哲学是哲学传统的组成部分，对当今文化和人们的心态仍有着潜在的影响。今日，面临困境的西方哲学家将目光不约而同地转向了东方，他们认为中国古代哲学思想提供了能够适应现代物理学最新理论的哲学框架，这无疑是一个引发我们思考与关注的新动向。

① 王夫之《读四书大全说》卷四。

第五章　宗　教

中国文化认为：有一个创始人，为“宗”；有一群追随者，有一定的祭祀仪式为“教”。西方文化的宗教 religion 是从拉丁词 re 和 legere 演变而来，译为“再”和“聚集”，意思是一群人为了一个目的聚集在一起，后来，该词又进一步发展为具有同一信仰同一信念的人，为了坚持信仰而到了不畏生死的地步。为此，我们可以将宗教定义为“一种对社群所认知的主宰的崇拜和文化风俗的教化”（《维琪百科·宗教》）。作为人类最古老的文化现象之一，宗教集中体现了人类心灵中希望和恐惧交织在一起的双重心理，但作为人类所创造的精神文化，它又成为人类满足其情感需要的一种重要形式。

一般认为，宗教产生于史前社会的后期，迄今已有万余年的历史。在漫长的历史过程中，大致可分为自发宗教和人为宗教两个阶段。

(1) 自发宗教。它又称原始宗教或自然宗教，是指在人群中自发产生的、处于初级阶段的宗教。

宗教最初是作为原始人群的自发信仰产生的。在原始社会里，生产力的极其低下使人们在自然面前无能为力，人的智力也处于朦胧未开的状态。于是，人们便把支配自己生活的自然人格化，幻想出超自然的神灵。同时，梦境中的现象和其他复杂因素也促使了灵魂观念的产生。当人们企图以祭献、巫术和祈祷等活动来影响主宰自然和人本身的神灵的时候，就开始形成了最初形式的宗教仪式。

自发宗教经历了自然崇拜、灵魂崇拜、祖先崇拜、图腾崇拜和神灵崇拜等阶段。它的主要特点是：①实行多神崇拜，无明显的创教者；②无独立的宗教概念和系统的宗教理论，信仰的内容与整个社会意识形态混为一体；③无独立的教团组织，无定型的教义、教规、礼仪活动，宗教戒规同风俗习惯不分；④未有专职的神职人员等等。随着社会的分工发展，逐渐出现了职业化的巫师、神人和祭司。这时，有意识的个人主张和行动虽然渐渐发生较突出的影响，但就总的属性来说，原始宗教基本上仍是自发性的。进入有阶级的社会后，也还经常出现一些新的自发宗教，这些宗教虽然在群众的拥戴下涌现出一定的领袖人物和创教者，但其教义、教规和组织一般都不完备和没有定型化、稳定化。原始基督教即如是，道教在最初阶段也曾显示出这种自发性质。

(2) 人为宗教。相对于自发宗教而言，它是指借助于有意识的人为力量而发展起来的宗教。一般是指在文明社会中产生的各大宗教。

人为宗教从自发宗教演变发展而来，是在人类认识发展的较高阶段上产生出的较成熟、高级的宗教。它的主要特点有：①有系统化、理论化的宗教意识和观念，实行一神崇拜或一神至尊崇拜；②有完整系统的经典、教义和教规；③有固定的宗教组织、场所和规范化的宗教礼仪；④有教主和专门的神职人员及完整的教阶制度等等。当宗教由自发宗教发展为人为宗教时，也就由部落宗教演化为民族宗教乃至世界宗教。目前，主要的世界性宗教有佛教、基督教、伊斯兰教等，民族宗教有道教、犹太教、印度教等，而某些地区仍残存形态各异的原始宗教，如萨满教、印第安人宗教等。当今世界上有 2/3 以上的人口信仰宗教。

第一节 古代中国人的宗教观

由于中国特殊的地理环境和悠久的文化传统，中华民族（尤其是汉民族）的宗教观具有自己的鲜明特点。

一、现世实用

宗教是人世间的异己力量在人们头脑中的虚幻反映。为了解决这种虚幻性与现实之间的矛盾，世界上一般的宗教大都采取了出世的态度，即把信仰的重点、修行的目的都放在来世，认为生是痛苦和暂时的，死才是幸福和永恒的。反观中国，这种厌世出世的宗教思想在中国人的宗教观里却没有什么地位。中国的宗教是注重现世的。不仅土生土长、重生恶死的道教如此，就连外来的佛教、伊斯兰教、犹太教、基督教等也都不同程度地打上了这种烙印。

这种现世精神的最突出表现就是：中国宗教都尽量地与世俗礼法保持一致。如中国佛教就是由原始佛教的不孝父母、不敬王者的出世态度逐渐发展为接纳忠孝两全的世俗观念，采取既拜父母，也敬王者的现实态度，孝经、孝僧已成为中国佛教的一大特色。又如，伊斯兰教也是在调和了宗教信仰与现世伦理之间的矛盾后，才在中国站稳脚跟。伊斯兰教在传入中国后所面临的一个重大问题就是如何处理真主和君父的关系：是忠于真主还是忠于君父？明代著名伊斯兰教学者王岱舆首先解决了这个问题。他认为只忠于君父，不忠于真主，那不是“真忠”；而只忠于真主，不忠于君父，也不是“正道”。因此，只有

“顺主也，顺君也，顺亲也”才是“人生之大正事”[1]，才算完成了对主的功业。王岱舆还从宗教的角度论证了世俗伦理的意义，认为“孝”是人生的义务，做人的根本，是忠君、体主、法圣的基础，这样，就将世俗的伦理道德融入伊斯兰教的教义中，为伊斯兰教在中国立足提供了便利。

由于现世的精神，中国的宗教还形成了靠自力而非靠他力来获得解脱的理论和传统。在西方人的宗教观里，上帝是极其伟大和无所不能的，人是极其渺小而且有罪的。因此，人只能匍匐在上帝的脚跟前，灵魂靠上帝拯救，天堂的大门也只有上帝才能开启。可是，在中国人的宗教观里，神是为了人的需要而设的，人在神面前是极富主体意识而非一筹莫展的。因此，信徒们的成佛得道，主要靠自身的觉悟和修炼，而不是靠神的救助。关注现世，依靠自己，这是中国宗教和西方宗教的一个显著区别。佛教中的禅宗正是这样一种地道的中国宗教。禅宗否认心外有佛，否认西方净土，主张“佛在我心，我心即佛”，因此，修行不必非要出家，也不必读经，甚至连最简单的念佛也不需要，人们只需在日常生活中就可以悟道成佛。如此注重现世，不讲来世，不讲修行，只在世间的日常生活中靠自己的觉悟就可以求得解脱的宗教思想，不仅使得西来的佛教彻底地脱胎换骨，而且还将中国人那种注重现世的入世精神表现得淋漓尽致。

中国人的宗教观也是实用的。在中国人的宗教信仰里，对现实的此岸世界的热情要远远地超出对虚幻的彼岸世界的追求，人们对神灵的祈求大多是为了满足现实社会生活的需要。道士们的符箓炼丹之术明明白白地指向了禳灾祈福、祛病长生的实用目的。许多佛教徒烧香拜佛，集资造像，举行斋会，念诵佛经等等，也不是为了颂扬佛的伟大和荣耀，或是为了纯粹的行善，而是为了能使菩萨保佑他们可以求财求子，祛病免灾，或是为了死后可以进入天堂。一句话，就是从现实的利益出发。在中国民间，虽然到处可见香火寺庙，有些人也习惯于逢庙烧香，见神叩头，但真正信仰系统宗教的信徒却不多。

一些人平时并不热衷于求神拜佛，但一旦有需要，则不管神仙上帝，鬼神菩萨，统统都拜，事过之后，又依然故我。“无事不登三宝殿”、“平时不烧香，急来抱佛脚”等俗语生动地刻画了一般民众对待宗教的实用主义态度。

二、和平宽容

中国文化博大精深，这无疑深深地影响了中国人的宗教观，使得中国宗教有着比较宽阔的胸襟和较灵活的调和性。这种特性，不仅可以使同一宗教的不

① 王岱舆《清真大学》。

同派系由纷杂走向统一，而且也可以使不同的宗教能够互相交流、取长补短，最终和平相处。

在中国佛教发展的过程中，有一件最值得一提的大事，那就是自南北朝开始至隋唐时结束的判教运动。所谓判教，即判别或判定佛所说的各类经典的意义和地位。这是佛教各宗派为了树立本派的正统和权威而对佛教各种经典的思想及形式进行评说和排座次的运动。在这个过程中，各派都没有以简单的否定态度来对待和处理与其他各派之间的理论差异，而是区别佛在不同时期、不同地点，对不同听众所说的话，因而也就排出了各自高低不同的地位。这种判教的方法使得中国佛教经过了一次大整肃，并以此创造出为中国人理解的、融大小乘为一体的中国佛教思想体系。通过这次判教运动，魏晋时期佛教派系纷杂、南北对峙的局面得以结束，代之以脉络发展清晰、思想相互融合的隋唐八大家。判教运动充分反映了中国佛教徒处理各种矛盾的高超思维能力和追求和谐的独特思维方式。隋唐之后，这种各宗之间相互融会贯通的风气仍在继续发展，以致出现了宋代以降的“天下归禅，禅净一家”的局面。而这时的禅净二宗已是集各宗学说于一身的中国佛教代名词了。如明代四高僧之一的袾宏，他不仅是净土宗的大师，也是华严宗的高僧，同时在禅学方面有很高的造诣。这种主张各宗同流，趣归净土的思想已成为中国封建社会后期佛教发展的主流。

道教派系的发展也是由繁到简，最后归为正一、全真两大教派。而这两大教派之间也没有绝对的界限：正一派虽主修符箓咒语，但也兼修吐纳炼丹，全真派虽专攻飞仙之术，但需要时，也念符咒，通冥府，做水陆道场等。

中国的宗教，不仅同一教中的不同派系可以融会贯通，就是不同的宗教之间也可以互相调和。儒学、佛教、道教各为一体，原有不少的思想观念都是尖锐对立的。佛教厌生，道教恶死，儒学轻鬼神，道教敬鬼神等等。但是，在追求和谐精神的中国文化面前，一切鸿沟都不是深不可逾的，在历史的长河中，“三教对立”的局面最终为“三教合流”、“三教一家”的思想所代替。然而，“三教合流”并不是走简单地堆砌合并的道路，而是走一条取长补短、共同发展的道路。“以儒治世，以佛治心，以道治身”的说法就为“三教合流”作了最好的注脚。由于这样的合流是一个互补发展的过程，所以，各教都在合流中得益。如佛教通过吸取儒家的伦理观，从而消除了中国传统文化对它的排斥，还通过吸收道教的养生之道，迎合了中国人的口味，禅宗就是儒、佛、道三位一体的典型；道教从佛教那里搬来了经典、戒律、仪式等等，从而完善了自己的宗教体系；儒学则吸收了佛教徒的心性论、道教的宇宙观等，创造出宋明理学，到了清代，许多民间的秘密宗教都有“三教合流”的显著特征。

“三教合流”的产生和发展，显示了中国宗教的调和性，营造出了中国宗教所独有的宽松和谐的氛围，使得各宗教之间得以和平共处，相安无事。在一般中国人的心目中，对不同宗教信仰没有人主出奴、谁高谁低的成见，也不刻意去区别它们之间的分歧。唐代白居易有诗曰："身著居士衣，手把南华篇"，"七篇真诰论仙事，一卷坛经说佛心"，活神活现地描绘出了一般中国人对待不同宗教的态度。在民间，一个神主牌位上同时供奉祖宗先人、孔子、菩萨、太上老君等神明的现象并不少见。所以，一方面，中国人的宗教信仰是相当自由的，不仅不同宗教信仰的人可以相互通婚，且一个家庭可以同时存在几种不同信仰的宗教，甚至一个人也可以同时信仰几种宗教。这种情形在其他国家恐怕是无法想象的。中国历史上从未发生过为神而战的宗教战争，也未发生过持久性的大规模的宗教异端迫害活动，这应该是与中国宗教所具有的宽容调和的精神分不开的。另一方面，也说明了中国人的宗教观还比较杂芜，缺乏真正的宗教徒所具有的那种专注深沉的宗教感情和品质。

三、政教分离

中国的历史上虽然曾经有过时间不短的宗教繁荣时期，也有过不少信佛佞道，甚至吃斋念佛的皇帝，但是，政教分离始终是封建统治者的唯一选择。西方那种教权凌驾于政权之上，政权要为教权服务。一切学科都是神学的奴婢的狂热黑暗局面始终未能在中国历史上出现。宗教在中国封建统治者眼里，"神道设教"的意义远远高于信仰本身，而且仅仅是视其为实行统治的一种辅助工具而已。统治者们从来不愿也不允许神学超越皇权，虽然中国自古就有"君权神授"的思想，但是这种思想仅仅是为了抬高君王的身价，而不是为了证明神的至高无上。中国封建社会的农民起义虽然大都以宗教作为旗帜，但农民起义军并不是为上帝而战，为信仰而战，为消灭异教徒而战，而是为生存而战，为土地而战，为政权而战。因之，宗教迷信在农民起义军那里，也仅仅是一种为了达到目的而借助的形式和手段，不像西方中世纪十字军东征那样，是一场"为了上帝"的狂热的宗教圣战。

造成中西方这种巨大差异的主要原因是文化传统和社会实际需要的不同。西方的罗马大帝国是一个横跨欧、亚、非三大洲，由许多信仰、文化传统不同的民族和种族所构成的大帝国，因此，为了达到政治上的统一，就十分需要一个能统一全国臣民信仰的工具。于是，罗马帝国的统治者选择了已普遍流行的原始基督教作为国教。从此，西方开始走上了政教合一的道路。而中国自秦汉以来，就是一个统一的国家，宗教神学观念十分淡薄，而维系人与人之间、统治者与被统治者之间的君臣父子的等级观念极为发达，以此观念为核心的政治伦理学说也相当完善，并深深地融进了每一个中国人的骨髓中。因此，无论是世袭的封建统治者还是农民起义的胜利者，都无须到宗教神学那里寻求帮助。在中国的封建社会里，没有政教合一的社会需要和群众心理基础，也可以说，是悠久、强大的人文主义文化传统中的理性精神使中国的封建统治者必然要作出政教分离的选择。

宗教几乎是每一个民族都普遍存在的一种社会文化现象，它无时无刻地受到民族文化的浸润和影响。中国古代文化那种浓郁的人文主义理性与传统深深地渗透到了古代中国人的宗教观中，使得古代中国人的宗教观念既淡薄又迷信。所谓“淡薄”是指古代中国人从未把宗教当作生命的源泉，宗教也始终未能成为中国人在精神上的第一需要；所谓“迷信”则是指民间百姓们虽然并不视宗教信仰为第一需要，但一旦有实际需要，庙宇中的各种神灵仍会成为顶礼膜拜的物件。这就是中国人的宗教观念虽然淡薄，虔诚的宗教徒在人群中所占的比例也不大，而民间庙宇的辉煌、神主牌前香火的鼎盛并不亚于其他一些全民信仰宗教的国家的原因。所以，“功利实用”可谓是古代中国人宗教观中最突出的特征。

第二节 佛 教

佛教，是世界上成熟最早的人为宗教之一。在世界上，尤其在亚洲它具有广泛的影响，至今仍约有三亿教徒。

一、源流和教理概况

1. 来自古印度的佛光

佛教产生于公元前 6 世纪至前 5 世纪的古印度。创始人乔达摩·悉达多相传是古印度迦毗罗王国净饭王的太子。佛教在古印度的发展，可以分为以下四个阶段：原始佛教阶段、部派佛教阶段、大乘佛教阶段和密教阶段。至 13 世纪初叶，由于外来势力的入侵，佛教逐渐被印度教和伊斯兰教取代。至此，佛教之光几乎从古印度的地平线上消失。

2. 南下北上的弘法

从公元前 3 世纪印度孔雀王朝阿育王时期起，佛教开始向印度以外的国家和地区传播，逐步发展成一个世界性的宗教。从印度本土向外弘扬佛法的路线有南北两条。向南传播：由印度南部向外传播。首先进入斯里兰卡，再传入缅甸、泰国、柬埔寨、老挝等国，然后再经缅甸传入中国云南的傣、崩龙、布朗等少数民族地区，经这条路线传播的佛教被称为南传佛教，属小乘佛教，自称“南传上座部佛教”，信奉巴利文佛经。向北传播：由印度北部向外传播。一条途径是从印度西北部传入中亚地区，经西域传入中国内地，然后再传入朝鲜、日本、越南等国。由于信奉的经典译著属汉文系统，故被称为“汉地佛教”。另一条途径是从印度中部传入尼泊尔，然后进入中国的西藏地区，再传入中国内地、蒙古和西伯利亚等地区。由于信奉属藏文系统的经典，故称“藏传佛教”，俗称“喇嘛教”。汉地佛教和藏传佛教统称“北传佛教”，属大乘佛教。

3. 缘起轮回的说教

佛光初诞，法轮即转。从释迦牟尼成佛后的第一次说法到后来各宗各派所提出的学说，佛教思想被汇编成大量的文献典籍，这些典籍统称为“大藏经”。其理论和教义主要有“四谛说”、“缘起论”、“五蕴说”和“三法印”等学说。

(1) 四谛说。四谛说是佛教的社会伦理观，也被看作是佛教教义的总纲。“谛”为真实不虚之意，“四谛”是指苦、集、灭、道这四个真理。

苦谛是说现实生活中充满着种种痛苦。佛教认为人生乃一大苦海，人们所经历的生老病死、爱怨聚离等统统是苦。集谛则说明造成种种痛苦的原因和根据。佛教将人生痛苦归结于人的自我欲望，即皆因人有贪欲、激愤、愚痴这“三毒”。灭谛指出了佛教徒所追求的最终归宿——进入涅槃（译意为灭），这是佛教理想的无苦境界，道谛为人们指出一条解脱的道路，即为了实现涅槃的理想境界所必须采取的修持方法和手段。

(2) 缘起说，又称十二因缘。它是佛教用以解释世间一切现象或事物之所以发生和变化的独创理论，也是佛教的哲学基础。缘起说的基本命题是：“此有故彼有，此起故彼起，此无故彼无，此灭故彼灭。”①因而，将人生分为彼此互为条件或因果联系的十二个环节，即无明、行、识、名色、六入、触、受、爱、取、有、生、老死，众生的命运全因因缘和合而定，行善者得福，作恶者受报。同时，各种生命在未获“解脱”（脱离人世）前，均会按照十二支形成的因果律在“三世”、“六趣”②中生死流转，永无终期。佛教修习的最终目标，在于摆脱所谓十二因缘的束缚，跳出三世轮回的范围，进入涅槃。

(3) 五蕴说。五蕴说是佛教的世界观，是佛教对宇宙万物的认识。佛教将

① 《杂阿含经》卷十二。

② “三世”：前世、今世、来世。“六趣”，又称“六道”，即转行的六个层次——天道、人道、阿修罗（恶神道）、畜生道、饿鬼道、地狱道。

世界分成五蕴（蕴为“积聚”、“堆”之意），即色蕴（物质现象）、受蕴（感觉）、想蕴（知觉或表象作用）、行蕴（意志活动）、识蕴（意识或认识作用）。这五蕴在相互集合中构成了纷繁复杂的大千世界。小乘佛教的“我有法空”理论及大乘佛教的“我法皆空”理论均从这里发展而来。

(4) 三法印。印是印玺，可引申为印证、标准之意。三法印即三条判断佛教是否纯正的标准，它扼要地概括了佛教的主要思想。这三条标准一是“诸行无常”：是指世间万物都是变化无常的。佛教认为宇宙人生都是一刹那即逝的元素的复合，本身是虚幻不实的。根据这一理论，人生没有任何固定不变的事，也没有任何令人愉快的事，因而人生是一个充满痛苦的过程，丝毫不值得留念。可见，“诸行无常”同“苦谛”一样，是佛教为宣扬苦海无边，培养人们厌世出世思想作论证的。二是“诸法无我”：是指世间的一切现象（诸法）皆由因缘和合而成，没有独立的实体或主宰者（无我）。既然人不能自我主宰（称之为“人无我”），世间万物也无主宰者，那么便是一切皆空，万法皆空，从而也就为出世的理论奠定了基础。三是“涅槃寂静”：是指超脱生死轮回，进入熄灭一切烦恼、内心寂然不动的境界。佛教宣扬诸行无常、诸法无我的最终目的就是要引导人们修习正心，进入涅槃境界。

二、东渐的历程

佛教大约于两汉之际传入中国。它在中国传播发展的历程大致可以分为四个时期。

1. 依附时期（汉代至东晋以前）

此时的佛教初来乍到，人地两生。由于要利用符咒、治病、占星、禳火、祈福等方术来吸引群众，所以被人们看成是一种在社会上流行的神仙道术。这时的佛典翻译活动只是介绍印度佛教的经典和教义，出家的僧侣基本上是外籍人员。因此，这个时期的佛教还没有得到中国文化的认同，只能以“道面俗身”的形象依附于中国本土文化之中，且只在少数人中奉行，在社会上没有什么影响。

2. 发展时期（魏晋南北朝）

进入东晋以后，佛教经典翻译日增，出现了以般若学为主的理义之学。华籍高僧也开始在历史舞台上频频亮相，如道安、慧远、法显、道生、僧肇等都是中国佛教史上的著名人物，这时的佛教开始与中国传统文化融合，与当时流行的玄学互为表里。到了南北朝，佛教开始走向独立发展。此时出现了不同的佛教学派（在南方有涅槃师、成实师、三论师等，在北方有地论师和楞迦师等)，具有特点的佛教文献和不同体系的佛教学者都远超前代。这一时期，佛教在汉土得到了广泛的传播。

3. 鼎盛时期（隋唐时期）

随着中国封建社会进入鼎盛时期，佛教的发展也达到顶峰。这时，中国的大地上寺院林立，僧徒遍地，南北朝时期的学派、流派此时已发展成宗派。佛教在中国扎下了根，并已发展成为具有中国特点的中国佛教。至此，佛教这一外来文化终于被同化，被改造成为中国文化的一部分。

4. 衰微期（宋至晚清）

宋代以降，佛教思想无甚创新，各宗派渐趋融合，除禅宗、净土宗之外，其余各派都开始衰微。在这一时期，儒佛道也由三教鼎立走向三教汇同，形成了以儒学为主、佛道分次的文化新格局。

佛教在中国的传播不仅经历了两千多年的风雨，而且在中国大地上形成了三个各具特色的传播区域：汉地佛教、藏传佛教和云南小乘佛教。

汉地佛教文化圈是除了青藏高原以及云南傣族聚集地区以外的、以汉民族为主体的佛教信仰流行的广大地区。它的主要特点是：与中国传统文化思想紧密结合，世俗化倾向强烈突出，无论是相对于印度佛教，还是相对于汉民族的整体文化模式，都显示出了一种十分独立和成熟的特点。

藏传佛教文化圈是流行于以藏民族为主的青藏高原信仰佛教的地区。它虽然与汉地佛教同属于北传大乘佛教系统，但由于它别具一格的特性使得它能自成一体而独立于汉地佛教文化圈之外。藏传佛教最显著的特征是政教合一：达赖和班禅既是最高的宗教精神领袖，又是世俗最高权力的掌握者，集二者于一身；另外，与西藏本土原始宗教的结合以及活佛转世制度，使藏传佛教更具迷信和神秘色彩。

傣族佛教文化圈位于中国云南省傣族等少数民族聚居的信仰佛教地区。它属于南传小乘上座部系统。傣族佛教除了具有政教合一、一神崇拜（只崇拜释迦牟尼佛）的特点之外，全民信仰更是其主要特色。在傣族佛教地区，所有的儿童都必须进入寺院接受宗教教育，成年以后才可以还俗，由此形成了“村村有佛道，人人当和尚”的局面。佛教的影响深深地渗透到了社会的各个角落。

三、同化的趋向

1. 佛教与中国文化的冲突

佛教自汉代传入中国，到了晋宋之时，已开始在社会上产生广泛的影响，逐渐成为与儒、道相鼎立的一支势力。然而，佛教毕竟是外来的文化意识，它的崛起不可避免地要与本土的传统文化发生矛盾和冲突。在矛盾和冲突中，既有激烈的思想论战，也有残酷的流血斗争。佛教与中国传统文化最激烈的思想论战主要表现在“夏夷之辩”、“神灭神不灭之争”以及“沙门应否敬王者之争”这三大问题。

(1) 夏夷之辩。当佛教开始在社会上产生广泛影响后，即有不少人站在中国传统文化的立场，以佛教是夷狄之教为由加以排斥。尤其是中国本土的宗教——道教，为了与佛教争夺宗教上的正统地位，更是大肆强调道佛的夏夷之别，不断挑起夏夷之辩。对此，佛教徒多以中国古代圣贤不乏出自外族之事例来予以反驳，指出“禹生西羌，舜生东夷，孰云地贱而弃其圣？丘欲居夷，聃适西，道之所在，宁选于地？”[①]并以中国历史上的“伊洛不夏”、“吴楚翻为华邑”等史实说明夷与夏之间并非一成不变。佛教徒的这些反驳，在一定程度上矫正了以地理论法之高下，以种族论人之优劣的偏见，对于扫清佛教在中土传播道路上的思想障碍，无疑起了一定的作用。

(2) 神灭与神不灭之争。神灭与神不灭之争是佛教与传统文化在“生死”、“形神”、“因果报应”等问题上的冲突。佛教为了宣扬“六道轮回”、“三世报应”等思想，就运用了中国传统上的灵魂观念，提出了“人死精神不灭，随复受形”[②]的说法，即认为不死的灵魂是“六道轮回”、“三世报应”的主体承受者。所以，形死神不灭论就成了中国佛教轮回报应说的重要理论基石。但是，中国传统文化却对生死问题持有截然不同的看法。如南朝天文学家何承天在论战中说：“生必有死，形毙神散，犹春荣秋落，四时换代，奚有于更受形哉！”[③]从南朝刘宋起，有关神灭与神不灭的争论就十分激烈，到了齐梁时更达到高潮。当时的无神论思想家范缜就以《神灭论》给佛教的神不灭论以沉重的打击。他提出了形质神用说，指出神只是形的一种作用，并有力地论证了形神不离，形存则神存，形谢则神灭的道理。在“神灭神不灭”的争论中，佛教受到无神论者的深刻批判和沉重打击。之后，中国佛教在思想理论方面就逐渐转向阐发宗教本体论、认识论、心性论和修养论等问题上去了。另外，由于佛教徒在争论中竭力援引中国传统文化典籍中的史料来迎合轮回报应说和神不灭等理论，以证明其在中国自古有之，所以，也随之扩大了佛教在中国社会文化思想方面的影响。

(3) 沙门应否敬王者之争。“沙门应否敬王者”的争论既是一个礼制问

① 释道宣《广弘明集》卷一。
② 袁宏《后汉记》。
③ 佚名《弘明集》卷四。

题，也是一个政治伦理问题。首先，佛教徒出家必须断绝尘缘，弃亲剃发，终身不娶。这无疑是与以“孝”为核心的传统文化相悖逆的。儒家学者、道教中人也大都以“身体发肤受之父母，不敢毁伤”，“不孝莫过于无后”等理由来批评佛教的出世主义。其次，中国传统文化认为臣民礼拜君王是天经地义的事，而佛教徒既然已断尘缘，也就不存君臣之义，所以，僧人见了君王不行跪拜之礼，乃佛教当然之理。这就直接触犯了封建君王的绝对权威，而且与儒家纲常伦理的核心理论相冲突。所以，从东晋、南北朝开始，沙门应否敬王者的问题就成了佛教与中国传统文化激烈斗争的又一重大问题。这场争论从晋朝开始，直至唐朝，最后以佛教的妥协而告终。佛教在这一场争论中，不断向传统的“忠君孝亲”文化靠拢，不仅接受了“人王即法王”的思想，而且以“出家是大孝”的说法来迎合“孝”的传统。随着佛教影响的扩大、势力的增强，寺院经济也随之膨胀，与封建统治者在政治经济上产生了矛盾，于是，激烈的思想斗争又转化为政治斗争。流血事件便不可避免。如历史上有名的“三武一宗灭佛运动”就是佛教在与中国传统文化交锋过程中惨败的记载。

“三武一宗灭佛运动”指北魏太武帝、北周武帝宇文邕、唐朝武宗李炎、五代后周世宗柴荣这四个皇帝先后发起的灭佛运动，佛教史上称之为“三武一宗法难”。其中以唐武宗灭佛的规模最大，当时共毁寺院4600余所，没收良田数千万顷，奴婢15万人，僧尼还俗26.05万人。[①]这次灭佛运动给佛教极为沉重的打击。此后的佛教规模虽有恢复，但再也未能重现昔日的盛况。

2. 佛教与中国传统文化的融合

佛教这种外来的文化意识虽然与中国本土文化发生了种种冲突和斗争，但是为了本身的生存和发展，佛教文化更多的还是向本土文化靠拢，与本土文化妥协，走一条与本土文化互相融合的道路。可以这么说，佛教文化在中国土地上传播发展的过程，实质上就是印度佛教被改造成中国式佛教的过程，佛教的中国化主要表现在以下三个方面。

(1) 汉文《大藏经》的完成。翻译宗教经典是宗教得以流传的主要手段，印度佛教要变成中国佛教，经典的翻译就是重要环节。从佛教传入中国后的1000年间，翻译佛经一直被当作佛教徒们最主要的事业。印度佛经除《陀罗尼经》外，全部被译成了汉语。据统计，汉译佛经约1500部，近6000卷。在译经过程中，中国的汉语特点、思维特点和传统观念都直接影响到对印度佛教的理解和接受，所以，为了使中国人能看懂并接受佛经，译音不仅采取中国固有

①参见《旧唐书·武宗记》；《资治通鉴》卷二四八。

的名词、概念和术语，而且运用了选、删、节、增和编译等方法对佛经内容作出调整，使之和中国传统的思想观念相协调。如日本学者中村元在将梵文或巴利文原本和汉译佛经比较后，就得出了汉译佛典深受中国传统思想影响的结论。[①]如据《大无量寿经》所载法藏比丘为四十八愿中，第一愿的梵文原文是："世尊，如果生在我佛国的生物（stattv ā h）不是全部相同的金色，我将不作无上的平等觉。"而东汉末时外籍高僧支娄迦谶所译的《佛说无量清净平等觉经》则为："我作佛时，人民有来生我国者，不一色类金者，我不作佛。"原文含义是包括人以外广义的"生物"皆可获救，但译文中变成只有人才可获救。这样一改，便迎合了具有人文主义思想传统的中国人的胃口。类似的例子不胜枚举。于是，印度佛教的本来面目就被消融于中国汉语的思维形式之中了。中国佛教徒不仅翻译佛经，还撰写了诸如章疏、论注、经典、善书、史传之类的各种佛教经典，提出了中国人自己的佛教理论。据统计，这类著述共约 600 部，近 4200 卷，它们构成了汉文《大藏经》的另一组成部分。因此，可以说汉文《大藏经》是中国人用自己的语言及思想理解佛教的结果，也是中国佛教文化的象征。

(2) 与儒、道思想合流。概括来说，佛教主要从以下三个方面吸收了儒、道的思想。

首先是采纳儒学的"忠"、"孝"学说，使得佛教的道德观日益儒化。佛教"无君无父"的主张在一开始就受到以"孝"为核心的传统文化的猛烈冲击。佛教徒在矛盾冲突中也渐渐认识到：单纯的辩解不能从根本上改善佛教在中国的境遇，只有将"忠"、"孝"的观念融入佛理之中，方能在中国大地上站稳脚跟。于是，后来的中国佛教一反印度佛教的初衷，大讲忠、孝，使之成为中国佛教最突出的特点。如三国的康僧会在他编译的《六度集经》里称市施诸圣贤"不如孝事其亲"，有意突出了孝的地位。禅宗六祖慧能也把佛教的修行与儒家的"忠"、"孝"联系起来，他说："心平何劳持戒，行直阿用修禅？恩则孝养父母，义则上下相邻，让则尊卑和睦，忍则众恶无喧。"[②]这完全是儒家的口吻。宋代名僧契嵩所著的《孝论》更加全面系统地论述了佛教的孝亲观，他说："夫孝，诸教皆尊之，而佛教殊尊之。"为了标榜佛教中"孝"的地位，佛教学者还编撰了一批讲孝的伪经，如流传甚广的《父母恩重经》等，佛门中也时有"孝僧"出现。到了明代，甚至有"儒以孝为百行之本，佛以孝为至道之宗"[③]的说法。

① 严耀中：《中国宗教与生存哲学》，学林出版社 1997 年版，第 218 页。
② 惠能《坛经》。
③ 智旭《灵峰宗论·题诗回春传》。

印度原始佛教本来是严格区分佛道、王道的，如《佛遗教经》中就有佛教徒“不应参预世事，好结贵人”的要求。但是，要想在专制皇权至高无上的中国扎根，原始佛教的这些要求就不得不被改造。早在晋代，高僧道安就说：“不依国王，法事难立。”①北魏的沙门法果竟将跪拜天子看作是礼佛，他说：“能弘道者人主也，我非拜天子，乃是礼佛耳。”②随着佛教的中国化，佛教道德中的忠君色彩也愈来愈浓厚。北宋时太宗往相国寺佛像前烧香，问赞宁和尚当拜不当拜，赞宁居然说：“现在佛不拜过去佛。”③元代重编的《敕修百丈清规》则把颂扬帝王的“祝厘章”和“报恩章”置于尊奉佛祖宗师的“报本章”和“尊祖章”前。中国佛寺每遇天子诞辰，帝后忌日，往往会举行纪念法会、斋会，烧香咒愿，为帝王祝福，祈求国运长久，这也成为中国佛教的特有礼仪。可见，儒学的孝亲忠君的学说已深深植入中国佛教的道德伦理中，中国佛教的道德观已完全儒化。

其次是注重心性论，与中国固有的人性学说相呼应。中国佛教，特别是作为隋唐之后的中国佛教主流的佛性伦，与印度佛教有着很大的差别，它不像印度佛教那样，注重抽象的本体，而是与中国传统文化一样，讲人性、心性。早自晋宋始，佛性论就开始成为佛教理论的重心。所谓佛性，是指众生成佛的根据和条件。在印度佛教中，有一种反对一切众生都能成佛的理论，即一阐提人没有佛性，不能成佛。这种理论无疑是和儒家的“人皆可以为尧舜”的精神相违背。所以，从晋宋开始，高僧道生就高唱一阐提人也有佛性，也能成佛。隋唐的天台宗、华严宗、禅宗都主张人人都能成佛。这种主张既符合了中国传统文化中的人性学说，也与儒家的圣人观相呼应，因而受到了中国佛教徒的欢迎。而那些深受印度佛教思想影响，仍坚持有一种人不能成佛的宗派，如法相唯实宗则只能极盛一时就很快衰微了。可以说，着重阐发心性论是隋唐各佛教宗派的理论主调。

再次是道家思想对佛教的渗透影响。中国佛教除日益儒化外，还深受道家思想的影响。早在佛教初踏汉土之时，就被比附为黄老之术，而佛陀也被看作是道教的一个神仙。至魏晋，为了迎合弥漫整个社会的玄学之风，僧人们将道家的经典《老子》、《庄子》列为必读书目，以致出现了用老庄的玄学观点去解析佛教般若学六家七宗学说的“格义佛教”。受老庄思想影响尤为明显的佛教宗派是禅宗。如所谓“郁郁黄花，无非般若；青青翠竹，尽是法身”等思想

① 宗密《禅源诸诠·集都序》。
②《魏书·释老志》。
③ 欧阳修《归田录》。

与庄子的“物我齐”观点如出一辙；而“万类之中，个个是佛”的说教也与庄子“道无所不在”的思想相通；至于在佛性论上注重“反本归原”、“寻找主人翁”、“发现自我本来面目”的论调与老庄的“返归自然”、“与道合一”等追求相类似，而“饥食困眠”、“随缘任远”的修行方法更是明显受到老庄的无为等思想的影响。

(3) 富有中国特色的佛教宗派的产生。中国佛教的成熟时期是在隋唐，其标志是富有中国特色的佛教宗派的产生。

在隋代之前，只有重讲说、轻师承，并无一贯学说体系的师说流派。到了隋唐，才开始产生有创始人、教义、教规，有保证师徒延续的法嗣制度，有相对稳定、人数众多的社会信仰层的宗教教派。

隋唐时期的佛教宗派主要有三论、天台、唯识、华严、禅、净土、密、律八宗，这八宗均属于大乘宗。本来，在佛教传入中国时，是大、小乘皆有，可是小乘宗在中国一开始就不甚发达，只有大乘思想始终是中国佛教的主流和正宗，这也从一方面说明了中国文化对外来的佛教并不是全盘吸收，而是根据自己的传统和习惯，舍弃了“自救自利”的小乘，选择了“利己利他”、普度众生的大乘。在隋唐的八大宗派中，又以天台、华严、禅、净土四宗最具中国特色，这些中国特色主要反映在以下三个方面。

首先是将印度佛教的义理与中国传统思想相结合，创造性地提出了许多富有新意的佛教理论。天台宗还提出了“定慧双修”、“教禅并重”的原则以及“三谛圆融”、“一念三千”等学说，这些都是总结了从前各派思想并加以发展后提出的，它体现了大乘思想在中国的独创性。华严宗的“四法界”、“六相圆融”、“十玄无碍”等理论，相当精彩地解释了宗教神学中所涉及的个别与一般的关系，从而在佛教大乘各派中独树一帜。禅宗的“直指人心”、“顿悟成佛”等口号，更是将佛教的“出世思想”改造为“入世思想”，使禅宗成为纯粹中国化的佛教宗派。

其次是结合中国实际情况，制定出一套富有特点的丛林制度。唐代名僧怀海大师所制定的《百丈清规》就一反印度佛教不准“掘土垦地”的戒律，推翻印度佛教徒靠乞食为生的原则，提倡“一日不作，一日不食”的农禅生活，要求寺院内无论上下都要参加生产劳动，以求生活自给。这种既禅且农的寺院制度无疑深深打上了中国传统的小农经济的烙印。从此，中国僧尼逐渐形成了宗教修持与生产劳动相结合的传统习惯。元代奉敕重修的《百丈清规》更是成为后代寺院的基本法规。

再次是迎合中国人崇尚简易的传统思维方式，使中国佛教无论在理论上还是在修行方法上都趋于简易化。印度佛教传入中国之初，不仅在教义理论上庞大驳杂，艰涩难懂，而且，在修行方法上也烦琐复杂，这很不符合中国人崇尚简易的传统思维方式，也影响佛教在中国的传播。因此，佛教的中国化，不仅要在思想内容上与中国传统思想合流，而且要在思想方法上与传统思维趋于一致，方能真正在中国站住脚跟。中国佛教简易的趋向，在译经运动中就已初露端倪。不少译经大师不仅在语言上尽量采用汉语的词汇和格式，而且在译文的内容上也努力削繁删冗，力求简明，而隋唐八大宗派的沉浮也从一个侧面说明了佛教简易化的趋势和重要性。如理论过于繁细缜密的唯识宗只流行了数十载即趋衰落，而以仪规复杂著称的密宗在中国也并未产生重大影响，就连天台宗、华严宗也因体系庞大而让位于以简易著称的禅、净二宗，晚唐至明清，中国佛教尽是禅、净二宗的天下。

禅宗，尤其是沿承禅宗一脉的南禅宗，不讲累世修行，不追求繁冗的宗教仪式，不搞布施财物，而主张在日常生活中顿悟成佛。如慧能所说："前念迷即凡，后念悟即佛"，"迷来经累劫，悟则刹那间"[①]，这完全否定了印度佛教那套修行的阶梯层次，是一种快速的成佛法。在理论著述上，在中国有巨大影响的禅宗只有薄薄的一本《坛经》，而且《坛经》中既没有庞大的思想体系，也没有繁复琐碎的论证，只是以语录体的形式，明快直接地表达出禅宗的思想核心。净土宗更是以"易行道"自称，宣扬只要信徒生前口中称名念佛就可以死后凭借阿弥陀佛的愿力往生西方佛国乐土。这种净土法门虽然在理论上极其肤浅，但因简易方便而流行于中国古代的城乡，满足了那些没有多少文化的下层民众的信仰需要。

四、遗迹东土

外来佛教在向中国传播发展的过程中，不断向中国文化靠拢，以期适应中国文化。但是，作为一种外来的文化，它在改造自己的同时，又将许多新鲜养料注入中国传统文化的血液之中，潜移默化地影响着中国文化的性格。

1. 对哲学的影响

中国的佛教哲学有着很高的成就，它从本体论、心性论、认识论和方法论等多方面大大补充和丰富了中国的传统哲学。

唐宋以前，中国哲学的重心是建立天人（自然与人）同构体系，人在宇宙世界中占据重要地位。因此，哲人们将主要精力放在人的世界，无论是本体，还是心性等问题都围绕伦理道德展开，既然人与自然互相沟通，人们便努力去认识沟通的过程和结果，反而不大关注其本质和中介。庄子就说过："六合之

---

① 惠能《坛经》。

外，圣人存而不论。”这样一来，尽管中国也有自己的“无”、“虚”、“气”为主题的对本体的研究，但它与佛教那套缜密系统的空有宇宙观相比，毕竟过于简略了。

佛教为了能够解释此岸世界与彼岸世界之间的联系，很重视对世界本体以及人的内心世界的探讨，从而提出了各种各样的本体论和心性论。如大乘般若学以“忆想分别”来解释世界的根源。唯识宗将“无境有识”的“识”作为世界本体，华严宗则以“法界缘起”来解释人生和宇宙的发生等等。虽然佛教的唯心主义宇宙观并不能真正清楚阐述世界的本源，但它却对宋代以“理”为本体的程朱理学和以“心”为本体的陆王心学产生了直接而又深刻的影响。如朱熹提出的“理气”关系说就和华严宗所主张的“理事”说没有本质区别，陆九渊的“宇宙便是吾心，吾心便是宇宙”的命题也是直接承袭了南禅宗的“万法尽在自心”的理论精髓。在佛教哲学的影响下，宋明理学家们对宇宙本体以及人生本源的探讨的深度和广度都大大超越了前代，是中国古代哲学发展史上的一次飞跃。

佛教哲学还大大丰富了中国哲学的认识论。传统的中国哲学从道德修养、为学之方等经验角度涉及认识论，佛教为了论证成佛的可能，从比较抽象、概括的理论角度阐述了认识的能力、物件、过程以及作用等多个重要问题。如对于主观和客观以及两者的关系，佛教哲学提出了一系列有趣的思想。从客观上讲，佛教提出正名、时空等范畴，本身就包含了客观观察的合理成分。对于主观，佛教哲学讲体用，表现了对事物及其规律的高度认识和概括；讲色心，讲所能，又都比较清晰和准确地概括了客观和主观的关系；讲“渐悟”、“顿悟”，则从认识过程的各个不同阶段进行考察，揭示了认识在不同阶段上的特征和作用。所有这些都丰富了中国传统哲学的认识论内容。

另外，中国古代传统哲学还从佛教哲学那里学到了理论上构筑庞大缜密的逻辑体系，在辩论中注重精致、思辨的论证观点和技巧等方法论。如朱熹的“致广大、尽精微、综罗百代”的唯“理”客观唯心主义体系和王夫之的集古代朴素唯物论和辩证法思想之大成的哲学体系，无论是在哲学逻辑结构的庞大，还是探讨问题的深度和广度，以及论证的精密等方法论上，都大大超越了前代的哲学家。

2. 对文学的影响

佛教对中国文学的影响是巨大的。

首先，它为中国文学带来新的文体——律体诗和俗文学（包括讲唱文学、通俗小说和戏曲等）。中国古代早期的诗歌虽然也注重音节，但一直未能建立起一套音韵规则，佛教传入后对我国的音韵学作出了重大贡献。中文字音的四声调（把字音的声调分为平上去入四声），就是齐梁时代的文学家沈约、王融等人在梵声的影响下创制的。有了四声之后，中国诗歌的一种新体裁——律体诗也就产生了。过去中国字典上通行的反切注音（即用两个字拼切出一个字的读音），也是受梵文拼音和佛经转读的影响发展起来的。佛教为了宣传佛经，还创造出“变文”的形式，即将佛经故事以说唱的形式表达出来。这种形式，不仅成为宋代话本小说的前身，而且还是明代以后出现的弹词、鼓词等说唱文学的鼻祖。同时，佛教文学还对唐代及其以后的一些文学体裁，如传奇小说、章回小说、诸宫调、杂剧、传奇剧等产生过较大的影响。

其次，佛教为中国文学带来了新的内容和意境。中国原有的文学主要偏重于写实的描述，很少有超时空、超现实的幻想，即使是一些神仙传，情节发展也比较简单、拘谨。佛经故事则不同，它极富幻想而且不受时空限制，天堂地狱出入自由，大千世界无边无际，这种浓郁的浪漫色彩极大地推动了中国浪漫主义文学的发展，《西游记》等长篇小说就深受佛教文学的影响。另外，般若学和禅宗思想还为中国的山水田园诗歌带来了新意境。诗人们在歌咏山水田园之际，移入了一种优游自得、恬静闲适的意境：陶渊明、王维、白居易、苏轼等人的诗歌都深深地打上了这种“诗禅理趣”的印记。

再次，佛教还为中国文学带来了新的命意遣词的方法。由于佛典的翻译，输入了大量的新词汇、新语法，极大地丰富了汉语的表现力。许多原佛教用语现在已成为现代汉语的常用词或常用成语，如世界、觉悟、因缘、烦恼、解脱、方便、一切皆空、三生有幸、五体投地、菩萨心肠、极乐世界、借花献佛等等。

3. 佛教对艺术的影响

佛教艺术也极大地丰富了中国古代艺术的宝库。它不仅带来了新的艺术形式，如塔这种建筑就是印度佛教建筑和中国古代建筑结合的结晶，而且对中国古代的造像艺术起了很大的推动作用。如佛教造像，取材不一，有玉石造像、木雕泥塑造像、金属造像、夹纻造像和绣像等，这大大弥补了中国雕塑在选材上的不足。仿照印度僧侣居室建筑的石窟，如敦煌、三岗、龙门等石窟则以汇集和保存了我国古代大量的雕刻美术作品而举世闻名。特别是屹立于沙漠之中的艺术宫殿——敦煌莫高窟——更是将中国古代的壁画和雕塑艺术推向一个高峰。

除此之外，佛教还不同程度地渗入到医学、天文、数学、地理等自然科学领域内。

佛教是世界三大宗教之一。佛教在中国传播的过程实际上就是佛教中国化的过程。作为一种外来宗教与文化，佛教曾受到中国本土文化的抵制。但是，经过长期的选择、改造和重构之后，佛教与中国本土文化的关系逐渐从依附、冲突走向融合、趋同，最终发展成为富有中华民族特色的中国佛教文化。佛教文化与儒学、道教并立，共同构成了中国古代传统文化的重要组成部分。

第三节 道 教

道教是一种以鬼神崇拜为基础，以神仙信仰为核心，以追求长生不老、永世幸福为宗旨，以方术、道术为修持手段的多神教。它孕育、根植并成长于深厚的中国古代文化的沃土中，吸收并包容了中国文化多方面多层次的养料，带有中国文化的鲜明特征，是一种地地道道、土生土长的中国宗教。

一、根系本土

道教的土生土长，是指它从孕育、产生到成长、成熟等所有阶段都是在中国文化的氛围中完成的。

1. 根系本土，同流异源

道教产生于中国汉代，它的发展大致可以分为以下两个时期：

(1) 早期道教期。道教作为一种比较正式的人为宗教创立于东汉末年，其标志是源于民间巫术的太平道和五斗米道的出现。东汉顺帝时（公元125—144年在位）沛国丰（今江苏丰县）人张陵自作道书，创立教派。凡入道者都需纳米五斗，故被称为“五斗米道”，又因张陵自称是“天师”，故也称为“天师道”。它奉老子为教主，以《老子五千文》为主要经典，教人悔过奉道，用符水咒法治病，于是道教逐渐形成。到了东汉末年，巨鹿（今河北平乡西南）人张角自称“大贤良师，奉事黄老道”，偕同其弟张梁、张宝创立“太平道”，奉《太平清领书》为经典，“以善道教化天下”[1]，符水治病，徒众数十万，遍布青、徐等八州。公元184年，张角利用太平道徒众组成“黄巾军”，领导“黄巾起义”，五斗米道和太平道构成了中国早期道教。这一时期的道教以救世度人为中心，但在教义上尚无一致的理论体系，也无统一的经典，教规及教团组织均不完善。整个宗教尚处于萌芽阶段，并且只是在民间流传。

由于早期道教具有反抗统治者的传统，而且流传广泛，无法禁绝，难免成为封建统治者的心腹之患。曹魏时期就曾对道教采取过制裁措施。但随着佛教的日益强盛，外来文化与本土传统文化的冲突愈演愈烈，统治者遂感到发展本

①《后汉书·皇甫嵩传》。

土宗教已是大势所趋。于是，在封建统治者的支援下，一些出入上层的道士开始对早期道教进行改造，从而使道教进入了一个新的发展阶段。

(2) 魏晋更新期。魏晋南北朝是道教蜕变的关键时期，也是道教走向成熟的时期。在这个时期里，许多著名的道士对早期道教进行了大量的收集、整理、改造和更新工作。

东晋道士葛洪在《抱朴子》中，一方面整理和简述了战国以来的神仙方术理论，反复论证神仙的真实存在，大力提倡炼服金丹，得道成仙的修持方法；另一方面，极力贬低符水治病等原始道术，咒骂张角等农民领袖。这样，就将原始道教的重心从救世度人引道转变成为度世成仙，从而不仅可以消弭农民的反抗性，还可以满足王公贵族长生不死的幻想。葛洪所确立的道教神仙理论体系，大大丰富了道教的思想内容。

北魏道士寇谦之在整理道教典籍的同时，也以“除去三张伪法”[①]为先导，制定出乐章诵戒新法，并且进一步将遵循封建礼法作为修仙的要务，而将炼形诸术降居辅助地位。至此，道教早期那种反抗皇权的思想已被彻底改造成为顺从、依附封建礼制的思想了。

南朝刘宋道士陆修静不仅广收道经，并整理甄别，将1228卷的经戒、方药、符图分为“三洞”集成[②]，因此，奠定了道家经典《道藏》的初步基础，而且对早期道教的教义、科仪进行总结和充实，著道书30多种，单道教仪范就有一百余卷，从而使过去不完备的道教斋戒仪规臻于完备。

南朝道士陶弘景更是将道教的义理发展到一个新的高度。他不仅继承老庄哲学和葛洪的神仙理论，在《老子》和《周易》的思想上充实和发展了道教的世界生成论，而且还将儒家封建等级制引入道教，编制出庞大的神系谱——《真灵位业图》，所有这些都进一步促成了道教理论的统一和体系化。

至此，代表上层的道教理论家对民间道教的改造工作业已完成。这一时期的道教特点是：从政治上看，道教已失去早期道教的本来面目，成为为封建统治者服务的官方道教。从宗教本身的发展上看，道教的教理、教规、教团组织等已日趋完善，成为与佛教相抗衡的宗教。

(3) 唐宋兴盛期。道教最兴盛的时期是在唐朝，是时，道教被奉为“皇室宗教”或是“国教”。究其主要原因，是因为得到了唐王朝统治者的大力扶植。原来，在隋末战乱时，就有一些道士积极参与。如茅山道士王远知，就为李渊父子的晋阳兴兵密传过符命。楼观道士歧辉，也曾对门徒说过：“当有老君子

---

① 《魏书·释老志》。

② 道教经书分类，称“三洞”：第一部“洞真部”，传为教主天宝君及后人所撰；第二部“洞玄部”，传为教主灵宝君等所撰；第三部“洞神部”，为教主神宝君等所撰。

孙治世，此后吾教大兴。”当李渊兵至蒲津时，歧晖又发道士八十余人出关接应。此二人后均受到唐历代皇帝的尊礼，茅山道、楼观道也由此备受恩宠，在唐代格外发达。自从歧晖造出李唐是老君子孙的舆论，李唐政权便与道教神权结合起来了。另外，由于当时的社会风气尊重门阀世族，有一半血统是北方少数民族的唐王室为了抬高自己的门第，也乐于攀附同为李姓的太上老君李聃（老子）为祖宗。特别是唐中叶以后，道教更被利用作为打击武则天、韦后的残余势力的武器。道教也充分利用贵为皇室宗教的优势，大力发展自己的势力。这一时期由于唐王朝的扶植，以及盛唐时期文化思想的发展和佛道之争的需要，道教的道士们制作了大量的道书，道教的义理更具理论色彩，而斋醮仪式亦更趋完备，第一部道藏《开元道藏》于此时问世，由于皇权的关系，使南北朝到隋代已逐渐确立的以元始天尊为最高神的教义有所改变，“太上老君”成了道教最高的尊神。

宋元时期，道教继续得到长足的发展。宋初统治者继续扶植和利用道教，至宋徽宗时达到登峰造极的地步。宋徽宗将天神（号称长生大帝君）、教主(册为教主道君)、皇帝集于一身，成为历代崇道皇帝中绝无仅有的一人。他不仅号召全国广修道观，广寻道书，增定道教节日为全国节日，为大批神仙新加封号，而且将佛教纳入道教的管辖之内，将佛改号为“大觉金仙”，寺改为“宫”，院改为“观”，僧改为“德士”，尼改为“女德”，甚至企图以道士取代儒官。宋徽宗的荒诞不仅加速了北宋的覆灭，而且使得道教中的糟粕得到发展。这一时期，还产生了不少新道派，如南方的紫阳派、神霄派、清徽派和净明道等；北方的太一道、真大道和全真道等。这一时期道教的主要特点是在思想上，随着儒、释、道三家互相调和的论调已渐成为历史发展的主流，道教深受儒、释二家的影响，教义的重点已从炼食外丹转移到炼养内丹的理论和方法上，“性命双修”遂成为道教的主要特征。在组织上，这时期所繁衍的道派最多，是道教势力最大的时期。

(4) 明清式微期。明初，朱元璋为加强皇权专制统治，对宗教采取了利用和限制的政策，即笼络各头面人物，控制其势力的发展。从此，道教的发展势头逐渐减弱，虽然明世宗时也有过崇道之举，但毕竟是昙花一现。之后，道教的衰落已成为定局。至清代，喇嘛教随清军入关，道教更是每况愈下，逐渐式微。

这个时期的特点是：其一，教义发展已停滞不前，到了后来，甚至连系统的教义也无从继承，纷纷流入歧途。其二，教团势力日渐微弱，势力单薄且组织松弛。其三，进一步世俗化、民间化。如《太上感应篇》等道教善书的流行数量达到鼎盛，大部分人不进道观，不依靠道士，只在日常世俗生活中，靠自己的道德修养信奉道教。一些士大夫们以研究学问的形式信奉道教，而且都偏重于研究丹法，注重个人心性的修炼。另外，符箓派道士深入民间，以驱邪捉鬼、丧葬经忏为主业，雷法尤为盛行。道教俗神的信仰也更加普及，不少道教教义进一步为秘密宗教吸收。

2. 枝主盛衰，体主规矩

道教诞生之时，恰是佛教扎根传播中国之际。佛教那缜密的思想、隆重的礼仪、浩瀚的经典等因素无疑给道教以很大的启发，道教也确实从佛教中学到不少有用的东西。但是，只要稍微探究一下道教的思想体系，就会发现，那里散发出来的依然是浓郁的中国文化的气息。

首先，道教是中国古代社会鬼神崇拜的延续和发展，道教的符箓术和丹鼎术分别渊源于我国古代的巫术以及战国秦汉时十分流行的神仙方术。古代巫祝的占卜、祈祷、战国秦汉方士的侯神、求仙等活动几乎全为道士们所承袭。

其次，从教理教义上看，汉时流行的黄老道是道教最直接的思想来源。中国古代社会的“天人合一”、“天人感应”的宗教意识以及儒学的谶纬之说、墨家的天志明鬼、易学以及阴阳五行说等神秘主义色彩较浓的思想观点，也都是道教神学理论的重要思想源泉。道教所宣扬的宗教道德、清规戒律等，也主要是以中国封建社会传统的伦理纲常为蓝本的。

再次，道教所崇拜的天神、地只、人鬼、仙真的神仙系统，除了一些是由道士们虚构出来的外，大多数均是百姓所熟悉的神话传说、民间信仰或是真实的历史人物所构成。如玉皇大帝、王母娘娘是中国家喻户晓的神话传说中的人物，太上老君则是老子李耳（老聃）被神化后的形象，而城隍、土地、灶君、门神、财神是广泛流行于民间的神明。

最后，中国古代的医药学、养生学、原始冶炼学、民间音乐、绘画雕刻等都为充实道教的内容提供了丰富的养料。

道教派别的支系繁多，大小不一。但根据道教修炼方式的不同，可将之归纳为符箓派和丹鼎派两大流派。①

符箓派的特点是，以符箓斋醮、降神驱鬼为主要宗教活动，允许道士娶妻生子，可以不出家，不住宫观，清规戒律也不甚严格。道教的正一道便属符箓派。该派组织比较松散，它所包含的原有各派均可保有自己的传承。正一道的主要基地在南方，与主要基地在北方的全真道形成了南北对峙的局面。

丹鼎派是以炼丹求长生成仙为主的各派的通称，宣扬长生成仙并以修炼外丹作为其理论基础。战国时，河北、山东北部近海地区流行神仙方术。神仙方

① 本段内容参见石衍丰、曾召南：《道教基础知识》，四川大学出版社 1988 年版。

术包含两种，一种是神术，具有冥通符咒的内容，为道教符箓派所承袭；一种是仙术，专讲内修炼丹，道教的丹鼎派就是源于这种仙术。丹鼎派的炼丹，含有两层意思，一是炼服金丹，是为外丹说；一是调和阴阳（包括吐纳——调整呼吸，导引——类似五禽戏等，胎息——可不用口鼻呼吸，辟谷——不食五谷等），是为内丹说。

早期的丹鼎道派有东汉方士魏伯阳创始的金丹派。魏伯阳著有《周易参同契》一书。书中附会《周易》，借用乾、坤、坎、离、水、火、龙、虎、铅、汞等法象阐述炼丹修仙之术。该书是我国现存的最古之丹书，也是道教系统论述炼丹理论的最早著作，故被道教尊为“丹经之祖”。早期道士左慈、葛玄、郑隐和葛洪均为丹鼎派理论的建立和传播立下了汗马功劳。东晋中叶，江南地区出现了上清派，到了南北朝时，经陆静修和梁代陶弘景的搜集整理，上清派衍变为茅山宗，陶弘景成为茅山宗的创始人。自茅山宗创立后，历隋至唐宋乃至元代，一直很兴盛，特别是唐代的王远知、潘师正、司马承帧、李含光等几代，因受唐王朝的尊崇，更是名噪一时。茅山宗在他们的主持下，俨然成为道教的正宗。北魏时期，陕西终南山地区兴起楼观派，该派的鼎盛时期是在隋唐，安史之乱后，才逐渐衰落。到了金代大宝年间，陕西威阳人王重阳在山东创立全真道，其弟子道士丘处机在元初将全真道推向全盛。此后，丹鼎各派均先后合并于全真道中了。

全真道在思想上强调“三教合一”。《道德经》、《般若心经》、《孝经》是全真道徒必修的经典。“儒门释户道相通，三教从来一祖风”等三教合一的言论在王重阳和其弟子所作的诗文中俯拾皆是，在修行方法上，全真道专主内丹修炼，不问符箓，也反对黄白之术（外丹）。他们认为，修身养性是道士修炼的唯一正道，符箓劾鬼、黄白烧炼以及房中术等都是邪术。为此，内丹修炼成了该派道士独擅的修习方法，凡是有关内丹方面的书，大半为此派道士和不久与之合并的南宗（紫阳派）道士所作。全真道还主张道士出家，注重清规戒律，与正一道不同，它不准道士蓄妻室，规定必须出家住宫观，并制定有严格的清规戒律。

二、性命兼修

道教的土生土长不仅体现在它的思想来源上，而且充分反映在它那独特的信仰、宗旨以及修行方式等方面。

1. 别具一格的神仙信仰

道教的内容很庞杂，但其核心只有一个——神仙信仰。道教相信神仙、仙境的存在，相信凡人经过修炼可以得道成仙，长生不死。得道与成仙紧密地联系在一起，因此，离开了神仙也就没有道教。

道教的神仙队伍上至虚构的三清天尊[①]等尊神，下至帝王将相、圣贤名士、道士中人。大到自然界的山岳河海、日月星辰，小到隐藏在人体中肉眼看不见的发神苍华、脑神精根、心神丹元、肝神龙烟等等，都被收进道教的神仙队伍，并授予相应的官阶与品位。道教的神仙不仅种类多，而且数量大，仅在人体内的神明就已达万种[②]之多。道教神仙队伍的庞大混杂至少可以说明以下三个问题：第一，道教是一种多神教，并且保留了许多中国古代社会原始宗教尊崇万物有灵的残余。第二，道教神仙的官阶品位说明那些人人羡慕、自由自在的神仙仍然无法摆脱中国封建社会等级观念的束缚。道教深受中国封建文化的影响也由此可见。第三，那些天上人间神游、永世快乐、不老不死的神仙已把中国人崇尚现世、主张务实的人文主义精神表现得活神活现。总之，神仙信仰正是道教不同于其他宗教的最显著的地方。

2. 立足现世的长生宗旨

信仰神仙不仅是因为神仙无所不能、无所不在，更重要的是神仙可以不老不死，永远快乐。因此，道教将追求长生不老和现世幸福作为自己的宗旨。

宗教一般都是出世的，而道教却主张入世。如厌世的佛教认为生是件苦事，只有死后方有可能进入极乐世界。但是道教却恰恰相反，认为生活在世界上是一件乐事，死才是痛苦的，因而它的教义是重生恶死，以生为乐。早期道教的重要经典《老子想尔注》就把《老子五千文》中的“天大，地大、王大”改为“天大、地大、生大”。认为“生”比“王”重要，甚至还将“生”与“道”相提并论，说：“生，道之别体也。”道藏的首经《无始无量度人经》也强调“仙道贵生”。

道教不仅追求长生久视，而且一反其他宗教的禁欲主义，重视现世幸福的追求和享受。无论是符箓派的符咒治病，还是丹鼎派的炼丹健身，都是为了长寿，而且要活得健康快乐。福箓富贵、吉祥如意、多子多孙，这些凡夫俗子们所企盼的福分，也都是道教执著追求的目标。

另外，一般宗教都认为人的寿命长短皆由天定，即所谓“生死有命，富贵在天”。但是道教却认为“我命在我，不属天地”[③]，“我命在我不在天，还丹成金亿万年”。人们只要善于修道，安神固形，就可以长生不死。在世界上许

① 玉清原始天尊、上清灵宝天尊和太清道德天尊为道教所崇奉的最高神。
② 《黄庭外经》。
③ 《太平经》。

多宗教中，大概只有道教敢于这么明白地道出人类心中对生命的深深渴望和眷念，大概也只有道教敢于这么大胆地向人的生命提出挑战。因此，重生恶死、立足现世的入世精神就成了道教异于其他宗教的又一显著特征。

3. 善恶承负的道德观

劝人弃恶从善是各宗教的共同点，道教亦不例外。但是道教的道德伦理观又有着自己的特色。

第一，天道循环，善恶承负。这是道教所宣扬的而又最能深入人心的道德观。所谓承负，是指前人有过失，要由后人来承受其过责。如果前人积善积德，则后人可以享福成仙。这种伦理观使得人们相信，行善积德不仅是为了本身现世的解脱，而且可以为祖辈赎罪，为子孙造福，这种将善恶的道德行为与血缘关系紧密地联系在一起的承负说，是中国封建宗族思想在道教中的深刻反映。与仅将行善行为和个人的解脱联系在一起的佛教六道轮回说相比，道教的承负说更显示出中国文化的民族特色。

第二，道教将长生成仙的目的与善恶报应的说教紧密结合起来，使得伦理道德修养成了成仙得道的必经之路。道教认为：要想修道长生，首先必须广行善事，积功积德。《太上老君感应篇》中就说："欲求天仙者，当立一千三百善，欲求地仙者，当立三百善。"反之，如不奉行"近善远恶"的道德标准，不修养好自己的心性，不仅升仙无路，而且会导致下地狱等严重后果。善—功—福—仙，恶—过—祸—夭，这就是道教所描绘的一幅道德蓝图。

4. 性命双修的独特方式

由于道教的根本信仰是长生不老，羽化升仙，所以，为了达到这一目的，道士们一代又一代地研究、创造、实践，最后终于凝结成道教性命双修的独特方式。

所谓性，是指心性、品性，即宗教教徒的个人道德修养和人生的精神境界；所谓命，则是指肉体的生命。性命双修是指要将性情品德的修养与炼形延命的方术结合起来一起修行。

在唐代之前，道教一般都是以祛病延命的方术为主要修行手段，符箓派主要通过修符箓、禁咒、斋醮等法术来召神骇鬼，祈福禳灾，最终达到祛病延年的目的。丹鼎派主要修守一存神、辟谷、房中、外丹、内丹等养神炼形的方术，企图通过内练（练体内的精、气、神）、外养（药物保养）来达到长生成仙的目的。

唐以后，尤其是到了宋代，由于儒、释、道三家合流的影响，道教的修炼开始重视人的品性修养的问题。如唐代道士吴筠就把"性"与"道"联系起来，他说“性全则形全，形全则气全，气全则神全，神全则道全”，最后“与道合一”。道是无所不在的宇宙主宰，“与道合一”时，不也就是飞升成仙之日了吗？司马承祯也认为修炼术的中心是要守静去欲，达到物我皆忘的境界。宋代以后的全真道派更是将修性作为修命的根基，他们认为：要想修成仙，必须先修性，“性功”是“命功”成败的先决条件。性功过不了关，命功亦难成，或即使有成，也难免毁于一旦。所以，后来清静功已成为道教徒日常持诵的功课之一，同时也视为修炼内丹的一种辅助手段。

只有既修成精神上的超脱自在、不为世间浊物所累的“性功”，也修成养神炼形、活力无比的“命功”，才可以真正炼养成长生久视、不老不死的神仙。这种“性命双修”的修持手段，是道教又一独特之处。

三、对中国文化的影响

道教根源于中国古代文化的沃土之中，反过来又对中国古代文化产生了不小的影响，而其中最主要的影响大致反映在哲学、科学和民间习俗这三个方面。

1. 道教对哲学的影响

由于要讲清人能长生不死，与道永在的道理，道教学者们不得不花很大的气力来探讨、研究宇宙的生成本源等问题。又由于要使炼丹食饵产生奇效，就不得不研究天文地理、周围环境对人体内部的影响与作用，因此，道教对自然界的认识要比儒学深刻得多。所以，道教在阐述宇宙本源这个哲学的根本问题上，有着自家的独到见解并以此为中国古代哲学作出贡献。例如，像《老子河上公章句》、《太平经》、《周易参同契》、《老子想尔注》等早期道教经典就已把老子的宇宙生成观与秦汉时期的元气论相结合，提出“元气”（或精气）是宇宙本体——“道”的存在形式，“元气行道，以主万物。天地大小，无不由道而生者也”。这样，就把宇宙本体与构成宇宙万物的基本元素等同起来，从而大大丰富了秦汉以来的“元气论”。

道教还是宋明理学的重要思想渊源。宋明理学家对宇宙生成等的看法几乎都是直接从道教那里继承过来的。如宋明理学家的开山祖周敦颐的“太极图”就是参考了北宋道上陈抟的《无极图》。道士们常用于算命卜占的卦图，也直接启发、加深了理学家对万物生成的理解。另外，道教以人为贵，以生为贵，注重人生价值等思想，也大大丰富了中国古代的人生哲学。

2. 道教对科学的贡献

由于道教重生贵术，因此，在大量的炼丹、食丹服气、祈福禳灾等修持活动中，使中国古代的科学在无形之中被推进发展了。

中国古代四大发明中的两大发明，火药与指南针的诞生就与道士们驱鬼避邪、祈福禳灾等活动有关。又如，道士们所痴迷的炼丹术，实际上就是古代化学实验和原始冶炼的结合。服丹求仙，是宗教幻想，但烧炼黄（金）白（银），却是科学实验，而且是水平相当高的化学实验。这些实验在道士们的著作中都有丰富的记载，如葛洪的《黄白》、《金丹》，陶弘景的《刀剑录》、《合丹药诸法或节度》等书中都生动详细地记录了炼丹配方直至整个烧炼过程。道教还对中国古代的医药学、养生学有着巨大的贡献。魏晋时期的《黄庭经》中就有大量的人体解剖学知识，南北朝时期的《养性延命录》也记载了大量的中国古代养生学的资料。葛洪广集民间草方、验方而成的《时后备急方》，不仅具有方便、价廉和灵验的特点，而且最早精确地记载了对结核病、天花等传染病的认识。陶弘景编成的《本草经集注》是中国古代本草学的重要文献，守一、行气、引道、内丹等方术更是中国古代养生学的结晶。近代盛行的形形色色的养生法，几乎无一不与道教有关，或者说大都源于道教。

总之，道教不仅对中国古代的化学、冶炼学、养生学、医学有着巨大的贡献，并曾使这些领域一度居于世界领先地位，而且对中国古代的天文学、物候学等科学也有影响。道教经典《道藏》已成为国内外学者研究中国古代科技史的重要资料。

3. 道教对俗文化的渗透

道教在创立发展的过程中，吸取了大量的民间信仰，如神明祭祀、巫术等等。而以这些庞杂基础形成的道教，反过来又对民间的时岁风俗产生了深刻的影响。

在道教的神谱中，有许多神明来自民间。它们本是一方一土之神，可一旦被纳入道教的队伍，则迅速散播到各地。如天后妈祖，原来是福建莆田一带渔民船户的保护神，被纳入道教后，受到大肆的吹捧。道教有一本《太上老君说天妃灵验经》，专门讲述航行中祈祷天后皆有灵验的故事，元、清二代皇帝甚至对其册封。渐渐地，妈祖庙也就由福建莆田散布到各地，尤其是在江湖河口的地方，崇拜更甚。来自民间的城隍、土地、灶君等神，随着道教进入家庭，成为妇孺皆知的地方和家庭的保护神，而财神赵公元帅至今仍是中国的生意人所钟爱供奉的神。

中国民间很多传统的风俗，也与道教有着密切的联系，如贴春联、放鞭炮、逛庙会等民间风俗就是从道士们的活动中演化而来的。春联来源于道士们驱鬼避邪时所画的符箓，鞭炮是道士们祈福禳灾时常用的道具，庙会原本是道教在一些重大日子里所举行的娱神活功。天长日久，这些原本是道士们的活动就成为中国人民辞岁迎新、喜庆热闹时必不可少的内容了。另外，还有很多诸如祈梦求签、咒语骂人等民间陋习也直接源于道教符咒斋醮等法术。

总之，在中国民间的习俗风气中，道教的影响是很深刻的。

在中国大地上所流行的宗教之中，道教是唯一直接在中国古代文化土壤中孕育和发展起来的。虽然它在形成发展的过程中曾受到过佛教的不少影响，但中国古代传统文化仍是道教最主要的源泉。在道教身上，积淀了许多中华民族文化传统和特征。所以，鲁迅先生在谈到道教与中国文化、社会历史关系时就曾深刻地指出："中国根柢全在道教，……以此读史，有多种问题可迎刃而解。"[①]"人往往憎和尚、憎尼姑、憎回教徒、憎耶稣教徒，而不憎道士。懂得此理者，懂得中国大半。"[②]道教在其长期的发展、流传过程中，对中华民族的社会发展、民族心理、民族文化等产生过重大影响，这种影响一直延续至今。

① 鲁迅：《致许寿裳》，见《鲁迅全集》（第9卷），人民文学出版社1981年版。
② 鲁迅：《而已集·小杂感》，见《鲁迅全集》（第3卷），人民文学出版社1981年版。

第六章　文　学

文学是以语言为媒介，凭借想象创造审美意象来表现人与现实的关系及其情思的艺术，它是人类创造的一种宝贵的精神财富。一个民族的文学是该民族文化的重要构成因素，它常常相当集中地、多方面地体现该民族的文化思潮、文化传统和文化心理，从而成为反映民族文化的一面镜子。正因为如此，了解一个民族的文学，是了解该民族文化的一条捷径。

第一节　中国古代文学的特色

中国文学在文字诞生以前就已经产生了。几千年来，它在汉民族文化的不断熏染下，逐步形成了独特的民族风格和民族特色，卓然自立于世界文学之林。

一、诗化的倾向

中国古代文学的一个显著特色是偏重抒情，充满诗意。“人之文，六经首之。就六经言，《诗》又首之。”[①]几千年来，人们就是站在诗的制高点俯视整个文化，使中国文化乃至文学具有诗化的倾向。对此，闻一多在《文学的历史动向》一文中作了精辟的论述：

> 三百篇的时代，确乎是一个伟大的时代，我们的文化大体上是从这刚开端的时期就定型了。文化定型了，文学也定型了，从此后二千年，诗——抒情诗，始终是我国文学的正统类型，甚至除散文外，它是惟一的类型。……诗，不但支配了整个文化领域，还影响了造型艺术，它同化了绘画，又装饰了建筑（如楹联、春帖等）和许多工艺品。

诗似乎也没有在第二个国度里发挥过像它在这里所发挥的如此之大的社会

① 白居易《与元九书》。

功能，在我们这里，它就是宗教，是政治，是教育，是社交，是全面的生活。维护封建精神的是礼乐，阐发礼乐意义的是诗。所以，诗支配了整个封建时代的文化。

可以说，中国文化的特质就在于它是一种诗歌文化，中国文学具有诗化的特征。

1. 诗歌“言志”“缘情”

在中国文学这一宝库里，诗歌一直是主流，其渊源久远，从《诗经》算起，已有三千多年了。从整个诗歌史来看，以抒发诗人的主观情思为主要特征的抒情诗蔚为大观。相比之下，以诗的语言和真挚的感情来表述事件、描绘人物的叙事诗大为逊色。

《诗经》是中国最早的一部诗歌总集，其中抒情诗占了绝大部分，显得成熟老练，并有许多杰作，而叙事诗中除了个别的优秀篇章外，大多比较粗糙。汉末的《孔雀东南飞》、北朝的《木兰辞》是两首著名的叙事诗，篇幅不长，故事只是略陈梗概，未能充分展开。杜甫和白居易虽然写过一些优秀的叙事诗，如“三吏”、“三别”、《长恨歌》、《琵琶行》等，其中无不带有浓重的抒情意味。总的来说，中国除某些少数民族之外，没有产生过规模宏大的史诗。而几乎在中国产生《诗经》的同时，古希腊产生了荷马史诗《伊利亚特》和《奥德赛》，印度也产生了《罗摩衍那》和《摩诃婆罗多》两大史诗。相形之下，中国诗歌大量的是言志抒情之作，“诗言志”、“诗缘情”道出了中国诗歌的特点。

2. 散文由“理”趋“情”

在中国古代文学中，能与诗并驾齐驱的，只有散文。诗文并称，一直被视为文学的正宗，小说与戏剧则难登大雅之堂。不仅如此，诗文作者与小说戏剧作者的社会地位也有天壤之别。前者身为帝王将相者比比皆是，后者则几乎都是寒士平民，这也构成了中国古代一种特殊的文化现象。

比较起来，可以说西方的诗是散文化的，而中国古代的散文则是诗化的。中国古代的诗与文并无严格界限，像赋、颂、赞、哀、诔、铭、箴等都具备诗的基本特征。从散文史来看，春秋时期的诸子散文总的说来以“理”见长；战国时代的散文则糅进更多的情感与想象；汉魏、六朝、唐宋时期，散文主“情”倾向越来越明显。从语言表达来看，散文的语言多骈俪化，优美生动，具有诗的情致和韵味。

3. 小说夹诗叙事

中国的小说在唐代以前还只是一些“街谈巷议”，算不上自觉的文学创作。正是在诗歌高度繁荣的唐代，小说吸收了诗歌的营养，才诞生了具有鲜明人物形象和完整故事情节的作品，如《莺莺传》等。其中许多传奇小说的作者本身就是诗人。他们以诗人的眼光观察生活，用小说的形式抒发感情，其奇异的想象、绚丽的词采、清新的风格，无不洋溢着浓郁的诗情诗意。宋元以后的白话通俗小说，也与诗歌有着密切的关系，有的话本又称“诗话”或“词话”，其中穿插了许多诗篇。明清时代的文人白话小说更是与诗歌密不可分。小说中或用诗揭示主旨，或以诗引起全篇，或用诗表达人物内心的情感，或用诗传达作者的观点，或用诗写景状物……可以说，诗在小说中无处不在，无所不有，常起着画龙点睛的重要作用。例如，我国古代最伟大的小说《红楼梦》中的《好了歌》、《葬花词》等，已成为千古流传的诗歌名篇。而外国的小说中绝少夹诗，小说与诗彼此独立，互不相容。

4. 戏剧傍诗而生

中国戏剧本来起源于民间歌舞。唐代诗歌与音乐的高度繁荣，又为戏剧的诞生准备了充分的条件。而宋金的鼓子词与诸宫调等说唱文学，则直接导致了元杂剧的产生，进入戏剧文学的黄金时代。在戏剧文学的各种因素中，唱词占有十分重要的地位，这些唱词就是诗。不仅如此，古代戏剧“那种抓住心理矛盾以设置戏剧冲突的结构原则，那种注重人物自身情感抒发的表现手法，都是极富诗的情趣的”①。所以，中国的戏剧充满了浓重的抒情色彩，近于抒情诗的连缀。可以这样说，中国古代戏剧实际上就是诗剧，离开诗歌就没有戏剧的存在。《西厢记》、《梧桐雨》、《汉宫秋》、《牡丹亭》中那些抒情言志的唱词，无一不是优美动人的诗篇！

诗化的倾向，决定了中国古代文学以“言志抒情”为内核，从一个方面反映出中国文化艺术化的特征。在古代中国，文化呈艺术化的状态，突出表现在那些意境化了的文化观念中。儒、道、佛的治世理想或基本观点都往往通过美妙的艺术境界表现出来。长期以来，人们也已习惯了通过自然的景与物来寄托自己的政治见解、伦理观念、哲学思想、人生态度等，即所谓“托物言志”，这种方式本身就是“艺术的”。例如，中国古代文学史上第一位伟大的浪漫主义诗人屈原的《橘颂》，表面上是在咏橘，实际是诗人的自赞，是诗人人格的表征，表达了诗人独立不羁、秉德无私、直面人生的高尚情操和坚贞品德，也

① 陈伯海：《传统文化与当代意识》，上海三联书店 1991 年版，第 117 页。

寄托了诗人对故国乡土忠贞不渝的深厚感情。

二、乐观的精神

中国古代文学的乐观精神是十分明显的，突出地表现在以下三方面。

1. 喜庆的戏剧结局

在我们的戏剧里，冤案总能得到昭雪，或有“青天”大老爷明镜高悬，或是死而复生的鬼神复仇申冤；才子佳人历经磨难终成眷属；落难公子几番折腾后时来运转，金榜题名。明代汤显祖的《牡丹亭》，与同一时期英国莎士比亚的《罗密欧与朱丽叶》，尽管描写的题材相同，情节也有相似之处，但两者在展示人物关系、处理人物命运方向上则截然不同。《牡丹亭》里的杜丽娘死后复生，与柳梦梅的爱情得到了圆满的结果；而莎士比亚笔下的朱丽叶“死”而复生之后，却因罗密欧自杀而跟着也自杀了。一悲一喜，现于笔端。类似莎翁悲剧那种令人产生恐惧和怜悯之情的特征在中国是极少见的。中国人认为善有善报，恶有恶报，不是不报，时候未到，这种乐观的理想主义的因果善恶报应的思想观念，千百年来根深蒂固，成为人们心中不平与悲苦的一种慰藉。特殊的民族文化心理反映在中国戏剧上，那种“大团圆”的结局也就屡见不鲜了。

2. 积极入世的诗歌意蕴

乐观精神在诗歌中主要体现为对人生的肯定、对生活的热爱以及对建功立业的追求。唐代诗人李白尽管有“大道如青天，我独不得出”的痛苦呐喊，但更多的是“天生我材必有用，千金散尽还复来”与“长风破浪会有时，直挂云帆济沧海”的乐观与自信！杜甫生活在唐王朝由盛而衰的转折时期，他的诗作以忧愤深广著称，但是无论时局多么动荡，个人遭际多么不幸，他始终没有悲观过，也未曾放弃过理想，坚强乐观仍是他思想性格的主导方面。宋代的苏轼虽屡遭贬谪，仕途上坎坷不平，然而对于他来说，“菊花开处乃重阳，凉天佳月即中秋”！中国古代文人大多深受儒家思想的熏陶，具有积极入世的强烈要求，“济苍生，安黎元”，“达则兼济天下，穷则独善其身”。即便有些人受佛、道思想的影响，但那也只是在困境中表现出超然物外、随缘自适的心理，偶有出世思想，也只是厌弃世俗社会，厌弃官场仕途，而非厌弃人生。被称为“隐逸诗人之宗”的陶渊明，虽脱离官场，远距尘嚣，但其诗篇并非厌世之作，相反地，字里行间洋溢着对大自然的赞美，对田园生活的热爱，是“采菊东篱下，悠然见南山”的陶然自乐！唐代著名山水田园诗人王维后期受佛教影响，有些诗作不免显得冷寂，但其中仍不乏生活情趣，注重表现他对山水胜境的爱恋。

3. 大团圆的小说结局

大团圆式的结局是古代相当一部分小说的一个固定模式，如唐代传奇《李娃传》，宋代话本《冯玉梅团圆》，明代拟话本《玉堂春落难逢夫》，章回小说《西游记》等，人物虽屡遭挫折和不幸，但终能有个皆大欢喜的圆满结局。这样的安排符合中国人的审美心理和欣赏习惯，所谓“否极泰来”，“祸兮福所倚，福兮祸所伏”。在中国人看来，逆境的极点即顺境的开始，黑夜的尽头就会有曙光的出现。这种思想自然会影响到作家，从而被反映到文学创作之中。

无论是诗歌中积极入世的意蕴，还是小说、戏剧里的“大团圆模式”，都与强调教化作用、助人行善的传统文学观念密切相关。

三、含蓄蕴藉之美

前苏联文学家高尔基说过，文学即人学。一个国家的文学特色，总是与其民族的性格有着密切的关系。与西方人坦率奔放的性格相比，中国人的性格较含蓄内敛，而含蓄美也成为中国文学乃至民族艺术的一大特色。人们常说的“言外之意”、“象外之象”、“景外之景”，就是文学作品所蕴藏的含蓄美。所谓“含蓄”，即不一语道破，而是借助语言的启发与暗示性，唤起读者的联想，去发现和领悟作品所不曾明说的意蕴。作品具有含蓄美，才能耐人寻味，引人入胜，意味无穷。

1. 诗歌短语长情

诗贵含蓄是我国古代诗歌的传统观点之一。“诗之至处，妙在含蓄无垠。”[①]古代抒情诗由于篇幅短小，特别注重含蓄，要求短语长情，以小见大，言近意远，以有限的篇幅来表达欲言难尽的思想感情。若“诗无言外之意，便同嚼蜡”[②]。例如，李白的绝句《送孟浩然之广陵》：“故人西辞黄鹤楼，烟花三月下扬州。孤帆远影碧空尽，唯见长江天际流。”这是一首久负盛誉的送别名作，其中三四两句，作者要表达的是对孟浩然的一片深情厚谊和孟浩然此番远去在他心头留下的落寞惆怅，然而他却不明道出，而是描绘了一幅江岸送别的图景：船帆东去，渐行渐远，直至消失在水天一色之中，诗人则依然伫立江岸，凝目远眺天边之江水绵绵东去……由此传达出作者内心的离情别绪和对孟浩然的一片深情。在只见江流天际而不见行舟帆影的叹息中，似乎蕴涵了对友人此去犹如江水东流不再复返的担忧。情寓景中，意在言外，以鲜明的图景蕴涵了无穷的情韵。这种“义生文外”，不用直截了当的方式描述内容，而是有如听

① 叶燮《原诗》内篇下。
② 袁牧《随园诗话》卷二。

到淙淙的流水声却不见其奔流之状的“秘响”，便是“诗之至处”，令人兴味无穷。

2. 小说戏剧言近旨远

在中国，一切文学艺术都要求通过有限的描写表达丰富的情感，“天下之文莫妙于言有尽而意无穷”①。古代小说和戏剧同样具有含蓄美。清代著名讽刺小说家吴敬梓的《儒林外史》，全书的特色便是“感而能谐，婉而多讽”②。作者的爱憎和褒贬不是直接表露出来，而是寄寓在具体艺术形象的描绘之中。如“范进中举”一节，通过描写范进中举前后的悲喜剧，让读者真切地看到，封建科举制度是怎样扭曲着文人的心灵。虽然“无一贬辞，而情伪毕露”③。曹雪芹的《红楼梦》也同样把它那深刻的主题包蕴在一系列日常生活的描写之中，展示了具有叛逆精神的贾宝玉与封建传统思想之间的冲突，以及封建社会走向没落的必然趋势。古代戏剧也不像西方话剧那样注重写实，而是虚拟写意，在程式化与自由创造相结合的动作中，在对白、旁白、自报家门等台词中，生动地传达出丰富的主题。

老庄思想对于形成中国文学含蓄精练的艺术表现形态具有重要影响。“大音希声，大象无形”④的观点揭示了艺术中“虚”与“实”、“无”与“有”的辩证法，指出了“有生于无”。中国文学极重视强调以虚写实，以静写动，或以动写静的表现方法，善于创造“无声胜有声”的艺术境界，使人通过“言意之表”进入到一种“无言无意之域”⑤。中国文人不喜欢纤毫毕现的直接描摹，而是把艺术感觉、艺术想象的空间留给读者自己去品味，索寻那些不可言传的“大音”、“大象”。因此，从审美理想总的倾向来看，中国文学以其委婉曲折、含蓄深沉区别于西方文学的直截了当、率性认真；以其倾向于绵里裹针的机智微妙区别于西方文学那种锋芒毕露的深刻广大；以其追求尺幅千里的浓缩区别于西方文学一泻千里的铺陈。

四、“中和之美”的美学追求

中国古代文学讲求“中和之美”，作为审美范畴的“中”指内心情感的不偏不倚；“和”是矛盾对立面和谐统一、相济相成、相反相成的美的形态。所谓“中和之美”，就是不偏不倚的内在质，外现为一个既不过分又非不足的矛

---

① 袁中道《淡成集序》。

② 参见鲁迅《中国小说史略》。

③ 鲁迅《中国小说史略》。

④《老子·四十章》。

⑤ 郭象注《庄子·天道篇》中“意之所随者，不可言传也”说：“求之于言意之表，而入乎无言无意之域。”

盾对立、和谐统一的美。

1. 情理中和

《礼记·中庸》里说："喜怒哀乐之未发谓之中，发而皆中节谓之和。中也者，天下之大本也；和也者，天下之达道也。致中和，天地位焉，万物育焉。"明确地提出"致中和"的辩证思想。这种朴素的辩证法思想运用到文艺领域，就形成辩证的文艺观。孔子结合他的中庸哲学思想，首先将中和辩证的文艺观引进文学鉴赏中来，运用"中和之美"的标准鉴别品评文学作品的优劣高下。孔子非常推崇《诗经》，把它同他的政治主张核心"礼"相提并论："兴于诗，立于礼，成于乐。"[①]甚至说"不学诗，无以言"[②]，"不能诗，于礼缪"[③]。这是因为，"《诗三百》，一言以蔽之，曰：思无邪"[④]。"邪"与"正"相对，"无邪"即中正。在孔子看来，《诗经》中所表现的情意，能够中节、中正，既"发乎情"，又"止乎礼义"，符合"中和之美"的标准。例如《关雎》一诗，描写一个男子爱慕追求一个女子而不能如愿时的愁苦，但他并没有痛哭流涕的悲伤，只是"优哉游哉，辗转反侧"，所以"哀而不伤"；又写他终于想出办法来和那女子亲近，也不过是"琴瑟友之"、"钟鼓乐之"，所以"乐而不淫"。当然，《诗经》中也有"怨刺上政"的诗，但诗"可以怨"，只要"怨而不怒"，依然符合"中和之美"的标准。对违反这标准的作品，孔子便深恶痛绝了。如他对郑声（产生于郑国的民间新乐）就没有好感，主张"放（禁绝）郑声，远佞人。郑声淫（过分），佞人殆"[⑤]，就是因为郑声太过分了。

这种"中和"的美学准则，规范着整个古代文学创作与文学批评，所谓"直而不野"[⑥]，"夸而有节"[⑦]，"发纤浓于简古，寄至味于淡泊"[⑧]等观点，都与此一脉相承。

长期以来，以诗文为教化的文学功用论成为中国古代一个最为重要的文学观念。这也是受儒家思想影响的结果，儒家提倡以"修身、齐家、治国、平天下"为核心的入世思想；以"仁、义、礼、智、信"为标准的道德观念；以"天、地、君、亲、师"为次序的伦理观念；以及以"允执厥中"为规范的中庸哲学。受这

① 《论语·泰伯》。
② 《论语·季氏》。
③ 《礼记·仲尼燕居》。
④ 《论语·为政》。
⑤ 《论语·卫灵公》。
⑥ 刘勰《文心雕龙》。
⑦ 刘勰《文心雕龙》。
⑧ 苏轼《书黄子思诗集后》。

种统治思想的支配，中国古代文学所展示的世界，经常是一个现实的政教伦理世界，在内容上偏重于表现政治主题和伦理道德主题，国家的兴亡、君臣的遇合、民生的苦乐、战争的胜败和人生的聚散以及纲常的序乱、伦理的向背等，一直是中国文学的主旋律，大凡作品表现这些主题、抒发情感，都忌过、求和。“乐不至淫，哀不至伤，言其和也。”[①]朱熹也说：“淫者，乐之过而失其正者也；伤者，哀之过而害和者也”[②]，要求作品中节有度。汉代淮南王刘安和司马迁都对屈原的《离骚》评价极高，就是因为他们认为：“《国风》好色而不淫，《小雅》怨悱而不乱，若《离骚》者，可谓兼之。”[③]再如，苏轼的作品有时好以时事为讥诮，表情有伤于“和”，因而受到批评。黄庭坚就不客气地说：“东坡文章妙天下，其短处在好骂，慎勿袭其轨也”[④]；严羽也说：“……其末流诗者，叫噪怒张，殊乖忠厚之风，殆以骂詈为诗。诗而至此，可谓一厄也，可谓不幸也。”[⑤]以理节情，情理统一，才能符合“中和之美”的标准。

晚明时期“性灵”文学的兴起，“情”“理”合一的观念才发生一定的动摇，但在中国社会条件下，“不拘格套”、“独抒性灵”[⑥]的新认识的程度是很有限的。即使强调“情”与“理”对立的汤显祖也只是不满意于扼杀“人情”的“天理”，力图探寻合乎人情的理性。所谓“合情言性”，也就是要求理性与情感得到统一，即情理中和。

2. 文质彬彬

“中和之美”的标准具体到作品的内容与形式上，便是文与质、美与善的和谐统一。孔子说：“质胜文则野，文胜质则史，文质彬彬，然后君子。”[⑦]无论是质实无文，还是浮华无质，都不是好作品。只有质与文达到和谐统一的程度，才是上品。后世的作家和文论家都遵奉这一标准去创作、去衡量作品的成败，鉴别作品的优劣。汉代“调墨弄笔，为美丽之观”的虚妄文风盛行，许多作品片面追求文丽辞巧，而无真情实感。王充起而斥之：“人之有文，犹禽之有毛也。毛有五色，皆生于体。苟有文无实，是则五色之禽，毛妄生也。”[⑧]要求作品文质相称。齐梁时，刘勰丰富发展了“文质彬彬”的内涵，指出“文附

① 朱熹《集解》引。
② 朱熹《集解》引。
③ 班固《离骚序》；司马迁《史记·屈原传》。
④ 黄庭坚《答洪驹父书》。
⑤ 严羽《沧浪诗话·诗辨》。
⑥ 袁宏道《小修诗叙》。
⑦《论语·雍也》。
⑧ 王充《论衡·超奇》。

质”、“质待文”的辩证关系，并进一步将“文质彬彬”的要求划为有主次的四个方面：“以情志为神明，事义为骨髓，辞采为肌肤，宫商为声气。”[①]此后，白居易、欧阳修、汤显祖、王夫之等都一致标举“文质彬彬”的要求。

“文质彬彬”的要求对文学创作产生了积极作用。杜甫一方面表示以《诗经》、屈原等为学习榜样，继承风骚传统，另一方面又不排斥向六朝和初唐在艺术上有成就的士人学习，说“不薄今人爱古人，清词丽句必为邻”，转益多师，吸取各家之长。正是由于杜甫既重视诗歌言志抒情、反映现实的功能，又注意艺术形式方面的完美，所以才取得了辉煌的成就，“贯穿古今，尔见缕格律，尽工尽善”[②]。历代优秀的作品无不具备“文质彬彬”的美学特征。

3. 美善相兼

“中和之美”源于人的“美善相兼”的本质，中国文学与西方文学一样，要求真善美的统一。不过，西方文学把真放在首位，侧重美与真的结合，而中国文学则把善放在首位，追求美善相兼。西方文学理论的一个主要传统便是强调模仿说，认为文学要再现现实生活，说明生活或对生活现象下判断，所谓“美即生活”，以真为美。而在中国，以孔子为代表的传统观点，则是以善为美，美从属于善。《论语·八佾》记载了孔子论乐的一段观点：“子谓《韶》，尽美矣，又尽善也。谓《武》，尽美矣，未尽善也。”可见，他评判音乐（包括乐词）的标准不只是美，而是美善相兼，尽善尽美，这正体现了我们民族对艺术本质的概括。

美善相兼的本质，在古代文学创作中得到了深刻的反映。“我们的诗歌大多限于颂美、批评社会政治或抒写与政教伦理有关的个人怀抱，小说、戏曲作品每每喜欢表现善人与恶人所体现的道德势力的冲突，这跟西方文学不拘守人伦道德的境界，而向宗教、哲学、心理、历史等领域作多方面的开拓，显然有别。”[③]在中国，文学是“经国之大业，不朽之盛事”[④]，担负着“经夫妇，成孝敬，厚人伦、美教化、移风俗”[⑤]的重任。儒家的入世思想和教化观念，给文学带来了政治热情、进取精神和社会使命感，使之蒙上了一层理性主义的色彩，抑制了自我情欲的释放、自由个性的迸发，虽然也可以“发乎情”，但必须“止乎礼义”。

当然，强调美善相兼，并不是说古代文学不重视写真。其实，传统文学观

① 刘勰《文心雕龙·附会》。
② 白居易《与元九书》。
③ 陈伯海：《传统文化与当代意识》，上海三联书店 1991 年版，第 117 页。
④ 曹丕《典论·论文》。
⑤《毛诗序》。

也有要求反映生活真实性的一面。如晋代左思认为“美物者，贵依其本；赞事者，宜本其实”[①]。南朝刘勰主张：“酌奇而不失其真，玩华而不坠其实。”[②] 不过，这种写真写实是与“美刺”的观念紧密相连的，最终还是为了扬善抑恶，起到文学的教化作用，真从属于善，与西方“为艺术而艺术”的路线是相异的。

第二节　古代诗歌与散文

一、声情并茂的诗歌

在原始先民“吭哟、吭哟”的劳动号子里就已诞生的诗歌，是最早出现的一种文学样式。诗在初始时期曾与音乐、舞蹈结为一体，“诗言其志也，歌咏其声也，舞动其容也，三者本于心，然后乐器从之”[③]。后来，诗、乐、舞逐渐分离，各自成为独立的艺术形式。我国古代，人们把不合乐的称为诗，合乐可供人演唱的称为歌，合称为诗歌。

世界各国的诗歌都是诗人心曲的动人弹奏，但由于经济状况、社会环境、文化传统、心理状态以及语言形态的不同，加之诗人们的阅历迥异，各个民族的诗歌也就呈现出不同的特色。对题材的选择、主题的提炼、形象的塑造、结构的安排、表现手法的运用等，都会存在着种种差异。外国诗歌对背景的描写较多，中国古代诗歌则不大重视背景描写，而是在描写物件本身中显现出来；外国诗歌注重模仿写实、语言坦率，中国古代诗歌则是传情写意，含蓄深沉，其形象是善与美的统一，尤其是重视意境的创造，讲求声律之美。

1. 作诗之妙，全在意境融彻

与其他体裁的文学作品一样，诗歌是表现社会生活的，不过它有自己的特殊方式，即通过富有艺术魅力的意境来高度集中凝练地表现生活。意境，是指诗歌作品中情景交融的艺术境界和氛围，是我们传统诗歌的基本审美范畴，是中国诗词艺术具有民族独特性的重要特征。

“作诗之妙，全在意境融彻。出声音之外，乃得真味。”[④] 自《诗经》问世

① 《三都赋序》。
② 刘勰《文心雕龙·辨骚》。
③ 《礼记·乐记》。
④ 朱承爵《存余堂诗话》。

以后，历代诗人、评论家都不断探索、总结创造意境的表现方法。优秀的诗歌，常常只用几句、几十个字甚至几个字，就能创造出情思境象交融的艺术境界。王国维在《人间词话》中评诗："'红杏枝头春意闹'，著一'闹'字而境界全出。"就是因为"闹"字不仅将静态描写化为动态描写，从而唤起人们许多联想，诸如枝头群鸟争鸣之声、蜂蝶飞舞之态、杏花吐艳之状……而且流露出诗人那份欣喜激动之情。这就点染烘托出了诗歌优美的意境。

(1) 意境的构成因素。诗歌中意境的构成包括"情"与"景"两个方面。"诗乃模写情景之具，情融乎内而深且长，景耀乎外而远且大。"①"情"，即诗人的主观情景；"景"，即诗中描绘的富有特征性的客观景象。"意境是这两方面的有机统一中所反映出来的客观生活的本质真实。"②

意境的创造首先要有情感。情感是诗人由外界事物的触动而引起的喜怒哀乐等心理状态的表现，情感是艺术的生命，是构成意境的决定性条件，只有真情才能铸造真境，才能打动读者的内心。名家名作之所以能创造出动人的意境，是因为"其所见者真，所知者深也"③。

景物对于意境的构成也是必不可少的。不同的诗歌作品中构成意境的景，往往是不同的。有时它是某种形神兼备的自然物象，如唐代诗人贺知章的《咏柳》中的春柳；有时是诗人描绘的一片自然风光，如苏轼《饮湖上初晴后雨》中描绘的杭州西湖上先晴后雨的美好景象；有时是某一个生活场景、生活事件的某一侧面或片断。但是，在更多的情况下，诗歌意境中的景象常常既包含自然景物的点染，又融合了生活场景或事件片断的描绘，这样的景象更为丰富、深远，也更能给人以玩味的余地。如杜甫的《登高》："风急天高猿啸哀，渚清沙白鸟飞回。无边落木萧萧下，不尽长江滚滚来。万里悲秋常作客，百年多病独登台。艰难苦恨繁霜鬓，潦倒新停浊酒杯。"前四句写秋景，创造了一种悲凉的气氛，接着展现了诗人生活的一些侧面：流落他乡，抱病登台，登台本应饮酒，而诗人因患病只好戒酒。悲凉的秋景描写，与漂泊不定、年老多病的生活遭遇的倾诉融合在一起，自然真切地展示了诗人那感慨万端的情怀，构成了全诗意味隽永的意境。另外，诗歌中构成意境的景象还包括那些通过夸张、想象创造的书画，幻想的超现实的景物，历史的或传说的事物等。如屈原的《离骚》、李白的《蜀道难》等诗中的景象即属此类。

(2) 意境的表现形式。由于诗人的主观情思千变万化，客观景象丰富多彩，因此诗歌的意境是多种多样的，表现诗歌意境的方式也就多种多样，没有

① 谢榛《四溟诗话》卷四。
② 李泽厚：《美学论集》，上海文艺出版社 1980 年版，326 页。
③ 王国维《人间词话》。

固定的模式可法。不过，若从情与景在意境构成中所占地位的轻重来看，却又表现为以下三种类型：

其一，景中藏情，即以对客观景象的如实描写为主，诗人的主观情思是由客观景象引起并且形成，借助于对这种景物的描写抒发出来。如贺知章的《咏柳》，通篇都是对欣欣向荣的春柳的巧妙刻画，而诗人心头那因春风吹拂、春柳生叶所产生的喜悦的感情则渗透其中，与其融为一体。

其二，情中见景，即以直接抒发诗人的主观情思为主，情中有景（多为诗人的自我形象），从而构成作品意境。如陈子昂《登幽州台歌》："前不见古人，后不见来者。念天地之悠悠，独怆然而涕下！"诗中虽无直接描绘任何景象，但是在悲苦无告、孤独激愤的感情抒发中，一位俯仰古今、展望未来，深感生不逢时、报国无门的抒情主人公形象却站立在读者面前。

其三，情景并茂。在这类作品的意境构成中，诗人对外界景象的描绘和内心感情的抒发都比较充分。如王维的《山居秋暝》，描绘了秋天山区傍晚的景色，展现出一种清淡、恬静的意境，抒发了诗人远离官场、乐于归隐的生活情趣。写景形象鲜明，抒情自然真切。

(3) 意境的要求。意境的有无、深浅是诗歌创作成败、优劣的关键。

首先，意境要真。"情与景合而有诗，廊庙有廊庙之情景，江湖有江湖之情景，缁衣黄冠有缁衣黄冠之情景。情真景真。从而形之咏歌，其词必工；如舍现在之情景，而别取目之所未尝接，意之所不相关者，以为能脱本色，是相率而为伪也。"① 真实是一切文学作品的生命，是"词工"的首要条件。构成意境的情必须是真情，景必须是真景，"真"是对意境形成的一个起码的要求。王国维之所以赞美元曲，就是因为元曲的意境真切自然，"元曲之佳何在？一言以蔽之，曰：自然而已矣。古今之大文学，无不以自然胜，而莫著于元曲。"② 被誉为"战文场"的"曲状元"马致远有首著名的小令《天净沙·秋思》，寥寥数笔，把深秋景物与游子的失意以及由此产生的怅惘之情有机地联系起来，表现了漂泊天涯的旅人的愁思。如此的情真景真，情景水乳交融，不愧为"短章之神品"。

其次，意境尚"不隔"。"语语都在目前，便是不隔。"③ 也就是用词准确，形象鲜明，感情浓郁，自然清新，能在读者心中出现深刻清晰的境界。如山水诗派诗人谢灵运的《登池上楼》中写道："池塘生春草，园柳变鸣禽。"描绘蓬勃春意，毫无人工斧凿之迹，"如初发芙蓉，自然可爱"，（鲍照语）真乃

① 归庄《眉照上人诗序》，载《归庄集》卷三。
② 王国维《王国维戏曲论文集》。
③ 王国维《人间词话》。

“神助之语”[1]。又如，陶渊明的诗，多是极普通的“田家语”，然而，那平淡的田园风光、农村的日常生活，以及诗人处于这种生活中的恬静心境，无不质直自然、淳厚有味，如从胸中自然流出。反之，“如雾里看花，终隔一层”，便是“隔”，即用词生涩、形象模糊、感情隐晦、矫揉造作。而用典多、用字僻、追求辞藻等，是造成“隔”的重要原因。要达到“不隔”的标准，绝非易事。“作诗无古今，惟造平淡难”[2]，这是一生追求“平淡”、自然风格的宋代诗人梅尧臣的最深体会。“不隔”往往是经过“隔”而来的，真正的名家年轻时大都从平易出发，经过修饰，再归于平易，即不隔，隔，再到不隔。这就是所谓“经过点化后的自然”，真正好的诗都是这样的一派。[3]

再次，意境贵“深”。这是对意境的最高要求，也是衡量意境高下的一个尺度。诗意不能浅露，浅露则浮，而“曲折到人所不能曲折为深”[4]。如果意境具有“韵外之致”、“味外之旨”、“象外之象”、“景外之景”，以有限的形象反映无限的生活，表现深邃的思想，给人以联想和回味，使之深入到诗歌的深层意蕴，用自己的生活经验和审美愿望去创造一个“象外之象”，“景外之景”，那么，这样的诗境便是深厚的了。反之则浅。

2. 五色相宜，八音协畅

讲求声调韵律，取得语言的和美，是中国古代诗歌表现形式上的一个重要特征。“诗言志，歌咏言，声依永，律和声。”[5]诗从产生之日起就与咏唱，即音乐性结下了不解之缘。不过，起初只是符合自然的声律，随着时代的发展，诗歌声律理论创立，对诗歌创作产生了深远的影响。

(1) “诗之贵声也，而声必有律。”[6]原始诗歌是原始人艺术活动的一般形式，要求符合自然的声律。《弹歌》“断竹、续竹、飞土、逐肉”[7]，是一首反映渔猎时代社会生活的原始猎歌，歌词虽简朴粗野，却具备一定的韵调。《诗经》里的诗，则全部可以合乐歌唱。“弦诗三百，歌诗三百”[8]；司马迁也说，孔子曾弦歌三百零五篇。“风”、“雅”、“颂”的划分也是依据音乐的不同，据清代许多音韵学家研究，其韵部系统和用韵规律基本一致。屈原的《楚

---

① 钟嵘《诗品》。
② 梅尧臣《读邵不疑学士诗卷》。
③ 郭沫若《雄鸡集》。
④ 刘熙载评杜甫诗语。
⑤《尚书·尧典》。
⑥ 林希恩《诗文浪谈》。
⑦ 赵晔《吴越春秋》。
⑧《墨子·公孟篇》。

辞》是根据楚声而写的，也“可以被上管弦”，可歌可舞，歌词每隔一句的末尾用一个语助词，如“兮”、“思”之类，韵味充足，独具风貌。因而，“后世莫不斟酌其英华，则象其从容。自宋玉、唐勒、景差之徒，汉兴，枚乘、司马相如、刘向、扬雄骋极文辞，好而悲之，自谓不能极也”①。

如果说先秦时期，诗歌还是合乎自然韵律的话，那么汉晋以后便开始有意追求声律了。司马相如曾说：“合纂组以成文，列锦绣而为质，一经一纬，一宫一商，此赋之迹也。”②所谓“一宫一商”，即要求高低轻重不同的语言彼此错综配合，以取得声调的和美。陆机在《文赋》中谈道：“暨音声之叠代，若五色之相宣。虽逝止之无常，固崎锜而难便，苟达变而识次，犹开流以纳泉，如失机而后会，恒操未以续颠，谬玄黄之秩叙，故淟涊而不鲜。”意思是说，音声叠代而成文章，好像五色鲜明织成锦绣。音声变化无常，要想合乎格律是困难的，如果能够掌握变化的规律、安排好字句，那么就像放流水以注渊泉，很容易了，如果不依次序排列，往往会上下颠倒，造成差错。所以音声搭配不好，就会像玄黄失调，锦绣的颜色也就不鲜艳了。可见，陆机已明确地认识到声律在创作上的重要性。

南朝时代，诗歌声律论发展到了极盛时期。倡导声律的主要作家王融、谢朓、沈约等人，都是王公贵族，身居显要，且在文坛上有相当的成就，经他们的提倡，形成了一代新风。尤其是沈约，把同时代人周颢发现的汉字平、上、去、入四声用于诗的格律，归纳出了比较完整的诗歌声律论：“夫五色相宣，八音协畅，由（犹）乎玄黄律吕，各适物宜。欲使宫羽相变，低昂互节，若前有浮声，则后须切响。一简（句）之内，音韵尽殊，两句之中，轻重悉异。”③要求在诗歌中将高低轻重不同的字音互相间隔运用，使音节错综和谐，即后世所谓的调和平仄。此外，他还提出“八病”说，即平头、上尾、蜂腰、鹤膝、大韵、小韵、旁纽、正纽等八种声律上的毛病必须避免。这样自觉地运用声律来写诗，是诗歌史上的创举。陆机还只是意识到诗歌音韵必须调协，并未提出具体的调协音韵的办法。沈约等所发现的诗歌音律，与晋宋以来诗歌中对偶形式互相结合，形成了“永明体”的新体诗，反映了诗歌从比较自由发展到讲究格律的必然趋势。

声律说是我国文学史发展中的重要理论，它不仅对诗歌的形式有直接影响，而且对于辞赋、骈文以及后来的词、曲等文学样式都有很大的影响。初唐诗人沈佺期、宋之问又在前人和时人大量格律诗的创作实践中，总结出了一套

① 班固《离骚序》。
② 葛洪《西京杂记》。
③《宋书·谢灵运传论》。

定型格律形式，完成了“回忌声病，约句准篇”[①]的任务，使以后作诗的人有了明确的规格可以遵循，唐代——这个诗歌史上的黄金时代，完成了我国古典诗歌各种形式的创造，除古体诗的五古、七古、乐府歌行外，近体诗的五律、七律、五绝、七绝、排律等，无不齐备，无不精美。

(2) “诗之有律，犹兵之有法也。”[②]律诗的特点是“研练精切，稳顺声势”[③]，即对偶工整、声韵和美。声韵讲究平仄、押韵，而对偶和声韵又以声韵为主要的一面，所以律诗总是首先要讲平仄律和押韵脚。“诗之有韵，如风中之竹，石间之泉，柳上之莺，墙下之蛩也。”[④]

“声”与“情”的表达有着密切的关系。“声之不和，病也；去其病则和。和则动天地、感鬼神”[⑤]，对于诗来说，没有和谐的韵律，鲜明的节奏，不能付诸朗诵吟读，也就难以打动人心。因为诗歌和散文不同，它在表达作者的思想感情上，除了靠文字的表意作用外，字调的抑扬、韵律的回环以及音节的疾徐等，都带有不同程度的感情色彩。音韵节奏的安排直接影响到情感的表达，平声字、响亮的韵部常常用来表现高亢激越的情感，仄声字、不响亮的韵部常常用来表现低回深沉的情感。繁密、急促的节奏常常用来表达酣畅淋漓的情感，从容、舒缓的节奏则常常用来表现纡徐悠远的情感。例如，《诗经·七月》中有：“八月剥枣，十月获稻。”“剥”即“扑”字，敲击扑打之意，但诗人却弃“打”取“剥”。“打”字上声，字音响亮清脆，“扑”字入声，字音短促沉重，显然，“扑”字能与该章“采荼薪樗，食我农夫”等诗句相呼应，与全诗所展示的奴隶血泪生活画面相协调，也与全诗那沉郁、悲愤的风格相一致。此外，节奏与情感的关系也很密切，如柳永首创慢词、多写慢词，就与他的婉约词风有关。慢词的声律特点是永言长韵，可以使离情别绪的表达显得更为委婉动人。有人评说：“其词格固不高，而音律谐婉，语意妥帖，承平气象，形容曲尽。”[⑥]即指柳词善择声律谐美者用之。

(3) “善读诗者，由声以考义。”[⑦]中国古代诗歌独其声律美，首先是与儒家的美学思想一脉相承。儒家比较注重诗的音乐美，孔子说“成于乐”，虽不是谈诗的音乐美，但这种重诗乐的倾向很容易导致对诗的音乐美的强调；孟子也说“仁言不如仁声之入人深也”；荀子认为“《诗》，中声之所止也”，这些都

① 《新唐书·宋之问传》。
② 艾南英《张龙生达刻诗集序》。
③ 元稹《唐检校工部员外郎杜君墓系铭并序》。
④ 王若虚《滹南诗话》，载《滹南集》卷三。
⑤ 陆龟蒙《复友生论书》。
⑥ 陈振孙《直斋书录解题》卷二十一。
⑦ 王士祯《倚声集序》。

是强调声于诗的重要性。其次，与汉字的特点密切相关。如果说文学是语言的艺术，那么汉语言和作为汉语符号的汉字则有更为明显、更为独特的表现能力。一般来说，汉字单文独义，是音节文字而非音素文字，且一字一音，单音词丰富（所谓单音词，意味着单字即词），那么，词义、字形、音节就可以成为一个灵活的组织了。另外，汉语独有“四声”，“古人制字，字义即寄之所从之声，就声求义，而隐谊毕呈”①。字音不但能够暗示各种不同的感情色彩和情调，而且一首诗的意境亦能从声音中表现出来。由于汉字的这些特点，中国诗歌的音节变化便有一整套独特的规律，且在外观上造成整齐对称的形式美，成为世界上最严谨的格律诗。

二、气盛言简的散文

在中国古代，散文一直是与诗歌齐名的正宗文学。不过，散文的概念与范围是随着历史的发展而发展、文学观念的变化而变化的。一般来说，凡是不押韵、没有整齐的排偶，而用参差错落的散行文字所写的文章，都是散文，包括一些在今天看来属于非文学性的文章。古代散文的概念，主要是与诗相对而言的，有时也与骈文相对。当“诗文”对举时，“文”的范围便包容了骈文，历代的散文选本，都不排斥那些极富文采，又有充实思想内容的骈体文章。可见，中国古代散文的范围是十分宽泛的，具有自己特有的风貌。

1. 相容并蓄，多姿多彩

文学是从一般学术文化中逐渐分离出来的，但在我们的民族传统中，这种分化并不彻底，文学与非文学的因素一直是交织着的，从来也没有断然分开。这种现象突出地体现在散文创作上。号称“文学自觉”时代的魏晋，产生了最早的全面论述文学的重要文献——曹丕的《典论·论文》，其中谈到文学现象时说：“夫文，本同而末异。盖奏议宜雅，书论宜理，铭诔尚实，诗赋欲丽。”除诗赋一类是纯文学外，奏议、书论、铭诔都是应用文章。陆机在《文赋》里列举了十种文体——诗、赋、碑、诔、铭、箴、颂、论、奏、说，也只有诗赋是纯文学。刘勰的《文心雕龙》“论文叙笔”，用了整整21篇的篇幅，论述了骚、诗、乐府、赋、颂赞等35种文体。姚鼐的《古文辞类纂》列了13类文体，其中都包括了大量的应用文体。

根据文章内容，古代散文大致可分为十类：论说文、杂记文、序跋文、赠序文、书牍文、箴铭文、哀祭文、传状文、碑子文以及公牍文。

① 刘师培《字义起于字音说》（下）。

这种纷杂繁多、相容并包的现象，与文章写作“经世致用”的指导思想有很大关系。中国古代像扬雄那样视文学为雕虫小技的思想是极其少见的。自孔子始，就有许多文学家极力强调文章写作的重要作用，视文章为“经国大业”，“为世者用，百篇无害，不能用者，一章无补”[①]。那么，从经世致用的角度考虑，像论、说、章、表、策、檄、书、序等政论文、说明文之类的文章，就获得了与纯文学性质的文章同等重要的地位。这与西方人以纯文学为正宗的主导观念不同。

正是为了“经世致用”，古代文章大都注重文采，文质相称。孔子曾说：“言之无文，行而不远。”[②]这种观点对后世影响较大。刘勰认为：“若乃综述性灵，敷写器象，缕心鸟迹之中，织辞鱼网（纸张）之上，其为彪炳，缛采名矣。”[③]意思是说，描写人的性灵，刻画事物的形象，需精心琢磨文字，然后把组织好的词句写在纸上，文采繁茂，文章才显得灿烂鲜明。“圣贤书辞，总称文章，非采而何？”古代圣贤的著述，之所以叫做文章，就是因为它们具有文采。他们的治世理想或基本观念往往通过美好而神妙的艺术境界表现出来。例如，《论语》一书就是通过充满形象性的语言达到说教的目的。《先进篇》中记载：“（曾点）曰：‘暮春者，春服既成，冠者五六人，童子六七人，浴于沂，风乎舞雩，咏而归。’夫子喟然叹曰：‘吾与点也。’”曾点的话表面上虽不是讲治国的大道理，实质上却描述了天下太平的一幅景象、一种社会理想和政治抱负，一番治国平天下的道理，就在这幅飘远自由的游春之图中表现出来了。又如，庄子的《逍遥游》，想象丰富，文笔优美，借以表达他的绝对自由的人生观。《论语》、《庄子》是先秦文章的典范，对后世产生较大的影响。文章动人，其思想也易于传播。后世的学者大多很重视文章，讲究文采。很多历史学家、哲学家、科学家也往往是文学家。例如，郦道元的《水经注》、杨衒之的《洛阳伽蓝记》、刘勰的《文心雕龙》等，都富有文采。尽管偶尔出现“言之无文”的文章，但总的来说，议论性文章重视文学的形象性是贯穿中国古代文章发展历史的一条主线。古代议论性散文中文学的形象性主要表现在：

第一，具有鲜明的人物形象。文章中的人物形象往往就是作者自己。从《出师表》中，我们可以看出诸葛亮那“鞠躬尽瘁，死而后已”的封建“忠臣”形象；从《与山巨源绝交书》中不难看到嵇康愤世嫉俗、不愿受封建礼教束缚、不肯与司马氏统治者合作的“狂士”形象。

第二，古代优秀的政论散文情感丰富，既晓人以理，又动人以情，避免了枯燥说教，力求在感情上打动读者。如李密的《陈情表》，晋武帝下诏征李密为太

---

① 王充《论衡》。
②《左传》“襄公二十五年”引孔子语。
③ 刘勰《文心雕龙·情采》。

子洗马，李密因祖母年迈多病无人奉养，不能应命而上书给晋武帝。文章直抒真情，以情动人，同时又紧紧抓住晋武帝以“孝”治天下的政策，情中含理，情透理足，委婉动人。晋武帝阅后不仅收回诏书，而且对李密的孝心予以嘉奖。

第三，穿插寓言故事。如《庄子》中的“庖丁解牛”、《孟子》中的“揠苗助长”、《韩非子》中的“守株待兔”、《吕氏春秋》中的“掩耳盗铃”、苏轼的《日喻说》、刘基的《卖柑者言》等。这些寓言故事构思精巧，在文章中作为譬喻之用，加强论证说理，使文章顿然活泼生动。

第四，对历史事实的丰富引证。如李斯的《谏逐客书》，开篇即历数秦国四位先王皆“以客之功”的历史事实，从反面说明逐客之过，增强了文章的说服力与感染力。

此外，古代议论性散文还善于运用贴切的比喻、合理的夸张、富有气势的排比等修辞方法，加强文章的形象性。总之，这些形象化的手法，在文章当中起着单纯议论所起不到的感染作用，使那些在今天看来属于非文学性质的实用文体具有文学意味，当在文学性散文之列。可以说，这是我们民族文学的一大特征。

2. 气盛言宜，宏博生动

“气”的学说在中国源远流长，是中国传统文化中的一个特殊概念。古代哲学家把“气”看成是构成万物的原始基质，所谓“精气为物”[①]，“气”能“下生五谷，上为列星”[②]。王充提出系统的元气自然论，并运用“气”的学说对人的自然属性与社会属性作多方面的解释，认为人的精神活动是形体内物质性的“气”的产物：“精神本以血气为主，血气常附形体。”[③]从两汉开始，哲学上对“气”的理解，逐步渗透到一些具体学科的研究中，如医学上用“气”解释人的生理病理；文学作品描写“气”，如枚乘的《七发》里有“陶阳气，荡春心”，“阳气见于眉宇之间”等；文学理论中也产生了“文气说”。“气”的学说一直贯穿于文化系统之中。后来，“气”的词义不断扩大，绘画讲求“气韵”生动，做人提倡有正气、骨气、志气、有气魄，讲“气节”、“义气”、“气度”、“气质”，去“骄气”、“邪气”等。

中国古代文学理论中的“文气”说萌发于孟子：“‘我知言，我善养吾浩然之气’，‘敢问何谓浩然之气？’曰：‘难言也。其为气也，至大至刚，以直养而无害，则塞于天地之间。其为气也，配义与道；无是，馁也。是集义所

① 《易传·系辞》。
② 《管子·内业篇》。
③ 王充《论衡·论死》。

生者，非义袭而取之也。'”[1]这里的“气”专指精神的东西。不过，真正赋予“气”以美学意义并用来评论作家作品的是曹丕，他在《典论·论文》中首次宣称：“文以气为主，气之清浊有体，不可力强而致。”认为文取决于人的“气”，而人的禀气是千差万别的，这正是文章千差万别的客观依据。此后，历代作家、文论家都把“气”放在特别重要的位置，“盖才卑则气弱，气弱辞蹇。为文而出于蹇弱，则理虽不失，人罕喜读”[2]。“诗文家俱有三足，言理足、意足、气足也。盖理足则精神，意足则蕴藉，气足则生动，故尤必以气为主，有气则生，无气则死。”[3]他们所谈到的“气”，有的是指诗文的体气、风气、气势，也有的指作家的气质、才性、志气，理解不同，但看重“气”，认为“气盛”才能“言宜”却是大致相同的。

作为古代正宗文学，散文的一个重要特征便是“气盛”。“有气以充之，则观其文也，虽百世而后，如立其人而与言于此，无气则积字焉而已。”[4]李斯的《谏逐客书》，其文急切痛快，势如江河奔流，一泻千里，不可阻挡；司马迁的《报任安书》，其文怨气冲天，势如秋风吹雨，悲慨淋漓，桀骜不羁。文章之有气势，在中国是有传统的。先秦诸子的文章，在百家争鸣的政治条件下，大都写得很有气势，尤其是孟子的文章气势充沛，感情强烈，富于鼓动性与雄辩力。庄子的文章也似风行水上，自然成篇，有一种磅礴之气。汉代司马迁的文章，气势之盛成为一代文章的壮观、后世文章的楷模。汉末建安年间，孔融的文章如《荐祢衡书》、《论盛孝章书》，洒脱自然、放言无惮，充满豪壮之气。唐宋诸家提倡古文，对于行文的气势也很重视，如“文起八代之衰”的韩愈就是典范。清代桐城派的文章，因慑于文字狱而缺乏气势，但有人仍把“气盛”看作好文章的一个重要标志。刘大櫆论文便主张神气之说，讲究文章的气势，说“文以气为主，气不可以不贯”[5]。

“气”既然是贯注于作品中的精神，就要一气挥洒，“章法则须一气呵成，开合动荡，首尾一线贯注”[6]。一气挥洒，气势盛大，但又不是如大河决堤，一泄无余，否则就太平直，平直则文章无韵味，平直则难以引人入胜，则不能充分发挥文章的作用。所以，文章还须有“奇气”。“奇气最难识，大约忽起忽落，其来无端，其去无迹。……奇，正与平相对，气虽盛大，一片行去，不

① 《孟子·公孙丑上》。
② 吕南公《与王梦锡书》、《灌园集》卷十四，四库全书珍本初集本。
③ 钱泳《履园潭诗》，载《清诗话》（下册）。
④ 姚鼐《答翁学士书》。
⑤ 刘大櫆《论文偶记》。
⑥ 方东树《昭昧詹言》。

可谓奇。奇者，于一片行走之中，时时提起。”[①]行文的奇气主要表现是忽起忽落，于一气行走之中，时时提起，这样能紧扣读者的心弦，牵动他们的情丝，使他们边看边想，时而亢奋，时而悠闲，时而惊喜，时而感伤，完全被带入了一个神奇莫测、来无影去无踪的艺术境界，最后峰回路转，豁然开朗。

当然，行文的奇气是在“一气行走之中”实现的，不能破坏贯穿始末的气势，否则文章便不能构成一种统一的、和谐的情调与意境。例如，汉代散文家贾谊的《过秦论》（上），全篇波澜起伏，豪迈激越，势如烈焰熊熊，炙手可热，又如山崩峡流，势不可当。这就是贯穿这篇文章始终的气势，乃“一气行走”之气，但作者行文又并非一气直下，而是时有奇气，波澜层叠，姿态横生。文章主要论述的是“仁义不施，攻守之势异也”的道理，提醒汉朝的统治者应以秦为鉴，施行仁政，避免重蹈秦朝的覆辙。可是，文章劈头就是：“秦孝公据崤函之固，拥雍州之地，君臣固守以窥周室，有席卷天下，包举宇内，囊括四海之意，并吞八荒之心……”这般雄健挺拔的语言，立刻把读者的思绪卷入奔腾的大江之中，不知要流向何方，接着，作者便不惜泼墨，描绘了一幅从弱小秦国崛起使得“强国请服，弱国入朝”，到最后统一天下，转而又因陈涉起义，秦王朝顷刻土崩瓦解的历史画卷。他叙述秦国的强盛直至统一天下的过程，处处暗示秦崇尚诈力；叙述秦国得天下以后的情况，处处暗示它不施仁义，作者就是这样层层敲击、时时提起，结论作于后，伏线埋于前，行文可谓奇绝妙绝！

“气”在文章创作中起着重要作用，所以“养气”便是作家所十分重视的了。“为文必在养气。”[②]“固宜多读书，尤贵养正气。气正斯有我，学赡乃相济。”[③]做人作文都要“先求养气功夫”。养气的关键在于“集义”，即加强作家自身的道德品质修养。苏辙的《上枢密韩太尉书》，是散文家兼文论家论养气最著名的一篇。在他看来，养气的途径，一方面在于内心的修养，一方面在于自己阅历及所处的环境。

的确，历代的文章家无不具备良好的思想品质和文化修养。善养浩然之气的孟子实际上具有一种敢于蔑视王侯、勇于坚持真理的品德。有了这样的修养，说话就理直气壮，发而为文就气势磅礴。庄子虽不谈养气，思想观点与孟子也不同，但他自有一套修养，不仅“道其所道”，而且愤世嫉俗，于是，发为文章，便充盈着一股旺盛的气势。苏轼是个博学多能、才情横溢的作家，青年时期就有着广博的历史文化知识和多方面的艺术才能。他自称少年时代读

① 刘大櫆《论文偶记》。
② 宋濂《文原》。
③ 郑珍《论诗示诸生时代者将至》。

书，每一本书分作数次读，一次只注意某一方面的问题，分门别类地掌握其内容，临文时便得心应手，无论遇到哪一方面的问题，都可以联想到曾学过的知识，加以发挥，自称这是“八面受敌”的方法[①]。同时，他在文学创作方面也提出了一些可贵的见解。“于是而苏轼式乃以气特闻”[②]：其文“如万斛泉涌，不择地而出，在平地滔滔汩汩，虽一日千里无难；乃其与山石曲折，随物赋形，而不自知也。行乎其所当行，止乎其所不得不止”[③]。

3. 事丰文约，简而有法

文学是语言的艺术，纵观文学史，善于驾驭语言的高手如孟子、庄子、司马迁、韩愈等数不胜数。这些语言大师们绝不仅仅停留在词能达意的水平上，而是追求文辞的简练、明晰，以少胜多，反对拖泥带水。所以遣字炼句成为他们的致力之点，从而具有文化积累的意义。

文辞简约是中国古代散文语言的一个传统特征。从先秦开始，文章的这一特征即很显著，如《易经》、《论语》、《孟子》，语言简练而涵盖量大，用意深远。“岁寒，然后知松柏之后凋也。”[④]这显然不仅是对松柏的礼赞，而是概括了丰富的社会现象和社会生活。《春秋》是孔子依据官家的史实记录以“述而不作”的笔法加以删订的中国第一部私人编撰的历史著作，以文辞简洁、含义深刻见长。欧阳修就认为《春秋》的文章“简而有法”。晋代张辅认为司马迁的成就超过班固，就是因为“迁之著述，辞约而事举，叙三千年事，唯五十万言；固叙二百年事，乃八十万言，烦省不敌，固之不如迁一也”[⑤]。在《史记》中，作者经常用简洁的话语表现人物的性格特点。如刘邦与项羽都曾见过秦始皇，但一个说：“大丈夫当如此也！”委婉曲折，又正好表现刘邦的性格，项羽则说：“彼可取而代之。”坦率自信，不难看出项羽自负、爽直的性格。唐宋以来的古文家无不熟读《史记》。欧阳修的散文就深得《史记》的神韵，简练流畅。他的《醉翁亭记》中有“峰回路转，有亭翼然临于泉上者，醉翁亭也”。其中“翼”字用得绝佳，“将亭之情、亭之景、亭之形象俱写出，如在目前，可谓绝妙矣。此等不可胜言”[⑥]。清代桐城派作家也都比较注重文章简练的传统，语言上颇有特色，简明达意，清顺通畅。

古代散文文辞简约的特征与重视文章经世致用的文化心理同样是分不开

① 苏轼《又答王庠书》，载《经进东坡文事略》卷四十六。
② 魏禧《论世堂文集序》。
③ 苏轼《文说》。
④《论语·子罕》。
⑤《全晋文》卷一〇五，“名士优劣”。
⑥ 李腾芳《文字法三十五则》。

的。“夫辞者，人之所以自通也。汉代的主父偃曰：‘人而无辞，安所用之。’昔子产修其辞，而赵武致其敬；王孙满明其言，而楚庄以惭；苏秦行其说，而六国以安；蒯通陈说，而身得以全。夫辞者，乃所以尊君重身、安国全性者也。故辞不可不修，而说不可不善。”[①]既然文章语言有着如此重要的作用，那么，“吟安一个字，捻断数茎须”的情况就不足为奇了。当然，文章语言的简练还与古汉语比较简练的特点密不可分。

第三节　中国古代小说与戏剧

一、通俗尚奇的小说

“小说”一词最早见于《庄子·外物》篇，云：“饰小说以干县令，其于大达亦远矣。”意思是说，用小说去干涉县的政策法令，那和大道相距太远了。显然，这里的“小说”与后世所指的小说意思上相去甚远。东汉桓谭在《新论》中将“小说”称为“短书”，不难看出其轻视之意。班固的《汉书·艺文志》虽把小说分为一家，说“小说家者流，盖出于稗官，街谈巷语，道听途说者之所造也”。但那时的小说还只是口耳相传，远没有成为一种成熟的书面意义的独立的文体。魏晋南北朝时期，小说才初具规模。直到唐代，小说发展成熟，蔚为大观，成为一种通过人物、情节和环境的具体描绘来表现社会生活及作家情思的叙事作品。

1. 短篇先行，长篇后起

综观中国古代小说史，明清以前的小说一般篇幅短小，魏晋南北朝的志怪小说与轶事小说、唐代的传奇、宋代的话本，体制短小，内容单纯，情节集中，截取生活的某一片断或侧面，描绘一两个人物形象，类似于现在的微型小说或短篇小说。明代罗贯中的章回历史小说《三国演义》，标志着长篇小说繁荣时期的到来。章回小说由宋元讲史话本发展起来，是我国古典长篇小说的唯一形式，因篇幅长，一次难以讲完，所以由说话人将内容分为若干章回，每一章讲一个完整的故事，所以称为章回小说。章回小说篇幅长，容量大，可以展示广阔博大的社会生活画面，叙述曲折复杂、多条线索交织的故事情节，描绘形形色色的人物，并可以熔诗歌、散文、戏剧于一炉，显示出包罗万象的恢弘

---

① 刘向《说苑·善说》。

气度。章回小说中的人物性格大多有自身性格发展的轨迹。如《三国演义》以宏大的结构，在广阔的历史背景下描绘了魏蜀吴三国错综复杂的政治、外交和军事斗争，成功地刻画了诸葛亮、刘备、关羽、张飞、曹操等众多的人物形象，展示了一幅幅生动的战争画面。

中国古典小说短篇先行，长篇后起的特点与不崇玄思虚谈、务实尚用的民族心理密切相关。加上中国传统的文学样式以抒情诗为正宗，缺乏规模宏大的叙事诗，尤其是小说的最早源头——神话的离散，未能给小说以足够的艺术滋养。《楚辞》、《山海经》、《穆天子传》、《淮南子》等典籍对于古神话的零星记载，说明我们的先民也曾发挥过高度的想象力。中国神话之所以粗略、简短、散漫，固然是由于古代文字繁难、书写工具不便，但更重要的是因为历史学家和哲学家的曲解，使神话走上历史化的道路，以致使不少美丽的神话故事逐渐变质、僵化，只剩下一鳞半爪。

神话的历史化又与我们民族崇善敬德、鄙薄强力的文化心理有关。“子不语怪力乱神”①，讲的是修身、齐家、治国、平天下的一套实用的理论，不赞成神话传说中的那些不合礼教伦常的倾向。对于上古荒唐神怪的传说，孔子和他的门生要么绝口不谈，要么加以人化，予以理性的诠释。于是，神与英雄都变成了圣贤，足见儒家把神话加以历史化的高妙。历史固然被拉长了，神话却因此遭到了歪曲。由此又造成了叙事文学传统的中断，造成古代小说的营养匮乏，出现了简单精略的短篇先行、鸿篇巨制晚起的状况。

2. 不奇不传，不险不快

情节是文学作品的要素之一，起着表现主题思想、揭示人物性格的重要作用。中国古代小说是在说故事的基础上发展成熟起来的，为了引人入胜，特别重视情节，逐渐形成了一个鲜明特色：奇妙曲折的情节美。

清代戏曲评论家李渔说：“古人呼剧本为‘传奇’者，固其事甚奇特，未经人见而所传之，是以得名，可见非奇不传。”②可见，中国古代小说十分注重情节的惊险性与传奇性，与西方小说注重人物的心理刻画和景物描绘不同，“非奇不传”，“不险则不快，险极则快极也”③。魏晋南北朝盛行志怪小说，以记叙鬼神怪异之事为内容，神仙方术、鬼魅妖怪、殊方异物、佛法灵异等，已有了“奇”的特点。干宝《搜神记》中的《干将莫邪》，记巧匠莫邪给楚王铸成雄雌二剑后被楚王杀死，其子赤为父报仇的故事，离奇荒诞，惊心动魄。

---

①《论语·述而》。

② 李渔《闲情偶记》。

③ 金圣叹评《水浒传》。

晚唐的裴铏干脆以“传奇”作为自己小说集的名称。

唐代的传奇大多取材于现实生活，反映现实人生中的悲欢离合，比较全面地采用了史传文学的手法，把一个人前后完整的一段生活，甚至一生的经历都描绘下来，形象地揭露社会矛盾，表现人物细致的思想感情和性格特征。体制简短而有长篇的规模，既有丰富的想象，又有如实的描绘，既有美妙的意境，又有细致的刻画。传奇中更有大量的惊奇情节，十分引人入胜，尤其是传奇小说的黄金时代——唐中叶，无论是神怪类、爱情类，还是历史类、侠义类，都具有很强的故事性。蒋防的《霍小玉传》，叙写妓女霍小玉与文人李益的爱情悲剧。霍小玉自知与贵族出身的李益不是门当户对，当李益得官与她辞别赴任时，她只向李益要求8年的恩爱，8年之后她削发为尼，任李益“妙选高门”，但这种深沉缠绵、悲哀辛酸的爱却未能如愿，李益不久便另聘卢氏之女。小玉相思成疾，沉湎不起，侠义黄衫客激于义愤，挟持李益重入小玉家，小玉悲愤交集，痛责李益，气结而亡。作品情节曲折，波澜起伏，凄婉动人。

北宋“说话”艺术的兴起，为中国古代小说增添了一个新的品种——“话本”。“话”就是故事，“话本”就是说话艺人演讲故事所用的底本，“多采闾巷新事”[①] 注重表现市民生活中的奇闻逸事，如《碾玉观音》、《错斩崔宁》等。

明清长篇小说异军突起，蔚为大观，“四大奇书”——《三国演义》、《水浒传》、《金瓶梅》、《红楼梦》自不必说，神魔小说如《西游记》，描述唐僧师徒四人历尽艰辛到西天取经的故事，展示了一个个五光十色的幻想世界。鹅毛飘不起的流沙河，能把“铜脑盖、铁身躯”化成汁的火焰山，“遇金而落、遇土而入”的人参果等奇物，使小说色彩奇异。大闹天宫、三打白骨精、过火焰山、高老庄招亲等情节，紧张有趣、变化多端，想象瑰丽而神奇，加上作者善意的嘲笑、辛辣的讽刺和严峻的批判艺术相结合，使作品更是妙趣横生，几百年来，一直深受广大读者的喜爱。白话短篇小说如“三言”、“二拍”，都有引人入胜的故事，“二拍”两书的全名便是《初刻拍案惊奇》和《二刻拍案惊奇》。姑苏抱瓮老人从“三言”、“二拍”中精选编辑成一个话本小说集《今古奇观》，可见其情节的传奇性。其中《乔太守乱点鸳鸯谱》、《杜十娘怒沉百宝箱》、《玉堂春落难逢夫》等故事流传很广。清代蒲松龄的《聊斋志异》，则着笔于花妖狐魅与幽冥世界，构成了想象丰富奇特、情节倏忽变化、境界神异迷人的风格。

古代小说情节之奇，不仅仅在于情节内容的新奇独特，而且表现在情节描写的曲折多变。“文章之妙，无过曲折。诚得百曲、千曲、万曲，百折、千

① 冯梦龙《拍案惊奇序》。

折、万折之文，我纵心寻其起尽，以自容于其间，斯真天下之至乐也。”[①]就是说，作品的情节应该曲折生动，能引起读者的最大兴趣，随着情节的进展，读者的心理也必然要经历一个曲折的过程，带来精神上的最大美感。唐传奇的文笔已经是精细曲折了，如《柳毅传》、《李娃传》。宋元话本发展了情节的表演技巧：“讲论处，不搭搭，不絮烦；敷演处，有规模，有收拾。冷淡处，提掇得有家数；热闹处，敷演得越久长。”[②]明清小说尤其是长篇，情节更加跌宕起伏、富于变化。例如《三国演义》，故事情节曲折多变，“有星移斗转，雨覆风翻之妙”。第二十六回描写关公过五关斩六将的过程多有变化，毛宗岗在《读三国志法》中评道：“忽然遇一少年，忽然遇一老人，忽然遇一强盗，忽然遇一和尚，点缀生波，殊不寂寞，天然有此妙事，助成此等妙文。若但过一关，杀一将，五处关隘，一味杀去，有何意趣?”《水浒传》的情节描写多在尖锐的矛盾冲突中展开，不仅婉转曲折，而且奇峰突起，扣人心弦，不论是林冲、鲁智深、杨志、武松、宋江等被逼上梁山，还是景阳冈打虎、智取生辰纲、三打祝家庄等，莫不如此。

中国小说情节的传奇性是受通俗化这一要求所制约的。传统理论认为，小说要面向广大群众，适应他们的审美需要、审美趣味和文化水平，发挥其劝诫、教化的作用，必须通俗化，“触里耳而振心”，“里耳”即“俚耳”，是指市井百姓的审美要求。那种“尚理或病于艰深，修词或伤于藻绘”[③]的作品是不为广大群众所欢迎的。中国古典小说比起正统的诗文，不仅有着更广泛的群众性，而且与作家的距离也较近，这与中国古典小说的发展历史有关。中国古典小说主要是由宋代的说话艺术发展而来的，它的欣赏者是城镇居民或市井小民，而且它是直接说给欣赏者听的，而不是写给欣赏者看的，小说家直接面对着听众，必须讲得通俗易懂、生动有趣，紧紧抓住听众，而当时说话艺人之间的竞争也比较激烈。这就使小说家在创作时首先着重考虑的便是作品情节的曲折性，写人物也主要表现其动作和语言。

必须看到，中国古代小说情节的传奇性、惊险性，并非一味地荒唐怪异，而是注重从现实生活中去发现和提炼传奇性，传奇性寓于现实性之中，是传奇性与真实性的统一。“今之人但知耳目之外，牛鬼蛇神之为奇，而不知耳目之内、日用起居，其为谲诡幻怪、非可以常理测者固多也。……则所谓必向耳目之外索谲诡幻怪以为奇，赘矣。”[④]新奇就存在于现实本身，关键是如何去发

① 金圣叹评《增订金批西厢》卷三《赖简》批语。
② 罗烨《醉翁谈录》。
③《警世通言序》。
④《拍案惊奇序》。

掘、去提炼，因为“布帛菽粟之中，自有许多滋味，咀嚼不尽，传之久远，愈久愈新、愈淡愈远”[①]。19世纪法国著名作家巴尔扎克也曾说过：“在这个充满了痛苦的城市里，曾经有过多少被埋没了的奇遇，多少被遗忘了的悲剧！多少可怕的和美丽的事物！人类的想象力永远也不能达到这里面所隐藏着的真情；也没有人能够发现这些真情；非要深入其中，才能发现里面竟有那么些动人的场面，有悲剧性的，也有喜剧性的，然而都是机缘巧合的杰作。”[②]我国古代小说发展的最高峰《红楼梦》便是这样一部取材于日常生活，却“机缘巧合”的杰作。作者自言：“其间离合悲欢，兴衰际遇，俱是按迹循踪，不敢稍加穿凿，至失其真。”他对日常生活的描写是那么细致生动，无不经过精心的提炼，而且善于在日常生活的描写中掀起大波澜，使情节有起有伏，不给人以沉闷的感觉，如贾宝玉挨打、抄捡大观园等。这些大波澜既是日常生活中各种矛盾发展的必然结果，又常常是整个故事发展的关键和转折点，同时还抓住了读者的重要因素，作者行文“不肯一笔直下，有若放闸之水，然信之爆，使其精华一泄无余也”[③]。虽无《三国演义》的“雨覆风翻之妙”，也无《水浒传》的“层层追险”之奇，但“惯起波澜，惯能忙中写闲，又惯用曲笔，又惯综错，真妙”，极尽曲折起伏之态。

3. 声态俱有，形神兼备

小说的中心问题是塑造人物。任何一种文学样式都不能像小说那样圆满地表现个人的气质、性格乃至其生活。优秀的小说，都着力于叙述男女主人公个人命运的故事，描写他们为了追求自己的生活目标和理想所进行的斗争，写出他们在人生道路上的兴衰际遇和悲欢离合，曹雪芹在《红楼梦》第一回就宣称，他的书要真实地记录“半世亲见亲闻的几个女子”的悲欢离合、兴衰际遇。小说作品激荡人心的力量也正来源于此。

一般来说，文学作品对人物的刻画和塑造，一方面可以客观地描绘人物的命运、经历，在错综复杂的境遇中表现人物的活动、遭遇、心态、性格、品质，以及人与人的关系；另一方面也可以直抒人物的心灵、情怀和感兴。中国古代小说往往是纵向地围绕着一个主要人物的经历、命运组织故事，安排情节，很少展开横向的人物心灵的剖析。传统小说理论强调要通过人物的语言和动作来刻画人物的性格，声态俱有，形神兼备。明末清初的小说评论家金圣叹就认为，《水浒传》之所以使人百读不厌，主要在于它成功地塑造了一系列的

① 张岱《琅嬛文集》。
② 引自叶朗：《中国小说美学》，北京大学出版社1982年版。
③《石头记》脂评甲戌本。

典型性格，“写一百八个人性格，真是一百八个样”，而有的作品往往是“任他写一千个人，也只是一样，便只写得两个人，也只是一样”[①]。的确，《水浒传》里写了许多性格鲜明的人物，如既是一个“义胆包天”、“纵横天下”的真勇士，又是一个效忠君主、卑躬屈膝的可怜虫的宋江；性如烈火、疾恶如仇、刚直天真的“黑旋风”李逵，等等。《水浒传》的高明之处，就是它将人物的肖像、动作和语言描写都性格化了，如浮雕般地凸现出来。《水浒传》里创造了许许多多性格化的语言，尤其是那些绘声绘色的对话，三言两语就把一个人写活了，“能使读者由说话看出人来的”[②]。第二十三回写武松不理嫂子的挑逗，收拾行李从哥哥家搬走，潘金莲在里面喃喃讷讷地骂道：“却也好。”只这三个字就活画出潘金莲又恼又恨的心理，“三字起得声态俱有，活画出淫妇性情来”[③]。这种通过性格化的肖像、语言或动作来塑造形神兼备的人物形象，也是我们民族小说的艺术追求。

中国古代小说人物的传记性、人物语言动作的性格化，是与我国文学的悠久传统和小说的民族化要求分不开的。一方面，早在春秋战国时期的史书，如《左传》、《战国策》就有传的成分。汉代司马迁的《史记》，写的是历史，但其中写人的篇章实际就是一篇篇优秀的传记文章。如《魏公子列传》，司马迁不是用抽象呆板的语言叙述魏公子礼贤下士的事迹，而是具体描写他亲迎侯生赴宴的行动，刻画他“仁而下士”的品格，使这个人物形象栩栩如生。这样的写人方法，对后来的小说不能不说产生一定的影响。另一方面，在我国，小说不是贵族的文学，相反它是俗文学，是群众的文学，它必须符合大多数老百姓的审美情趣，为他们所理解所欣赏。小说作品最能激起人们热情的、打动人们心灵的，莫过于各类男女主人公的个人命运。另外，中国古代的小说是要说给人听的，因而必须在故事情节之中塑造人物，才能引起欣赏者的兴趣，那种离开故事情节、冗长沉闷的心理描写是不合大众口味的。

总之，作为文化大系统中的元素之一，小说反映了中国传统文化的一些固有特征，主要表现在以下两个方面：

第一，中国古代小说中的人物多是单纯人物，其性格、心态、品质等都比较单纯，欣赏者几乎可以用某种道德概念去概括其特征，例如，我们可以用“重义”和“神勇”来概括《三国演义》中关羽的性格、品质和行为等方面的特征。小说中“千里走单骑”的情节是表现关羽的“重义”，即使是“华容道释曹”也是他“重义”的另一个侧面。再看，小说在关羽斩华雄、斩颜良、诛

① 金圣叹《读第五才子书法》，《第五才子书施耐庵水浒传》卷首。
② 鲁迅《花边文学·读书琐记》。
③ 金圣叹评《水浒传》。

文丑、斩蔡阳等情节里，都无不以神速的战斗行为来突出他的内在威力，就是写关羽死了之后的头颅也怒目圆睁、美髯飘动，吓得曹操魂飞魄散。一般来说，单纯人物的性格、品质、心态等是比较稳定的，不会因环境和条件的改变而变化。这样，他们会一成不变地存留在读者心目中。《三国演义》里诸葛亮的特征始终是“忠义”和“多智”，不仅身富韬略，神机妙算，而且能言善辩、纵横捭阖，甚至还能呼风唤雨。至于复杂人物，其性格心态和品质都比较丰富、复杂，其特征欣赏者难以一眼看穿和用一语概括，如《红楼梦》里的贾宝玉，“……说不得贤，说不得愚，说不得不肖，说不得善，说不得恶，说不得混账恶赖，说不得聪明才俊，说不得庸俗平□（脱字），说不得好色好淫，说不得情痴情种，恰恰只有一颦儿可对”[①]。不过，像这样的复杂人物在中国古代小说的人物画廊里毕竟是不多见的。这种状况，固然是与小说的通俗化要求有关，但主要是传统的思维方式影响的结果。

中华民族是偏重直觉思维的民族。直觉思维的本质特征是思维过程与思维结论的相重合。数千年来，儒、道、释诸家学说在思维方式上都奉行直觉思维。“禅”的本义就是“沉思”，它追求的境界与运用的思维方式是直觉思维；孔子论《诗经》及其他语录充满了机锋与妙悟；老子的“道可道，非常道”和庄子的“得意忘言”、“得鱼忘筌”，推崇的都是直觉思维，主张用顿悟来直接把握思维对象。这种思维方式弥漫于整个中国古代文化领域，文学自然也要被打上其深深的烙印。中国古典小说多刻画形象鲜明的单纯人物，且注重通过语言、动作的直接描绘显示人物的内心，一切都在充满富丽的形象之中显现出来，而不作孤立的、静止的环境描写和人物的心理刻画，这是直觉思维方式的结果，同时也符合百姓的审美习惯，从而起到小说的教化作用。

第二，中国古代小说深深地渗透着中国古代诗词的意境和韵味。传统小说理论认为，小说不仅要创造艺术形象，而且要有诗意、有韵味，要创造出艺术意境来。《红楼梦》里便有许多很美的意境。一方面固然是因为大观园里那些主人公经常作诗，如林黛玉《葬花吟》、贾宝玉《芙蓉女儿诔》，增强了小说的抒情气氛；另一方面，作品处处洋溢着诗情画意，抒情诗味浓厚。如第二十五回写宝玉早起寻小红，只见西南角上游廊底下阑干上似有一人倚在那里，“却恨面前有一株海棠花遮着，看不真切”。对此，脂砚斋评道：“余所谓此书之妙皆从诗词句中泛出者，皆系此等笔墨也。试问观者，此非‘隔花人远天涯近乎’？”[②]就是指《红楼梦》里有诗的意境。这样的美学特色，是我们民族独特的文化传统和独特的审美心理熏染的结果。

① 《脂砚斋重评〈石头记〉批语》。
② 《脂砚斋重评〈石头记〉批语》。

二、殊途归流的戏剧

戏剧是一种综合了文学、音乐、美术和舞蹈等多种艺术因素，并由演员在舞台上表演出来的视听艺术。中国戏曲（传统的戏剧形式）更是多种多样艺术的综合，有歌、舞、乐以及诙谐嘲笑等因素，在起源、形成过程以及主题表现方式上呈现出自己的独特风貌。

1. 多源并进，晚出晚熟

西方戏剧起源于祭祀酒神的歌舞，得到统治者的倡导、全民的支援，因而很快便成熟、繁荣起来，在一次又一次的酒神大庆典中走进人类的文化史册。而中国戏曲由于形式特殊，包括了做、唱、念、打等因素，因而是多源并进、晚出晚熟的。中国戏曲的源头主要有三，其一是远古时代的歌舞。《吕氏春秋·古乐》载："葛天氏之乐，三人操牛尾，投足而歌八阙……"写的是原始人手持牛尾、且跳且唱的情景，带有祈祷与酬神的意味。原始歌舞这种既舞且歌的特点，为戏曲准备了最初的基础。其二是"优"。"优"在西周时期就已有了，多是擅长表演的侏儒，如《国语·晋语》说的能歌善舞的优施；《史记·滑稽列传》写的善于模仿以达讽谏规劝目的的优孟、优旃等。"优"的出现，不仅为戏曲提供了表演因素，而且为其喜剧艺术和丑角表演艺术作了最初的却是重要的准备。其三是角抵戏。这是汉代盛行的一种游戏性的或竞赛性的角色表演，具有一定的故事情节、简单的道具、独白或台词。它具备了戏剧的基本因素，但还不是真正的戏剧，因为角抵戏还只是借故事情节表现技术，而不是以故事情节来塑造舞台形象。

由此可见，中国戏曲的起源是多源的、复杂的，而且从一开始就定下了娱人性、技艺性的基调。经过唐代的"参军戏"之后，宋代的杂剧、南宋的"南戏"（即温州杂剧），是中国戏曲最早的成熟形式。元杂剧是在金院本和诸宫调的直接影响之下，融合各种表演艺术形式而形成的具有民族风格的艺术形式，并在唐宋以话本、词曲、说唱文学的基础上创作了许多成熟甚至优秀的剧本，出现了关汉卿、白朴、王实甫、马致远"四大家"，他们的作品不仅在内容上丰富了民间传唱的故事，广泛地反映了当时的社会现实，而且体系更为完善，揭开了我国戏曲史上辉煌灿烂的一页。

中国戏曲没有西方戏剧那么幸运，晚出晚熟，发展十分缓慢。这是因为：

(1) 传统文学观念以诗文为正宗，视戏剧为"小道末技"，对戏剧采取抵拒和排斥的态度，戏剧只能在民间自生自长。知识分子为了科举考试，都熟读诗文而不屑于从事戏曲创作。宋代以后，随着商品经济的发展，城市的逐步繁荣，为适应统治阶级宴乐和广大市民的文化要求，出现了卖艺的"瓦舍"。商人们利用它吸引顾客，艺人们依靠商市招徕观众。戏剧这种市民艺术开始受到关注，但并未受到统治阶级的重视或提倡，也不为那些志大才高的文人们所青睐。

中国戏剧是在元代走向繁荣的。元代民族矛盾、阶级矛盾异常尖锐，这正好为戏曲艺术的繁荣提供了特殊的有利条件。蒙古族入主中原，使整个社会的风尚、人们的心理等发生了前所未有的变化；又由于元代初期，儒家传统受到一定程度的冲击，“文以载道”的观念失去了绝对权威的地位，加上蒙古族统治者对汉人的排斥与压制，又曾一度废除科举，这样，就把一大批中下层知识分子推向了民间，部分文人和民间艺人结合，组成书会，学习民间艺术的成就，同时又把自己的才能贡献给杂剧创作。

(2) 古代戏曲的自身特点也导致了它的晚熟。一方面，古代戏曲的形式比西方戏剧复杂得多，歌、舞、念、做、唱、打等，都要求演员在舞台上一一表演出来，而这些艺术因素的结合，必须在各方面都有一定艺术积累的基础上才能实现。它需要一定的时间孕育和成长。元杂剧正是在丰富的古代文化基础上，综合了前人歌舞、词曲、说唱文学等成就，才得以走向辉煌。另一方面，古代戏剧偏重娱乐性、喜剧性，冲淡了戏剧的严肃性和深刻性，因而只能固定在市民阶层，不能进入大雅之堂。元代社会的突变、民族的矛盾，使剧作家们的题材拓宽了，具有较深刻丰富的内容，在艺术上也赢得了广大群众的喜爱。中国戏剧进入了一个灿烂辉煌的成熟阶段。

2. 情理和谐，益于风化

中国古代戏剧的主题往往折射出儒家文化的方方面面。为伦理的力量所主宰，古代戏曲在主题表现上总是热衷于宣扬伦理道德，显得有些程式化，如忠孝节义、才子佳人等。“我国古典戏曲中对于道德伦理主题的执著，对于现实伦常关系和人的感情心理活动的深入发掘，以至于为了细致入微地揭示这类感情心理而创造的各种艺术手法，在世界上也堪称独步。”①

首先，怨而不怒。爱情历来都是作家们乐于表现的一个永恒的主题，在元代，爱情戏占全部剧作的三分之一。不过，总是被套进郎才女貌、“洞房花烛夜，金榜题名时”这一大模式之中，而且表现了情理相谐的特征。在爱情主题的表现方面，中国戏曲重“贞节”，从一而终，无怨无悔，即便是有怨有悔，也是怨而不怒，悔而不恨。石君宝《秋胡戏妻》中，梅英忠于爱情，蔑视富贵，勇于反抗，当她知道调戏自己的人竟是自己盼望多年的丈夫时，坚决要讨休书，最后在婆婆以自杀相胁迫的情况下，才认了丈夫。暴风雨过后，风平浪静，梅英即使有一丝恨意，也已化作了宽恕。在高明创作的《琵琶记》里，历

① 陈伯海：《传统文化与当代意识》，上海三联书店 1991 年版，第 117 页。

经千辛万苦的赵五娘一路行乞寻夫，不但未被无情的蔡伯喈所抛弃，不但不为牛小姐所妒忌，反而感动了牛小姐，牛小姐热情款待她，牛丞相亦应允其入居牛府，同意一夫二妻返陈留为公婆守孝，五娘被敕封为陈留郡夫人。这样来处理人物情感与命运是与传统的“厚人伦、美教化”的文学观念一脉相承的。

其次，善恶美丑分明。古代戏剧对美丑善恶的表现比较理念化，较少剖析复杂的个性，而是赋之以群体观念，使善恶分明、美丑立现。它突出地表现在大量的“包公戏”中，这类戏里，包公的形象是善的、美的，具有不畏权势、坚持正义、敢于斗争的性格和超人的智慧，而他的对立面则是绝对的丑与恶。

如果说在中国戏剧最初还被视为“小道末技”，那么随着戏剧艺术的直观性、浅显性和世俗性等特性逐渐被认识，戏剧艺术得到了正名，并确立了自身的地位，传统的“教化说”也随之渗入戏剧领域。“今有人焉，聚徒讲学，庄严正论，禁民为非，人无不笑且抵也，伶人献俳，喜叹悲啼，使人之性情顿易，善者无不劝，而不善者无不怒，是百道学先生之训世，不若一伶人之力也。”[①] 戏剧的教化效果被认为甚于理性的伦理说教。王阳明认为：“《韶》之九成，便是舜的一本戏子，《武》之九变，便是武王的一本戏子，圣人一生实事，俱播在乐中，所以有德者闻之，便知他尽善尽美与尽美未尽善处。若后世作乐，只是做些词调，于民俗风化绝无关涉，何以化民善俗？今要民俗反朴还淳，取今之戏子，将妖淫词调俱去了，只取忠臣孝子故事，使愚俗百姓，人人易晓，无意中感激他良知起来，却于风化有益。”[②] 戏剧成为对所谓的愚俗百姓进行伦理道德教育的一种绝好的办法。于是，“若于伦理无关紧，纵是新奇不足传”[③]。古代戏剧情理和谐、注重道德的特征与戏剧的“教化说”是密切相关的。

3. 淡化冲突，悲中带喜

中国古代戏剧情节结构上一个显著特色是较少描写冲突，虽设立矛盾，却不作正面冲突和展现，而采取分别交代矛盾各方面的行为。着力表现的不是生活的横断面，而是事件的全过程，依时顺序，从事件的开端写起，有头有尾地自然铺开，并集中主线，即“立主脑”[④]，以一个主要人物、主要事件、中心线索作为戏剧矛盾的基础，从而呈现出叙事性开放式的结构形态。例如白朴的《梧桐雨》，叙写唐玄宗与杨贵妃的爱情故事，从唐玄宗沉溺美色、荒淫失政，导致“安史之乱”，到仓皇奔蜀、马嵬兵变、贵妃缢死，再写玄宗返回长安、幽居西宫，在秋雨之夜追思亡妃成梦，醒来却闻雨打梧桐……淡化了冲突，却

① 陈洪绶《节义鸳鸯娇红记序》。
② 王阳明《传习录》下。
③ 丘濬《五伦全备记·副末开场》。
④ 李渔《闲情偶记》。

富有诗意。郑光祖的《倩女离魂》，以倩女大胆反抗封建礼教、热烈追求自由幸福的精神为中心线索，曲辞柔情婉转，极富抒情气息，而且充满了浪漫主义色彩。

中国古代戏剧主要以曲词和音乐曲调来取得戏剧效果。舞台上不设或只设简单的道具，而依靠演员的曲词、宾白、动作来交代人物活动的环境或背景，自始至终以唱为主，做、打、念为次，十分注重戏剧的抒情效果。情节的推进往往在戏剧中只具“过门”作用，从而体现了诗歌抒情传统的精神。例如，《西厢记》的一个主要特色便是善于运用富有诗情画意的语言，描绘各种悲欢离合的场景。“长亭送别”一折戏实际上是崔莺莺惜别、依恋和感伤的心曲。她一上场唱的第一支曲子“端正好”：“碧云天，黄花地，西风紧，北雁南飞。晓来谁染霜林醉？总是离人泪！”通过对暮秋郊野景色的感受，抒发了心中的离愁别绪。《牡丹亭》中“游园”则是杜丽娘“思春”的心声。一支支曲词，就是一首首诗，虽然是叙事诗，却充满了浓厚的抒情意味，剧作家所追求的正是戏剧的这种抒情效果。

中国古代戏剧情节结构的第二个特色是悲中带喜。根据矛盾冲突的性质，戏剧可分为悲剧、喜剧和正剧。由于特殊的起源和形成因素等缘故，中国古代戏曲未能产生经典形态的悲剧。从文学理论方面来说，悲剧的产生是“历史的必然要求和这个要求实际上不可能实现之间的悲剧性冲突”[①]造成的，悲剧的冲突是惊心动魄的，结局是悲惨的。由于主人公的某些过失和弱点，或者是所追求的理想暂时无法实现，因此造成主人公的失败、受难或者死亡的悲惨结局，正如19世纪俄罗斯哲学家、作家车尔尼雪夫斯基所言，悲剧是“人的巨大苦难或者是伟大人物的死亡”[②]，从而唤起观众的悲痛、怜悯和同情以至崇敬的审美感情。但在中国古代戏剧里，喜剧的基因从一开始就比较发达，喜剧艺术远较悲剧繁荣，出现了《救风尘》、《墙头马上》、《西厢记》等优秀的喜剧作品。而悲剧则是悲喜交杂，总是喜欢插入喜庆因素，尤其是结局，往往是大悲之后有个小喜，如《窦娥冤》里鬼神帮助窦娥申冤；《赵氏孤儿》中幸免一死的赵氏孤儿最终报仇雪恨。这种圆满的大团圆结局，是剧作家在悲剧的情节中，坚持“和谐”、寻求圆满自足的解释，借以平复观众的倾斜心理，体现出民族传统中追求节制、折中、调和的精神取向。所以，即便被认为是“惨杀之书”的《琵琶记》，也是穷与富、悲与喜、苦与乐相互映衬，相互交杂。按照生活的逻辑及时代特点，赵五娘的遭遇只能以悲剧而告终，然而作品却赋予她以喜剧的结局。古代戏剧的这种特征是中国文化固有特征的一种表现。

① 《马克思恩格斯选集》（第4卷），人民文学出版社1972年版，第346页。
② 车尔尼雪夫斯基：《美学论文选》，人民文学出版社1959年版，第108页。

第七章　史　学

史学是利用历史资料来研究和阐述人类社会历史的科学，是社会意识形态的一部分。它的主要任务是占有、识别和利用人类社会发展过程中所留下的遗迹（史料）去正确认识客观的历史，从而揭示人类社会的发展过程及其规律，并以文字为主要手段尽可能真实地将它再现出来。

中国史学历史极为悠久。中国近代学者梁启超曾精辟地指出：“中国于各种学问中，惟史学最发达；史学在世界各国中，惟中国最发达。”[①]发达的中国古代史学，是中华民族为世界文明所作出的巨大贡献。

第一节　中国古代史学的特点

一、累世不断

历史记载代代相接，累世不断，这是发达的中国古代史学最显著的特征。

中国的历史记载史料出现得很早。周代（约从公元前 11 世纪至公元前 221 年）便是中国开始有完整文献史料记载的历史朝代。早在公元前 841 年中国就有了明确的纪年，也就开始有了逐年记载的历史。正是在这样的基础上，第一部传世的史书《春秋》才得以明确地记载了从公元前 722 年到公元前 481 年鲁国的史事，而与这一时期相近的古希腊和古罗马的历史，还基本上处于口头传说的时代。西方“史学之父”、古希腊历史学家希罗多德（Herodotos，约公元前 484—前 425 年）在撰写《历史》一书时，所能看到的文献资料非常匮乏，只好以自己四处游历采访调查得来的资料为主来进行写作。

中国所有朝代无不有史。纪传体的“正史”从《史记》至《清史稿》，完整地记载了中华民族由传说中的三皇五帝时代直到清末的历史。编年体史书、纪事本末体史书和典志体史书也贯穿古今、自成系统。相比之下，其他文明古

① 参见梁启超：《中国历史研究法》第二章，上海古籍出版社 1987 年版。

国的历史记载则残缺不全。古希腊的历史著作随着罗马人的入侵而中绝，古埃及的历史记载也随着外族的不断入侵而中断，古印度则几乎没有正式的历史著作，有的只是宗教经典和传说。因此，中华民族亘古至今、累世不断的历史记载，是世界上其他任何民族都无法相比的。

二、体裁多样

中国古代史学还以其史书卷帙之浩繁、涉及内容之丰富、体裁形式之多样而著称于世。

中国自周秦以来产生的史书很多，尽管由于历代天灾人祸而损失惨重，但珍藏和流传下来的史籍仍是汗牛充栋。据估计，中国现存的古籍约 8 万种，按经、史、子、集四部分类。在《四库全书总目·史部》中，就著录了 19 世纪以前中国的史书共 2132 部，38239 卷，但实际上远不止此数。因为许多放入经、子、集中的古籍，若按其内容看，仍可划归史部。中国近代史学大师梁启超先生就曾指出：古籍的“十之七八，可以归在史部”①。数量如此之巨的古代史书，在世界史上可谓绝无仅有。

另外，中国史籍所涉及的内容十分丰富，既有讲述政治、军事、经济的，也有专叙典章制度、学术思想、文学艺术的，还有记载天文地理、风俗民情、交通物产的，甚至连谱牒家史、轶事传说等内容也相当发达，林林总总，几乎无所不包。

就史书的体裁形式而言，也是多姿多彩，颇为完整。以中国传统的分类来看，中国史书的类别竟有十几种之多，如《四库全书总目》就把史部的古籍分为正史（纪传体）、编年、纪事本末、别史、杂史、诏令奏议、传说、史钞、载记、时令、地理、职官、政书、目录、史评等 15 类。若按现今史学的分法，中国史书也几乎囊括所有门类。如属通史的有《史记》、《通志》、《资治通鉴》等；属断代史的有《汉书》至《明史》的“正史”；属国别史的有《春秋》、《国语》、《三国志》；属专门史的有专叙典章制度的《通典》、《文献通考》，专叙学术思想的有《明儒学案》、《宋元学案》，专叙家族史的有《大唐氏族志》；属史学理论的有《史通》、《文史通义》，等等。当今史学常用的三大体裁——编年体、传记体、纪事体在中国史书中早就出现，而且产生典制体、史论体、会要体、纲目体、学案体、图表、史注、史考等多种体裁。如此多样的体裁为史学家们撰写历史提供了丰富的表现形式，并且由此勾勒出中国古代史学的完整风貌。中国古代史书正是以其丰富的内容和多样的表现形式，全面连贯地反映了中国历史的真实进程。

① 参见梁启超：《中国历史研究法补编》，商务印书馆1990年版。

三、官修私撰，百科之首

中国自古就有重视修史的传统，很早便设置了史官一职。自“有册有典”以来，便“世有史官，以司典籍”①。夏朝的终古，商朝的向挚，周朝的史佚、史伯均为后世史书中提及的良史；春秋时的齐国太史、晋国董狐更是名垂千古的直史（即秉史直书的史官）。周朝时的史官已有左、右史之分，“动则左史书之，言则右史书之”②，故有“左史记事，右史记言”的说法。汉以后，史官的名称虽有著作郎、起居郎、专修国史等不同称呼，但史官记录史实、撰修史书的任务始终未变。史官与史学同在，可谓是中国古代史学的又一显著特征。

唐太宗时代，专门设置国家级的修史机构——史馆，由国家统筹撰修国史。史馆内组织分工十分齐备，除了由宰相兼任的监修国史一职外，还有修撰、直馆等史官，以及抄写、印刷、装潢等辅助人员。到了宋代，起居院、时政记房、日历所、实录院、国史院、会要所等建制使得史馆制度更加系统完善。此制度一直沿用至清末民初。史官、史馆制度均为封建国家重视历史的标志，它不仅为中国古代史学代代相传、累世不断奠定了强大的物质基础，而且提供了有效的组织保证。

将修史作为朝政大事来抓，不仅汉族统治者如此，就连入主中原的少数民族所建立的政权也如是。如元朝于至正二年（1342年）诏令纂修宋、辽、金三史；清朝入关第二年（顺治二年，1645年），也下诏修撰明史，由于实际未进行，至康熙十八年才正式设馆纂修，至乾隆四年最后定稿，历时60年。少数民族政权修史的认同感，不仅说明了中华文化巨大的凝聚力，也保证了中国的历史记载不致中断。

除了官修史书之外，私人的撰述数量更多，也更加光彩夺目。许多史学名著，如《史记》、《汉书》、《史通》、《通典》、《通志》、《文献通考》、《通鉴纪事本末》、《明儒学案》等都出自个人私修之手。私人著史虽然不如官府那么有权有势、有钱有物，但史学家们那鞭策当世、警醒后人的历史责任感，以及献身“名山”的无私精神和不怕困难挫折的勇气，使得私修史书不仅在数量上，而且在质量上都大大超过了官修史书。历史著作频频问世这样一种局面，实在是中国古代其他学科前所未见的，恐怕也是世界古代史上所仅见的。

四、“良史以实录直书为贵”③

中国古代史学有着自己的优良传统，尤以严谨求实的特点最为突出。中国

① 袁宏《后汉记·班彪传》。
②《礼记·玉藻》。
③ 刘知几《史通》。

古籍文献浩瀚，史家们在治史时，往往先广采群言，然后严加考证，最后乃自成一家。鉴别史料真伪，修订错漏，一直是史家修史过程中必不可少的大事。如司马迁著《史记》时，就曾收集了十分丰富的史料，其中不仅有“石室金匮之书”的先秦典籍和当世流传的著作，而且有大量前代和当代的档案文书，以及他遍访名山大川时所得的材料。但是，司马迁并没有为史料所役使而随意运用，而是逐一考订其来源，辨别其真伪，凡所录用的，都经过一番严格审慎的选择，对于一些当时无从考证的史料就采取“疑则传疑”的态度，绝不妄断，正是由于这种严谨的忠于翔实史料的态度，才写出了被后人誉为“实录”的不朽之作——《史记》。

由于注重求实、严谨的学风，中国古代史学还产生了发达的史注形式。史注的作用在于：或补充史事，或保存异说，或训释名物，或揭示讹误。至宋代司马光作《资治通鉴考异》时，这种传统已发展到具有丰富内涵和十分自觉的程度。《资治通鉴考异》共30卷，是司马光在撰《资治通鉴》时对那些一种史事几种说法的史料进行考证鉴别的记录。《资治通鉴》共294卷，约300万字，其书稿堆满了两屋。有人曾翻阅其中数百卷，竟无一字草书，正是这种严谨求实的治史态度，使得《资治通鉴》在中国史书中享有很高的地位。

五、鉴戒垂训，以史鉴今

中华民族是一个有着深刻历史意识的民族，所以，借鉴和垂训的作用一直是修史的首要宗旨。早在周灭商后，西周统治者就一再考究商灭亡的原因，要以夏、商两代作为镜子。《尚书·召诺》中有“我不可不监于有夏，亦不可不监于有殷”的感叹，《诗经》中也有“殷鉴不久，在夏后之世”的警句。汉代司马迁就以“究天人之际，通古今之变”为己任，试图为汉代统治者找出治世的良策。随着史学的发展，以史为鉴便成了中国史学的重要传统。唐朝初年设馆修史，唐太宗与魏征就在官修《隋书》中鲜明地贯彻了以史为鉴的宗旨。宋代司马光主编的通史，原名为《通志》，后神宗皇帝觉得此书所载历代君臣事迹和治国之道十分详细，大有鉴戒价值，乃赐名曰“资治通鉴”，从此，以鉴为名的史书接踵出现，如《通鉴纲目》、《纲鉴易知录》、《通鉴辑览》等，以史为鉴的修史宗旨也一直在延续。

这种正统的修史宗旨，也为中国史书带来一定的负面作用。纵观历代史书，无论官修或私撰，大都以帝王将相、政权更替、天理人伦等内容为重点，并以封建的伦理道德观进行取舍评说。正因为如此，以纪传体书写的史书方取得了“正史”的地位，与之相关的门类也得到相应的发展。《隋书·经籍志》中将史部史籍分为13类：正史、古史、杂史、霸史、起居注、旧事、职官、仪注、刑法、杂传、地理、谱系、簿录，其中除杂传、地理、簿录之外，其他类别都可以看作是“正史”的延续，相比之下，记载中国古代社会科技水平的史书则少之又少，以致无法在史部中分出专类，这与中国古代科技水平的现状是很不相称的。所以，中国古籍浩如烟海，若想查找某一朝代某一皇帝的生平业绩并不费事，可要查出对世界文明作出过重大贡献的中国古代四大发明的来龙去脉则颇费周折，甚至没有记载，这无疑是中国史学的一个严重缺陷。

第二节　中国古代史学的发展

人类自从有了文字之后，就开始发生了以文字记录社会实践的活动，这就是对历史的记载。自从有了按年纪事的编年史，也就有了反映历史过程的历史著作，史学也就从此产生和发展起来了。纵观中国古代史学的发展历程，大致可分为如下几个阶段。

一、巫史分离

中国史学的萌芽，可以上溯至远古的原始社会时期，在这一时期里，人们主要是以口头传说的形式记载祖先们与大自然殊死搏斗、艰苦创业的英雄故事，如女娲补天、黄帝战蚩尤、后稷耕稼、大禹治水等，这些远古的传说虽然掺有许多神化色彩，但其中流露出的原始历史观念，是人们对历史的最早看法，也是中国史学的一个源泉。

殷周时期，中国有了文字（甲骨文、金文）和历法。这些都是记载历史的重要条件，有了文字可以记事，有了历法可以记时，与此同时，还产生了集巫、史于一身的史官。于是，“有册有典”[①]的历史记载局面开始出现。商的甲骨文，西周的金文以及《尚书》、《逸周书》等是我们今天所能看到的那个时代的历史著作。但是，这些作品仅仅是一些叙述性的文字资料，即史官对当时的一些国家大事和帝王言行的记录，且极为简单和零散，还称不上是史学著作。

春秋战国时期，史官记言记事的传统有了长足进步。记载入册的内容不再仅仅是一些片断、零碎的文献资料，而是渐渐发展为按年代顺序连续记载历史大事的史书。春秋末期，中国传世的第一部史著——初具编年体雏形的《春秋》

① 《尚书·多士》。

问世。随后，《左传》、《国语》、《战国策》、《竹书纪年》、《山海经》、《穆天子传》、《越绝书》等一批流传至今的史籍名著相继问世，至此，中国古代史学正式产生了。这时，编著史籍之风已相当普遍，如郑之《志》，晋之《乘》，楚之《梼杌》，宋、齐、鲁、燕之《春秋》等。墨子就曾称“吾见百国春秋”[①]，但真正流传下来的历史著作并不多，体裁也只有编年体一种，其他的史籍体例尚处在萌芽状态之中。而且，史学还是经学的附庸，尚未被人们当作一门独立的学科看待。所以，先秦时期，是中国古代史学的萌芽期。

二、成熟与定型

汉魏六朝是中国史学成长发展的时期。两汉 400 余年间，虽然史学著作的数量不多，但产生了《史记》、《汉书》这样两部具有划时代意义的史学巨著。这比起先秦时期的史著来说无疑是一次质的大飞跃，尤其是《史记》，不论是在史学体例、史学观点还是在史料收集和文字表达上，都有着开创性的贡献。所以，《史记》一直被视为是中国古代史学史上的一座里程碑，也是中国史学成长起来的标志，自从司马迁开创了纪传体史书的体例之后，以人物传记为中心就成了汉魏六朝史学的主流。在魏晋六朝，中国古代史学获得很大发展，其主要表现在以下几方面。

首先，统治者予以重视，史学地位显著提高。魏明帝于太和年间，在中书省始设著作郎一职，专掌修史。西晋时，统治者又于著作郎外，另置佐著作郎 8 人，并规定“佐郎职知博采，正郎资以草传”[②]，即由佐郎大量搜集资料，以供正郎撰写传记之用。北魏、北齐还在秘书省设著作局，以后又专门辟出修史局撰写史书。以著史为专职的史官及相应的修史机构在魏晋之前是从未有过的。它的产生，是中国古代史学史上的一件大事，标志着统治者对史书作用认识的加深以及对史书编修控制的强化。统治者对史学的重视以及班固的《汉书》在社会上所产生的巨大影响，使得史学在社会上备受青睐。一时间，入史局、当史家竟成了人们显示身份的一种荣耀。

其次，这一时期史书数量急剧增多，门类迅速扩大。据统计，自殷商至两汉 1800 年间，所成史书不过 200 多部，而曹魏至隋的 400 余年，史书竟有 1200 多部。两者相比较，后者的时间不到前者的 1/4，而史书却是它的六倍之多。史书数量的剧增，使得史著门类不断在扩大。这一时期的史书体裁，除了纪传体、编年体之外，还出现了起居录、方志、传记、史注、史评、史考、史

① 《墨子·明鬼篇》。
② 刘知几《史通·史官建置》。

钞、实录、谱牒等新史体。

再次，由于史书数量的剧增和史学地位的提高，史学也自然在图书目录学中形成了独立的门类。西晋荀勖在整理图书时，首次将图书分为甲、乙、丙、丁四部。后来，东晋李充又对其进一步修改完善，并将史书由丙部调升到乙部，使四部排列秩序为：甲部为五经之书，乙部为史记，丙部为诸子，丁部为诗赋。（直到今天，中国图书馆古籍的目录仍采用这四分法。）从此，经、史分家，史学正式成为一门独立的新学科，并取得了仅次于经学的重要地位。

魏晋六朝时期的史学名著主要有：中国最早的一部官修史书《东观汉记》、中国第一部编年体断代史——荀悦的《汉纪》，以及陈寿的《三国志》、袁宏的《后汉纪》、范晔的《后汉书》、沈约的《宋书》、萧子显的《南齐书》、魏收的《魏书》、郦道元的《水经注》、杨衒之的《洛阳伽蓝记》，等等。

三、盛世之荣

隋唐宋元是中国封建社会政治经济高度发展的时期，中国古代史学也随之步入黄金时代。由于隋朝很快灭亡，在史学上没有什么大的建树，元代也只是宋代史学发展的余波，所以，只有唐宋两代才真正展示了中国古代史学的繁荣鼎盛局面，尤其宋代更是中国古代史学发展的巅峰。

唐代史学的一个突出成就是国家正式设馆修史，从而建立了完整的官修史书制度。史馆建立后，唐朝在太宗贞观三年（629 年）到高宗显庆四年（659 年）这短短的 30 年间，修撰成《梁书》、《陈书》、《北齐书》、《周书》、《隋书》以及《晋书》、《南史》、《北史》8 部前代正史。从此，国家编修史书的制度历代不辍。虽然官修史书制度存在着牵制多、质量差、缺乏创新精神等弊端，但它集中国家的财力、物力和人力，收集、保存并整理了大量的史料，应给予充分肯定。

据《新唐书·艺文志》记载，唐时有史部 929 家，1225 部，29201 卷。在《二十四史》中，就有 8 部出自唐人之手，占了总数的 1/3。到了宋代，由于印刷术的发明和推广应用，使得史书的印刷和保存更为方便，此时史书数量有了成倍的增长。据《宋史·艺文志》记载，宋时四部之书共 9819 部，114972 卷，其中史部书 2147 部，43109 卷。清代的《四库全书总目》中共著录中国古代史部书 560 部，21950 卷，其中宋代 300 年间的著作就有 189 部，5644 卷，即占总部数的 1/3，总卷数的 1/4 以上。[①]

唐宋时期的史书不仅数量巨大，而且质量相当高，中国古代史学很多传世

① 高国抗：《中国古代史学史概要》，广东高等教育出版社 1985 年版，第 242、243 页。

之作就出于这个时期。由于历史发展的需要，此时主通明变的史学思想居于主导地位，故通史体史书十分盛行，刘知几的《史通》、杜佑的《通典》、司马光的《资治通鉴》、郑樵的《通志》、袁枢的《通鉴纪事本末》、朱磊的《通鉴纲目》、元人马端临的《文献通考》等均系在中国史学史上占有很高地位的史著。

唐宋时期还出现了史论体、政书体、纪事本末体、纲目体、方志体等多种新体裁。《四库全书总目》中列举的中国史籍所包含的15种体裁，到了宋代已差不多齐备，后人很少再有大的创新。唐宋时期还是史家人才辈出、群芳竞艳的时代，这一时期所产生的史学大家是中国历史上其他任何时代都无法比拟的。刘知几、杜佑、欧阳修、司马光、郑樵、李焘、袁枢、胡三省、马端临等就是其中的佼佼者。

四、新纪元前的徘徊

明清时期，是中国封建社会逐渐衰落的时期，也是封建专制文化达到顶峰的时代，史学因之进入踟蹰徘徊的时期。

在明代，史学著作的数量仍然十分可观。据《明史·艺文志》记载，明代史部书籍共1378部，27547卷，但质量并不高，远远比不上宋代。此时，较有影响的官修史书有《元史》、《明实录》、《明会典》、《永乐大典》等。较有影响的私撰史书有方孝孺的《释统》、王世贞的《嘉靖以来首辅传》、李贽的《藏书》和《续藏书》、谈迁的《国榷》等。

明清之际，中国封建社会进入天崩地裂的大动荡时期。为了挽救国家危亡，寻找社会出路，中国学术界异常活跃，出现了许多具有早期启蒙主义色彩的思想家和史学家。黄宗羲、顾炎武、王夫之等人就是杰出代表，他们所提倡的经世致用、博古通今等进步的史学思想和观点使得元明时期相对停滞的中国史学又重现生机。黄宗羲的《明儒学案》、《明夷待访录》，顾炎武的《天下郡国利病书》、《日知录》，王夫之的《读通鉴论》、《宋论》均系洋溢着爱国主义思想和民族、民主意识的名著。这一时期的史书除了史学思想进步之外，在史学方法、史书编纂上也有所创新，如《明儒学案》确立了学案体的史书体裁，为学术史的研究开拓了新路，而《日知录》则将考证发展为一种治史的方法，并开一代考据之风。

从清全盛时期至鸦片战争前，清朝统治者的文字狱达到登峰造极的地步，曾延续120年之久。以致学者们为了避祸保身，不敢触及现实，成天钻在故纸堆中做学问。于是，产生了以考据学而著称的乾嘉学派。乾嘉史学的主要内容是校勘古籍、辨伪辑佚以及改写、补作和考证旧史。如王鸣盛的《十六史商榷》、钱大昕的《廿二史考异》、赵翼的《廿二史札记》、崔述的《考信录》。考据学是清代史学的主流，它虽然在整理古籍方面作过重大贡献，但由于背离了中国古代史学“经世致用”的优良传统，致使古代史学从此走上了严重脱离实际的烦琐考证的歧路。

然而，尽管考据学盛极一时，仍然出现了一位能继承和发扬前代优秀史学传统的杰出学者——章学诚。章学诚强调经世致用，对烦琐的考据之学持批判态度。他的“六经皆史”之说大大提高了史学的地位，他的《文史通义》在某种意义上说是对中国古代史学的总结性论述。从他以后至晚清，再也没有出现能超过章学诚的史学大家。所以，有人将章学诚称为中国古代史学的殿军。

第三节 中国古代史籍的体例

中国古代史学在长期的发展过程中，不仅积累了浩如烟海的历史著作和文献资料，同时也创造出丰富多样、纵横相交的独特的史学体裁。下面扼要介绍几种主要的史书体例。

一、通贯古今的纪传体

纪传体是以人物为中心，并辅以本纪等其他多种形式来记叙史事的一种史书体裁。它由“本纪”、“世家”、“列传”、“书”、“表”5个例目组成。“本纪”主要用编年的形式记载各朝代和帝王的大事，是全书的总纲；“世家”写诸侯或贵族的生平；“列传”是一些官僚士大夫和特殊人物的传记；“书”（后改为“志”）专门记载政治、经济、文化、地理等状况以及各项典章制度；“表”用表格的形式来归纳谱列历史大事和某些列传无法记载的人物活动。其中，“本纪”和“列传”是两个主要部分，“纪传体”之名由此而来。

纪传体以人物传记为中心，故能比较详尽地反映出各类人物的历史活动情况，又因记叙范围比较广泛，也便于通观一个时期的历史发展状况。但这种体裁因难免重复，以致未能清晰地再现时间顺序和历史人物、历史事件之间的相互关系。总的来看，由于纪传体的5个例目既各自为用，又交叉配合，因此，比其他体裁要全面、完备，能容纳大量的历史内容。又由于纪传体记人物以帝王将相为中心，因此能比较符合封建统治者的需要，所以，后人便将以纪传体编写而又能得到官方承认的史书称为“正史”。

自汉至清，共积累了二十四部正史，史称“二十四史”。后来人们又将民国初年赵尔巽等人编撰的《清史稿》与“二十四史”放在一起，合称“二十五史”。

二十五史一览表

书名	卷数	修撰人	书名	卷数	修撰人
史记	130	汉·司马迁	南史	80	唐·李延寿等
汉书	120	汉·班固	北史	100	唐·李延寿等
后汉书	130	南朝宋·范晔	旧唐书	200	后晋·刘昫
三国志	65	晋·陈寿	新唐书	225	宋·欧阳修等
晋书	130	唐·房玄龄等	旧五代史	150	宋·薛居正等
宋书	100	梁·沈约	新五代史	74	宋·欧阳修等
南齐书	59	梁·萧子显	宋史	496	元·脱脱等
梁书	56	唐·姚思廉	辽史	116	元·脱脱等
陈书	36	唐·姚思廉	金史	135	元·脱脱等
魏书	130	北齐·魏收	元史	210	明·宋濂等
北齐书	50	唐·李百药	明史	332	清·张廷玉等
周书	50	唐·令狐德棻等	清史稿	536	民国·赵尔巽等
隋书	85	唐·魏征等			

“二十五史”是自有文字记载以来前后相接的历史巨著，共3200多卷，是世界各国历史著作中绝无仅有的。在“二十五史”中，以《史记》和《汉书》的史学地位最高。《史记》是司马迁所著。司马迁（公元前145年—?），西汉夏阳（今陕西韩城）人，是太史令司马谈之子。从小聪颖好学，博览群书，20岁后，开始外出游学，遍游名山大川，广搜旧闻传说，考察民情风俗。元封三年（公元前108年），继任父职为太史令，这使得他有机会饱览皇室所藏的大量书籍。太初元年（公元前104年），他着手编写《史记》，后因为李陵败降匈奴事辩解，触怒汉武帝而下狱，惨遭腐刑。后被赦出狱，任中书令。当时此职多由宦官充任，屈辱使他更加发愤，继续编撰《史记》。征和二年（公元前91年），他基本上完成了这部历史巨著。

《史记》在中国史学上的地位是十分重要的，它对中国史学的贡献主要表现在以下四方面。

第一，它开创了纪传体的新体裁。本来，本纪、世家、列传、书、表这五种体例的史书在秦汉前已经存在，但都是一书一体，且很不完善。司马迁首次将这五种体例综合在一起，在吸取各家长处的基础上再加以发展，写成第一部纪传体史书《史记》。清代史学家赵翼就此评论道："司马迁参酌古今，发凡起例，创为全史……一代君臣政事，贤否得失，总汇于一编之中。自此例一定，历代作史者，遂不能出其范围，信史家之极则也。"[①]纪传体的创立，是司马迁对史学的巨大贡献和功绩。

第二，《史记》是中国历史上第一部规模宏伟、内容全面的通史。在司马迁以前，中国虽然已经有了《春秋》、《左传》、《国语》、《战国策》等重要的历史文献，但这些著作都只是记载着某个时期，或是某个地区的历史，而不是叙述从古至今，包括方方面面的通史。《史记》全面系统地记载了西汉中朝以前中国3000年的发展史，从而开创了贯通古今、网罗百代的通史写作方法。

第三，《史记》还以其相当进步的史学观点和思想滋养了后世进步的史学家。司马迁编写《史记》的目的十分明确，即"究天人之际，通古今之变，成一家之言"。因此，他不仅注意社会政治的发展变化，也注意到了社会经济、文化的发展变化，而且注意到自然与社会的某些联系。他在《史记》中探讨了一些封建社会发展的基本问题及其发展变化的原因，这是以往史著中很少涉及的问题。司马迁不仅为帝王将相写传，也为小人物写传，《史记》中就有不少游侠、刺客、儒生、算命者、生意人等社会中下层人物的传记。他还把反抗封建统治的农民起义领袖陈涉列入世家，使之与王公贵族平起平坐。他还敢于揭发和抨击统治者的强暴罪行，如批评吕后"政不出房户"，指责汉文帝"赏太轻、罚太重"，痛斥汉武帝好大喜功、奢侈迷信、劳民伤财，等等。所有这些都充分体现了《史记》人民性的倾向，也正是因此才长期被后世统治者斥为"谤书"。《史记》中的人民性、思想性一直为后世进步史家所继承。

第四，《史记》堪称文史结合的典范，司马迁不仅是伟大的文学家，而且是伟大的史学家。《史记》结构恢弘，笔法流畅，文辞优美，写人叙事生动活泼，栩栩如生，鲁迅先生曾以"史家之绝唱，无韵之离骚"[②]来评价《史记》的史学及文学地位。

《汉书》是东汉史学家班固所撰，班固（32—92年），东汉扶风安陵（今陕西咸阳市）人。其父班彪也是一位史学家，曾为司马迁《史记》作过续补工作。班彪死后，班固立志继承父业，撰写汉代史书。他勤奋作书20多年，在书将要完稿之时，不幸于和帝永元四年（公元92年）因窦宪案牵连死于狱中。尚未完成的《八表》和《天文志》部分由其妹班昭等人完成。《汉书》共100篇，120卷，88万余字。它从汉高祖元年（公元前206年）起到王莽地皇

① 赵翼《廿二史札记》。
② 鲁迅《汉文学史纲要》。

四年（23年）止，记录了西汉整整一代的历史。汉武帝以前基本上依据《史记》写成，汉武帝以后的部分，是在继承其父班彪及其他人对《史记》续补的基础上，收集大量史料后进行的再创作。《汉书》对中国史学的最大贡献主要有以下两点。

一是开创了纪传体断代史的先河。《汉书》是中国史学史上第一部真正的“包举一代，自成一书”的纪传体断代史。从此之后，历代正史基本上都采用这种体裁。

二是它的“十志”开创了史学研究的新领域。《汉书》“十志”是在《史记》“八书”的基础上创作的，它在许多方面都超过了《史记》，是汉书中最具特色的部分。如《食货志》可视为从周代至王莽时期的一部经济发展简史；《地理志》则是中国第一部以疆域政区为主体的地理著作，它不仅记叙了西汉地理，而且还上溯先秦，对各地区的经济文化、户口山川、风俗习惯以及中外交流都作了详细的叙述；《艺文志》是中国最早的一份图书目录，还是一部极为珍贵的古代思想文化史资料，等等。因此，《汉书》的“十志”不但为后世史志所效法，而且为《通典》、《通考》、《通志》一类的政书体史籍树立了楷模。

《汉书》对许多历史问题的判断、评价，都以封建纲常名教为标准，因此，《汉书》在思想性方面比较保守。这是我们在阅读《汉书》时需要注意的。

自从司马迁的《史记》创立了纪传体史书体裁，班固的《汉书》又予以完善、巩固之后，纪传体体裁一直在中国古代史书中占据了主导地位。

二、坐迩寖远的编年体

编年体是一种以时间为线索，按年、月、日顺序记叙史事的史书体裁。优点是先后次序清楚，比较容易反映出一定时期内各个历史事件前后的联系；缺陷是不易于集中反映一个历史事件前后的联系。

编年体体裁的出现早于纪传体，秦汉以前的史书几乎都是编年体。孔子根据鲁国史官的记录而编写的《春秋》便是中国传世最早并具备体系的一部编年史。由于《春秋》记事太简单，鲁国242年的历史只用了1.8万字记载，许多事目引有标题而无内容，有时甚至只有一两个字。这就无法全面反映出事件的过程和内在联系，也为后人读史时带来很大困难。所以，《春秋》还只是编年体的雏形。中国第一部完备的编年体史书当推《左传》。《左传》又称《春秋左氏传》或《左氏春秋》，是鲁国太史左丘明以《春秋》为纲而编撰的一部编年史。《左传》虽以鲁国史事为主，但对各国的重大事件也有详细记载，而且是有言有行，有直述有概述，有追叙也有附录，还有分析和评论。另外，

《左传》还在史料剪辑、人物刻画和文笔优美等方面都大大优于《春秋》，并对后世史学产生了深远的影响。之后，东汉荀悦的《汉纪》、东晋袁宏的《后汉纪》均是影响较大的编年体史书。尤其是荀悦的《汉纪》，唐代史学家刘知几将其与班固的《汉书》相提并论，赞誉为“班、荀二体”。

在中国史学史上最具影响的编年体史书还是北宋司马光编撰的《资治通鉴》。司马光（1019—1086年），陕州夏县（今山西夏县）人。生于北宋的一个书香仕宦家庭，自幼喜好读史。20岁中进士后曾历仕仁宗、英宗、神宗和哲宗四朝，位至宰相。68岁时因操劳过度而病逝，是北宋时期著名的政治家、史学家。司马光在长期的治史过程中，深感史书浩繁烦冗，头绪紊乱，阅读不便。他说：“《春秋》之后，迄今千余年，《史记》至五代史一千五百卷。诸生历年不能尽其篇第，毕世不暇举其大略。”[①]因此，他决心自己动手编一部“删削见长、举撮机要，专取关乎国家盛衰，系生民休戚，善可为法，恶可足戒”[②]的史书，在皇帝的支持下，司马光和助手们一起，前后历时19年，终于撰成不朽的巨著《资治通鉴》。与历代编年体史书相比，《资治通鉴》的编纂水平是最高的，它对中国史学的贡献主要表现在以下三个方面。

其一是创立了中国第一部叙事翔实完备的编年体通史。《春秋》、《左传》、《汉纪》等史书均为断代编年体，至北宋前仍未有一部完善的编年体通史。《资治通鉴》的问世，填补了这一空白。它记载了上自周朝威烈王二十三年（公元前403年），下至五代周世宗显德元年（959年）共1362年的史事，总结了封建国家在这一千多年中政治兴衰存亡的历史经验，是一部可以与《史记》相媲美的杰作。

其二是首创了集体编写、主编负责、助手分工协助之组织严密的编纂方法。自春秋以来，中国史书一直是官修、私撰同时并存，但两者各有利弊。官府财力雄厚、图书资料齐备，可出书质量差；私人有一定创新精神，但受到资料、财力等客观因素的制约。司马光开创了官府、私人修史相结合的先例，并取得辉煌的成功。司马光既充分利用了官府的人力、物力以及藏书丰富的优势，组织了获得朝廷支援的修史班子，又充分发挥了史家个人治史的主动作用。在司马光的修史班子里，有“编集”（主编）、“同修”（编辑）、“检阅文字”（校对）和“书吏”（负责文字抄写工作）等辅助人员。编辑由造诣很深的史学家刘恕、范祖禹和刘攽出任，负责收集资料、编制提纲和撰写初稿。主编由司马光担任，负责对初稿删削润色，以保证全书观点、体例、笔法的统

① 司马光《进资治通鉴表》。
② 刘恕《通鉴外纪自序》。

一，史料取舍的得当，文字语言的连贯流畅。所以，《资治通鉴》虽经众人之手却如出一人之笔。正是这种分工合理、组织严密的集体编纂的方法保证了《资治通鉴》的质量，使之能名列编年体史书之首。

其三是完善了编年体史书的结构。以往的编年史只有正文和评论，结构比较简单。而《资治通鉴》除了正文、评论之外，还有目录和考异。正文叙事的方法，除了继承发扬编年体的原有长处外，还引入了纪传体的某些写法。如它以纪传体的“本纪”为经，以“传”为纬，将“志”之大端编入相当之年；又充分运用追叙、插叙以及人物首出交代籍贯、世系等方法，使编年体在叙事写人方面更丰满。由于《资治通鉴》能较好地将纪传、编年的优点熔为一炉，从而大大完善了编年体史书的结构。可以说，《资治通鉴》代表了编年体史书的最高水准。

《资治通鉴》的问世，使被冷遇了千余年的编年史体又声威重振，后世史家竞相援引。其中比较重要的有：北宋刘恕的《通鉴外纪》，该书上起伏羲氏，下迄周威烈王，补齐了《资治通鉴》未记的周威烈王二十三年以前的史事；南宋李焘的《续资治通鉴长编》，记载了北宋建隆元年（960 年）至靖康二年（1127 年）共 168 年的史事；南宋李心传的《建炎以来系年要录》，与李焘的《续资治通鉴长编》相接，记载了宋高宗时的史事。此外，尚有明人王宗沐、薛心旂的《宋元资治通鉴》，明末清初谈迁的《国榷》、清人徐乾学的《资治通鉴后编》、毕沅的《续资治通鉴》、陈鹤的《明纪》、夏燮的《明通鉴》等。至此，自上古直至明代，编年体史著自成系统，记事前后衔接，真正成了与纪传体《二十四史》并行的重要史书体裁。

三、异体补正的纪事本末体

纪事本末体是以记事为中心，以朝代为顺序，评述历史事件始末，并独立成篇的史书体裁。它最早见于《尚书·顾命》等篇章中对一事始末的记载。后来，《左传》、《国语》等书中均有记一事始末、一人始末或一国始末的内容。北魏史学家崔鸿等人所撰的《科录》，因其将百家要事以类相从，故也可视为纪事本末体的雏形。但是，只有到了南宋袁枢所撰的《通鉴纪事本末》问世后，纪事本末体才宣告成熟，真正成为在史书体例中占一席地位的独立的体裁。

袁枢（1131—1205 年），南宋建安（今福建建瓯）人，30 岁中进士后踏上仕途。他学问渊博，正直爱国。《资治通鉴》是他喜爱诵读的书目之一，因“苦其浩博”，不便阅读，乃将其重新组织改写，遂成《通鉴纪事本末》一书。在《通鉴纪事本末》中，袁枢将司马光《资治通鉴》中所叙述的历史大事，按专题归纳为 239 个事目，另附录66 个事目，散见于各正门目之后，总共大小

300 件事。每一事件由袁枢冠以标题，而内容仍按《资治通鉴》原文抄录。虽然《通鉴纪事本末》在内容上未曾增补一字，但由于袁枢熟悉《资治通鉴》的内容，且有着很强的综合归纳史料的能力，所以，他在“抄录”的过程中开创了中国史档编纂学上的一种新体裁，从而为中国史学史的发展作出了突出的贡献。

纪事本末体的最大特点在于重点突出和编排史事的灵活性。它按专题编排史事时，既能够包举历代重大事件，又能按历史事件的发展顺序记事，且连贯完整。故《四库提要》对其评价很高：“数千年事迹经纬明晰，实前古之未所见。”当然，由于纪事本末体多是抄录他人史著的内容，故史料价值不高，比较适合初入史学之门的人阅读。

纪事本末体一经创制，影响巨大，后人纷纷效仿著述。南宋杨仲良《续资治通鉴纪事本末》就是根据李焘的《续资治通鉴长编》改编而成；明代冯琦、陈邦瞻的《宋史纪事本末》、《元史纪事本末》，清初谷应泰的《明史纪事本末》则是以纪传体断代史《宋史》、《元史》、《明史》为基础改编而成；清初马骕的《绎史》、高士奇的《左传纪事本末》则以《左氏春秋》为蓝本改编而成。这样，纪事本末体史书也与纪传、编年体一样，形成了一套通史体系，内容从上古一直到清末。

四、垂范后昆的典志体

典志体是专门记载典章制度的沿革废置以及与之有关的政治、经济、文化等方面史事的史书体裁。它汇集了历代王朝在政治、经济、军事、文化等方面所制定的法律、法令、章程、规章等文献资料，并加以评说，是一种史料价值颇大的史书体裁。历史上将这类体裁的史书通称为“政书”。

唐朝之前，中国历代的典章制度均散见于各纪传体史书的“表”或“志”中，零散而不系统。自杜佑首创了专门记载典章制度体裁——典志体后，典章制度史才脱离了纪传体史籍的附庸，形成了一种新的独立体例。

杜佑（734—812 年），生于大唐盛世的一个仕宦之家。青年时代便“以荫入仕”，历仕玄、肃、代、德、顺、宪六朝，从县丞之类的小官一直做到宰相。由于他长期出任地方和中央的多种要职，故熟谙当时的政治、经济、军事、刑法等方面的典章制度，加之又极喜读书，“博学强闻，知历代沿革之宜”[1]，所以，具备了编纂历代典章制度通史的必要条件。《通典》一书的编写花费了杜佑 30 余年的时间。

---

①《旧唐书》卷一四七，“杜佑传”。

《通典》全书共200卷，分为食货、选举、职官、礼、乐、兵、刑、州郡、边防等九个门类，各门类之下又分若干子目。它上起传说中的唐虞时代，下迄唐玄宗天宝末年，系统地记载了唐以前两千余年的典制源流。在记叙各种制度的同时，杜佑还大量引述了当时具有代表性的诏令、奏疏、权威议论以及自己的主张和见解，这是中国保留至今的第一部有关历代典章制度的通史。

历代史学家对《通典》的评价都很高，认为其纲目清晰，材料丰富，叙述严谨，考证确当，更为可贵的是它还保留了大量已经失散的珍贵史料。《通典》为后世史学的发展开辟了一条新的途径。后来的《三通》、《九通》、《十通》以及各种会要、会典的编纂，都是在它的直接影响下产生的。

典志体的成熟和完备，是以马端临的《文献通考》为标志。马端临（1254—1324年），宋末元初饶州乐平（今江西乐平）人。其父马迁鸾学识渊博，经史诗文，无所不通，并著有多种史学著作。由于马迁鸾于南宋末曾官至右丞相兼枢密使，故马端临19岁时以父荫补承事郎一职。21岁时参加乡试，名列第一。后因父亲罢相回家隐居，乃侍父疾于家中，没有赴京会试，23岁时，临安陷落，南宋灭亡，马端临秉承父志，绝意仕进，隐居家中读书著作，所撰《文献通考》历时20余年，完成此书时已54岁。

《文献通考》是继《通典》后又一典制体通史，全书共348卷，分为24考。其中田赋、钱币、户口、职役、征榷、市籴、土贡、国用、选举、学校、职官、郊社、宗庙、王礼、乐、兵、刑、舆地、四裔等十九考，皆为参照《通典》之旧作，只有经籍、帝系、封建、象纬、物异五考方为创新之目。由于《文献通考》的体例是模仿《通典》而成，故后世学者对之褒贬不一。我们认为，《文献通考》在史学史上还是有较高地位的。其原因有二：一是全书史料繁富，分门别类更为精确，体例也有所创新。尤其是史料方面，它是《通典》的六倍，《通志》的三倍，这实际上是对《通典》、《通志》的发展，所载宋制最为详细，所有史料超过现存的两宋其他著作。二是该书还创立了优良的编著方法，即将原始材料按门类排列，然后依时代顺序一条条记载，故条理清晰，查阅起来比《通典》更为方便。当然，由于《文献通考》部头大，门类多，所以在史料收集和剪辑上，难免有顾此失彼以及疏于审校之弊。

南宋郑樵的《通志》本是一部纪传体通史，但由于该书的精华在于记述典章制度的“二十略”，故后人多将其与《通典》、《文献通考》放在一起评论，并称之为《三通》。后来又有不少人续撰“三通”。如宋代宋白撰《续通典》200卷，明代王圻撰《续文献通考》250卷。至清朝乾隆时，更设立三通馆，官修成了《续通典》、《续通志》和《续文献通考》，作为“三通”的续编，内容上接“三通”，下迄明末。同时，又官修《清通典》、《清通志》和《清文献通考》，专记清初至乾隆时典章制度文物。“三通”、“续三通”和“清三通”总称“九通”。1921年，刘锦棠撰《清朝续文献通考》400卷，上与《清文献通考》相衔接，记叙了乾隆至宣统的各种典章制度文物，于是，它与“九通”合称为“十通”。“十通”记载了中国自上古到清末的各种典章制度，是贯穿古今的典制体大通史，其史学意义和史料价值都是巨大的。

中国史籍中典志体的史书还有专记一代典章制度的《会要》或是《会典》。如《秦会要》、《西汉会要》、《唐会要》、《五代会要》、《宋会要》、《唐六典》、《明会典》和《清会典》等。一般《会要》多为私人修撰，专门叙述典章制度的变化，而《会典》多为官方所修，专门收集记载一代行政机构职责及章程、法令等文献。从纪传体的志、表发展到《通典》及其《会要》、《会典》，我国典志体史籍已贯通古今。这种通史系列再一次证明了中国古代史学的发达。

五、明析是非的史论体

史论体是指专门展开史学批评和史学理论研究的一种史书体裁。它发端于秦汉，起初散见于各类史书中的“序论”或某章节中，自唐代史学家刘知几写出中国第一部系统性简述史学理论的专著——《史通》，史论体才宣告成熟。

刘知几（661—721年），生于唐初一个没落世族之家，由于家学渊源，他自幼博览群书。十一二岁时读《古文尚书》、《左传》，17岁时，几乎读遍东汉到唐初的史籍、实录，这为他后来进行史学研究和从事著述打下了坚实的基础。20岁中进士后，继续习史，40余岁开始担任史官。曾奉诏与他人合修成《唐书》80卷、《则天实录》30卷等多种史书。后因在史馆修史受到诸多牵制，笔削（指修改文章之事）亦不尽如人意，便辞去史官一职。60岁被贬为安州都督府别驾，到任后不久便亡故了，终年61岁。

刘知几一生著述甚丰，《史通》是他唯一流传至今而又最具有代表性的论著。《史通》系统性地检讨了唐以前中国古代史学的情况，并就治史的宗旨、史书的编纂、史馆的建制、史家的修养等诸多问题提出了卓越的见解，是一部集唐代以前史学理论之大成的巨著，在中国古代史学发展史上具有承前启后的重要地位。宋元期间，史论有所发展，相继产生了许多有代表性的作品。如郑樵的《史通·总序》、范祖禹的《唐鉴》、胡寅的《读史管见》、吴缜的《新唐书印谬》和《五代史记纂误》等。

明清两代评史论史之风更盛，史论著述内容博大精深，日趋严谨，其中，章学诚的《文史通义》因其所论之深博，成为能与《史通》匹敌的第二部史学理论巨著。王夫之的《读通鉴论》和《宋论》则远远超越前人评论史事的见识。

六、正源归流的学案体

学案体史籍是专门记叙各种学术思想及其流变发展的史书体裁，中国的学术史发展较晚，纪传体中的“儒林传”和“艺文志”虽有学术史的内容，但只是纪传体史书的组成部分，没有自己独立的体系。宋代以后，虽有宋人朱熹的《伊洛渊源录》、明人周汝登的《圣学宗传》、清初孙奇逢的《理学宗传》等学术史性质的著作出现，但是由于这些史书是站在“正统”理学的立场上，仅是一家之学，不能全面地记叙中国学术源流的发展及其影响，故对史书新体裁的形成影响不大。真正使学术史这一形式在整个古籍体例中占有一席地位的，应数黄宗羲的《明儒学案》。

黄宗羲（1610—1695 年），浙江余姚人，是明末清初的一位进步思想家和史学家。他早年曾积极参加过反清、抗清的活动，斗争失败后一直隐居著述，拒做清朝政府的官。黄宗羲熟谙明史，《明夷待访录》、《明儒学案》是其代表作。

《明儒学案》将明代两百多个学者分别按其言论、师承关系划分为 17 个学派，每一学派必先概述它的要旨及源流，接着记述该学派的首要代表人物，然后就是列出与其相关或相近的学者。对于各学派中的各个人物，都是先立小传，叙其生平事迹，然后又选录其著作中的精粹，以表现他的学术思想，最后是作者的评语。由于该书取材丰富、择录精华，对明代各个学派和每个学者都较客观地作了学术宗旨和学术传授的叙述，从而较好地反映出了明代学术 300 年间的概况和特点，学案体体裁遂得到世人的公认，从而确定了中国古代学术史史籍的编写方法。

《明儒学案》成书后，黄宗羲又着手编撰《宋元学案》，刚写出 17 卷便病逝，后由清人全祖望等将其完成。《宋元学案》基本上按照《明儒学案》的体例并有所发展。此后，清人江藩的《汉学师承记》、《宋学渊源记》，唐鉴的《国朝学案小识》，民国时一批清朝遗老编撰的《清儒学案》等学术史专著相继问世。

七、以小见大的方志体

方志体史籍是指专门记载各地或某一地理环境及风土人情的史书体裁。可分为统志、地方志、专著等类。

统志，是规模宏大、体例完整的全国性地域志，它记叙全国疆域的分布及各地的风貌。唐人李吉甫的《元和郡县图志》是中国现存最早的全国性方志。此书根据唐宪宗元和年间的郡县，以10道47节镇分篇，每镇篇首有图，分镇记载府、州、县的户数、区域的沿革、境界、山川、古迹、贡赋、物产、城邑等，此书在地理学和方志学上影响很大，史料价值也很高。宋人乐史撰的《太平寰宇记》、王存等人编的《元丰九域志》也是一部很著名的统志。元明清三代，统志皆由官修，从而使之篇幅更多、内容更广、资料性更强，《大元一统志》共1300卷，《大明一统志》90卷，《大清一统志》560卷。

地方志，是各地方的区域志，是一种地方史。地方志在唐宋以前还不普遍。唐代最著名的地方志是樊卓所撰的《蛮书》，该书记载了云南的地理和历史。宋代起，地方志日兴。《四库全书总目》所著录宋元时期的地方志有27种，存目几十种。明代纂修的地方志更多，几乎每个省、府、州、县都有志。清代的地方志最盛，中国现存的七八千种地方志中，其中近半数为清代所修。不仅各直省、藩部及各府、厅、州、县有志，甚至一些著名的乡、镇、山、水、寺庙、祠堂、书院也都有志。

专著，是指有关地理学方面的著作。中国古代对地理问题相当重视，也有许多这方面的史书。其中最著名的有北魏郦道元的《水经注》、晋人常璩的《华阳国志》、唐代玄奘的《大唐西域记》、清人顾炎武的《天下郡国利病书》、顾祖禹的《读史方舆纪要》，等等，这些专著为后人留下了那个时代的自然地理环境、政治经济变迁、风土人情传说等多种珍贵的史料。

八、引垂载远的工具书

中国古代的工具书主要有类书和目录两大类。

类书，是按照事类抄集材料的书。它将整篇或整部古籍著作按类别或韵目编排，以供索检、征引、校勘或辑佚古典文献之用。由于它的内容涵盖了自然界和人类社会的各种知识，因此，具有“百科全书”与“资料汇编”两种性质。

中国最早的类书是三国时魏人缪袭、王象等人编的《皇览》。唐宋时期的《艺文类聚》、《太平御览》、《册府元龟》等都是著名的类书。中国最大的类书是明人解缙等人编的《永乐大典》，全书共22937卷，流传至今的有近800卷。中国现存的最大类书是清人陈梦雷主纂的《古今图书集成》，共10040卷。

目录。中国古籍书目索引产生相当早，如汉代刘向、刘歆父子编的《别录》、《七略》（二书已佚）便是最早的书籍目录，以后纪传体史书均设“经籍志”类，借以收集图书目录。不少文人在饱览群书之后，着手制定书目，以供后人检索。如宋代晁公武的《郡斋读书志》，陈振孙的《直斋书录解题》，等等。清代乾隆年间，纪昀等人编纂的《四库全书总目》收存各类图书书目达一万多种，是中国古籍中最大的书目参考书。

中国史学极为发达，历史文献极为丰富，它的长期性与连续性是任何其他文明古国所不能比拟的。黑格尔曾说："中国'历史作家'的层出不穷，继续不断，实为任何民族所不及。"①中国前辈史家"究天人之际，通古今之变"，以严谨的治史态度，利用浩繁的卷帙，将历史时空熔铸贯通，有裨于后人追思其志，取舍研究。中国史学的发达本身也说明，在文化大系统中，人类已经从自发的社会实践活动走向日益自觉的社会实践活动。

① 黑格尔：《历史哲学》，上海书店出版社1999年版。

第八章 艺 术

艺术是一种社会活动，是通过塑造形象具体地反映人的社会生活、表现作者精神情感的一种社会活动。

艺术是人类精神活动的产物，反过来又对人类精神产生影响。艺术的种类多种多样，绘画、雕塑、建筑等在一定空间作为存在的物体，通过人的视觉作用于人的精神；音乐则在时间的流动中展开，通过人的听觉作用于人的精神。艺术在给人浓厚的兴趣和美妙的思考中，被赋予生命力和审美的社会价值。

中国古代神秘而又多彩的艺术，曾使几代西方哲人和艺术家为之倾倒。18世纪法国启蒙思想家伏尔泰把东方称为一切艺术的摇篮；19世纪法国伟大作家巴尔扎克在法国画家包尔皆《中国与中国人》这本书中也说："中国艺术有一种无边无涯的富饶性。"

中国艺术在文化系统中与其他子系统是相互影响、相互渗透的。中国哲学的精神是天人合一，由此派生出中国艺术的独有特色：中国的山水画注意人与自然的和谐统一，感情上的互相交流；中华民族具有实践理性的心理特征，体现在艺术上，便是追求情理交融，讲究神似而不是模拟；儒家积极入世的精神渗透于艺术之中，因此，中国古代艺术讲究"风骨"，追求"阳刚"之美。可以说，中国艺术正是在特定的民族生活土壤上绽开的绚丽奇葩。

第一节 古代艺术的主要特征

一、虚实相生，异质同构

中国艺术打上了深深的传统印记，集体性的先在结构（认识、经验、思维方式以及世界观）对艺术审美有着极为深刻的影响。这种结构起源于原始社会"万物有灵"的观念中，经夏商时的"神人说"，至秦汉定型为"天人感应"、"天人合一"论。在中国哲人那里，"天"不再特指"上帝"，也可以是自然或自然的力量，是外在于人的世界。

“天人合一”，用我们今天的话来说，就是自然世界和精神世界“异质同构”[①]。其意义是自然世界和人的内在世界虽然是不同质的，但两个世界的基本结构或说基本法则是相同的，自然界有荣枯暑寒、阴晴晦明，人有喜怒哀乐、“虑叹变执”。换句话说，自然世界和精神世界都存在着“上升和下降，主导和服从，软弱和坚强，有序和无序，前进和退让”[②]等基本形式。

中国古人对上述物质运动的本质属性不能有科学的解释，只能通过观察现象进行类比，然后得出结论：“万物与我为一。”[③]客观世界（万物）与主观世界（我）具有共同的基础，这就是“阴阳”结构，“天下万物，皆由阴阳，或生或成，本其所由之理”[④]。

既然客观的自然世界和主观的内在世界有相同的基础，那么二者的运动形式也就有相似的情感表现——“阳舒阴黪”（舒：伸展；黪：暗淡、收敛），或者说古人将内在的情感标志化，然后用来定势外在世界，以此来达到内外世界的同形契合，即心物对应。如西晋文学家陆机在《文赋》中所说：“遵四时以叹逝，瞻万物而思纷。悲落叶于劲秋，喜柔条于芳春。心懔懔以怀霜，志眇眇而临云。”在这段话里，属于自然世界的落叶、柔条、寒霜、云霞分别与属于精神世界的悲凉、芳心、畏惧、亢奋相对应，使前者也带上了情感的表现性。当自然的物的世界被内在情感化，并用某种形式表现出来时，艺术也就产生了。在中国传统的系统结构中，阴和阳，一动一静，化生万物（“万物”泛指人、物、事等）。但阴阳不是极端对立的两极，而是互相沟通，和而有序，圆融成一个整体的两部分。受这种观念主导，中国古代艺术形成自己独特的基本思想——异质同构的整体观，并由此产生虚实相生的表现手法。比之于古代的异域文化，中国传统艺术堪称“虚”的艺术。一般人容易将“虚”理解为“不实”，即不存在，却不知在古代中国艺术创作的思维中，“虚”另有一番隽永的意味。

其一，虚的内核是无。老子曾说：“天下万物生于有，有生于无。”[⑤]由于这句话中的“生”一直被定势为“生长”，老子的话便在古今哲学圈子中引起阵阵波澜，有人说“无”，是某种具体形态——“气”，有人视其为未分的时空状态——混沌，也有的人附会为人类无法超越的精神力量——神的意志。我们

① “异质同构”一词来源于20世纪30年代格式塔心理学派学说。本文姑且借用，以说明中国古代艺术的特征。

② 鲁道夫·阿恩海姆《艺术与视觉》。

③《庄子·齐物论》。

④《易传·系辞上》“阴阳不测之谓神”疏。

⑤《老子·四十章》。

比较倾向于这样的理解："无"并不是什么都没有，只是无法用人的感觉器官去把握。因为它"淡乎其无味，视之不足见，听之不足闻，用之不足既"[①]。但它确实存在，"有物混成。先天地生，寂兮寥兮，独立不改，周行不殆，可以为天下母"[②]。可见，老子说的"无"，是一种发展规律，其虽无质的规定，无法直接感知，但可以被人类认识，并作理性上的抽象。若此，则"天下万物生于有"一句，应释为：天下万物的特征（生性）在于"有"（具体），"有"的特征在于"无"（一般、整体），"有"是实体，"无"是发展法则，二者在古人的眼里是相互依存的，即"有无相生"[③]。"常有，欲以观其徼（细微、具体）"，而"常无，欲以观其妙（妙，通渺。意指深远的含义，可引申为内在本质）"[④]。

在中国传统艺术中，"无"的外在形式是"虚"，虚其位而空其实。于一片虚白之中，予人从无限遐想，使人于沉着中复多恣肆，于无言中洞悉众有之妙理。此正所谓"于空寂处见流行，于流行处见空寂"。

其二，虚的隐意是"静"。中国艺术的生命本在于"动"，创造"神动之真"的物境，在于向人们传达事物的恒动之理。传统表现"动"的方法很多，其中一个就是静中取动，以静待动。静本是动的对立面，但在中国人的宇宙观中，两者互为起始，互为终极。晋人王弼曾说"凡有起于虚，动起于静，故万物虽并动作，卒复归于虚静，是物之极笃也"[⑤]。王夫之也有同感，并指出事物"待动之极而后静，待静之极而后动"[⑥]。动寓于静之中，"夫惟虚静，然后能动而常"[⑦]。因此，静是一种隐意，预示着动即将诞生。值得指出的是，这里所说的动是律动（有规律有生命的动），而不是妄动（无秩序的动）。妄动即为躁（不安宁），抑躁在静，所谓"静为躁君（静是纠正躁的师长）"[⑧]，这是古人于静孕动之外，赋予静的又一个功能。在表现静境过程中，古代西方艺术立足于以静观静，以实见静，而传统中国艺术却擅长于以静观动，以虚喻静。这主要是受"虚一而静"[⑨]（即和虚成静——集"不动"、"不说"、"不视"、"不听"等于一身）的古代认识价值观的影响。

---

①《老子·三十五章》。
②《老子·二十五章》。
③《老子·二章》。
④《老子·一章》。
⑤《老子·十六章》王弼注。
⑥ 王夫之《思问录·外篇》。
⑦《老子·十六章》宋范应元注。
⑧《老子·二十六章》。
⑨《荀子·解蔽》。

其三，“虚”的原则是气脉贯通。与现代的虚无主义完全不同，中国传统艺术中的虚是以无和空白取譬，含有深刻的美学内容甚至是终极价值。其中也表达了中国人的空间意识，那就是与宇宙虚廓合而为一，揽抱人生，揽抱自然，进而揽抱天地，这是那种出自小我的狭隘、摒弃和怀疑所不能比拟的。既然是天地合一，中国人于是相当重视“万物皆备于我”。风景山水中有“我”流连往返的足迹，“我”能够在长川群峦中“身所盘桓，目所绸缪”[①]，最后“返身而诚”，回归自心的内省世界。譬如，中国画喜欢在一竖立方形的直幅里，令人抬头先见远山，然后由远及近，逐渐返于画家或观者所流连盘桓的溪边林下。古代西洋画却正好相反，它是在一个近立方形的框里幻出一个锥形的透视空间，由近及远，帆移鸟去，层层推出，以至于目极难穷的远天。[②]西洋画令观者心往不返，最终达到主客分离。中国画则令观者由远及近，再由近及远，往返来回，无往不复，直到进入“原天地之美而达万物之理”[③]的境界。

在这种我物相渗传统的影响下，中国艺术习惯于采用“以大观小”的创作方法，如山水画有“尺幅而有泰山河岳之势，片纸而有秋水长天之思”；戏曲艺术有“三五步行遍天下，六七人雄会万师”；园林艺术有“一拳代山，一勺代水”，或“一山体泰、华、恒、衡之风，一石集透、漏、瘦、皱之成……”于细微处见宏大，那层层山、叠叠水、重重景象，必然无法如实交代，而“虚”却可以涵括其实：几条墨线，大片虚白，使人顿觉满纸江湖；一把船桨，仿行船的台步、科白，使人感到轻舟摇荡。

既然是以虚代实，集虚成实，虚便需有度，要符合自然法则之“理”。因此，在艺术作品中，虚中要有“气”，以“气”来保持整体的脉络相通，“远近皆同一脉”，“耸高跌低，闪左摆右，皆有余气连络照应”[④]，诚如山鸣宾士，洛钟东应，又如“抚琴弄操，欲令众山皆响”[⑤]。这样的艺术品才能使观者在物迹中“盘桓”和“绸缪”，才能被看作是神逸之作。

当古希腊人把“自己”当作一种“自然”来观察，把人当作一个客观的对象来作科学性研究，甚而要将人类的身体“改造得同他改造一般自然的东西一样”[⑥]的时候，古代中国人则将“自然”与人合成一体，有时甚至将“自然”当成人来观察，予自然以人的情感、意象和地位（如天尊地卑），用观察社会的经验模式来观察自然。进而去构想：“地”是实体，“所以载生

① 宗炳《画山水序》。
② 参见宗白华：《美学散步》，上海人民出版社 1981 年版。
③《庄子·知北游》。
④ 郑绩《梦幻居画学简明》。
⑤ 宗炳《画山水序》。
⑥ 黑格尔：《历史哲学》，上海书店出版社 1999 年版。

成之形类"，犹如人的形体，是物的"形而下"部分，可以直接感知；"天之精气"①，犹如人的"形而上"（精神、本质、规律、方式、趋势等）部分，非得经过理性思索而不能认识，而且要接触其最深层的根本，仅凭感觉器官的接触无法得其全豹。

于是，正在认识的和不能认识的自然之道无法言说和不便言说的精神内容，在中国艺术中便以"虚"来表现。这种"雾失楼台"的艺术手法本也符合中国人含蓄的性格，况且"形而上"比之"形而下"更无法捉摸。因此，也就更具吸引力，更易成为写意的契机。

可见，虚在中国传统艺术中有相当深厚的根基和地位：无虚则无意境可言，无虚则无最后归宿，虚实相生便成为中国传统艺术中表现"天人同构"的基本法则。与此相得益彰，中国艺术渐渐拥有各种关系范畴，如"神——形"、"静——动"、"意——象"、"我——物"等，利用这些范畴表现出来的传统艺术，一般没有过于强烈的对比，而是把握适度，以理节情，于变幻中追求平和，并以各部分之间的制约来实现整体布局的完美。

比之西方一度流行的艺术也是科学，中国传统艺术尽力做到认识自然，但不以人的意志强行规整化，以此体现一种对待自然"为而不持，长而不宰"②，往由天成，返璞归真的态度。这是传统艺术异质同构而又不失和谐的美学核心。

二、慷慨以任气，磊落以使材

艺术创作的诞生，大约有两条不同的轨迹。当大自然、社会生活的外在形态给人留下深刻印象时，形象从客体的位置向主体转移，通过艺术创造，原来的形象变成独立的、可视（或可感）的艺术形式。由此产生的艺术品来自对客体的直接摹写，留下一条"物→形"的路迹。它直接展示客观事物的长处，可以给人一刹那的愉悦或惊奇，但由于形似领先，缺乏内力，即使惟妙惟肖，栩栩如生，也难以使观者回味无穷。

在物与形之间，加上作为中介的"意"，便可形成"物→意→形"的创作轨迹。"意"不仅仅是人们常说的情感，还是主体的全部感受和思绪（详见本章第二节）。与本能性的情绪和"欲"不同，"意"是主体内在的创造。战国思想家荀子曾说："性之好恶喜怒哀乐，谓之情；情然而心为之择，谓之虑，心虑而能为之动，谓之伪。"③"意"由"伪"来，根源是个体对客观现实"感

① 《内经·素问·五运行》。
② 《老子·十章》。
③ 《荀子·正名》。

物而动"，"缘事而发"，其终结则是气韵生动而非逼真写实的形象。中国传统艺术形态，基本遵循"物→意→形"的创作规律，对现实的反映，在艺术家的眼里是抒情写意，是取会"风骚之意"。至于客观真实性，则是"境自随人，各有会心"①，任由观者自得之。因此，作为纯粹的艺术，中国艺术是以人为中心的艺术，造型、刻画首先是象征取譬，抒发内感，然后才是写实，而且是相当艺术性的写实。

"意"是不同艺术种类的共同美学范畴，在中国艺术中，它却有独特的表现手法。

1. 气韵生动

南齐人谢赫曾总结前人的创作实践经验，归纳为六条绘画原则："一曰气韵生动；二曰骨法用笔；三曰应物象形；四曰随类赋采；五曰经营位置；六曰传模移写。"②这六条原则的主要精神也适用于中国艺术的其他种类，尤其是第一条，是艺术作品在创造形象效果时所共通的。

气韵是艺术作品的生命所在，是气质和神韵的概称。当作者利用艺术作品传达自己内在活动的资讯时，作品便具有特定的气质表现，而且每种作品都在飞扬、跃动、变化以及内智、刚健、机敏方面负载了不同的意义。当艺术表现以"心容旷朗，气宇调畅"③时，形象便充满了气势。中国书法中的狂狷草书"率意超旷，无惜是非"④，是气质的大势体现；秦陵兵俑，"三军之众，百万之师，志历青云，气如飘风，声如雷霆，诚积逾而威加敌人"（借用《淮南子·兵略》句），更是气势如虹。总之，在中国传统艺术中，气质表现的理想境界是"慷慨以任气，磊落以使材"⑤。

按照刘海粟和宗白华的解释，神韵是一种节奏。刘海粟先生认为节奏"不但是音乐的状态"，而且是"全部艺术中的一种状态"。宗白华先生也说："气韵，就是宇宙中鼓动万物的气的节奏和谐。绘画有气韵，就能给欣赏者一种音乐感。"⑥也就是说，艺术不仅仅是以色相、形象，同时还以节奏来传达情感和意象。如建于1629年的福陵（又称东陵，为清太祖努尔哈赤和皇后叶赫纳拉氏的陵墓），在立体造型上，每部分的功能、高低、大小各具特性，但都得以统

① 潘德兴《养一斋诗话》。
② 谢赫《古画品录》。
③ 陶弘景《陶隐居集·寻山志》。
④ 张怀瓘《书断·张芝》。
⑤ 刘勰《文心雕龙·明诗》。
⑥ 杨安仑：《美学初论》，湖南人民出版社1980年版，第157页。

一在整个皇陵的风格和气势上，在空间形成了“散”和“合”的建筑节奏和韵律，充分体现出建筑艺术的美感。

2. 唯变所适

艺术本身源于生活，又异于生活，因此，艺术创作的过程，也是一个变形过程，是变中求新的过程。对于这一点，中国古人早已深得其妙。清代的郑绩在论画时曾作出结论：“凡布景要明虚实，虚实在乎生变。”[①]这可以沿用到艺术的根本，即“变”。有变才有表现虚实的多种组合，才使艺术作品各有气韵，正所谓“知变化之道者，其知神之所为乎”[②]。简言之，艺术不拘于成法和常规，而是应因变化，“唯变所适”[③]——力图变化求新。

古人以虚实同构为本，从整一中见杂多，从对比中求变化，并总结出相应的变化关系。其中最有代表性的有奇正、有无、宽紧、急徐、开合、收放、详略、隐显、起伏、断续、明晦、长短等等，下边选择奇正、宽紧、复杂与简约等三点简单介绍一下。

奇正，是异和常之比。奇即思常人所未思，发常人所未发，形成仅有的风度，并严格区别于原有的心理定势。中国画中的“飞天”仿如仙人“御气成风”（《列子》），突破了“飞”必得有翼托举的定式。大凡世间“闻以有翼飞者矣，未闻以无翼飞者也”[④]，古人却如此得心应手，意到既成，其美感之深，创意之浓，令人叹为观止。奇与正在艺术作品结构中，如权和衡，无正只能使奇偏浮，无奇只能使正板滞。正以见奇，奇以托正，这就像山谷中的松树，“成林者爽气重荣，不成者抱节自屈”[⑤]。

宽紧，在艺术论中多被叫做疏（简）密，其中疏为虚，密为实，无论是山水画，还是园林艺术，均要求置物布局，“疏者要安顿有致，虽略施树石，有清虚、潇洒之意，而不嫌空松；密者须要层层掩映，纵极重阴叠翠，略无空处，而清趣自存……”[⑥]有高格的作品，作者常可在“密不透风，疏可走马”，或“洞达正不容针，茂密正如走马”[⑦]之中摸索自己的艺术风格。

复杂与简约，凡属“物→意→形”的艺术，都或多或少内含创作者的匠心与理念，但以简约的形式表现复杂深刻思想的，在古代社会中，中国艺术堪称

① 郑绩《梦幻居画学简明》。
② 《易传·系辞》。
③ 《易传·系辞》。
④ 《庄子·人间世》。
⑤ 荊浩《笔法记》。
⑥ 沈宗骞《芥舟学画篇》。
⑦ 刘熙载《艺概·书概》。

之最。西方的画家临景写生，中国的画家遍游名山大川，领会大自然的千变万化，归来后于案几之间挥洒而就，这时候，画作所表现的已不是个别的山水风景，而是画家主观认识的，对时空具有较大概括性的山水风景。[①] 如清福陵依山而筑的石阶，号称“一百零八蹬”，暗含天罡三十六星和地煞七十二星之数，象征天地宇宙，表现帝王之尊；古典建筑群落“主座朝南，左右对称，强调中轴线”，隐含儒家“礼”的思想；元代画家倪瓒（号云林）画山水，常置空亭一座，张宣为诗云：“石滑岩前雨，泉香树杪风。江山无限景，都聚一亭中。”[②]渭北民间传统的拴马石多浮雕“雀弹梅”、“串枝莲”纹，其间透露着对生命繁衍的尊崇与祈求的心理；中国园林每一条廊、桥，每一间阁、房，每一处小宝、小筑……都有独特的含义，以至于狭小的空间能够营造复杂多变的世界。

中国传统艺术的“变”来自主体的精思熟虑，来自九朽一罢的功力，来自对客体的体察入微。因此得以变而谐于不变，怪而不悖于情理，放浪而不失于规矩。

3. 如翚斯飞

在中国传统整体观念中，动静的对比和交织是使艺术处于平衡状态的一种张力。因此，每一类艺术都是动与静的结合体，舞蹈、音乐、戏曲是以动示动的艺术，建筑、雕刻是以静示动的艺术，中国画、书法则成为动静结合的集大成者。

“动”需要有空间，艺术的空间是入乎其内出乎其外、入乎其下出乎其上的“气”所贯通的天地。任何一种实体和非实体的“动”，都是其空间内“气”的流行。正因为这样，中国古代艺术崇尚飞动，以此显示“如鸟斯革，如翚斯飞”（像鸟和雉一样，展开五彩翅飞）[③]的美。

中国画有“当风”而舞的“生命之线”，书法以飞舞的笔势抒发草情篆意。先秦青铜方壶上立于“莲花上的鹤”（通高118厘米，故宫博物院藏）和汉代的“马超龙雀”（一名“马踏飞燕”），或展翅欲飞或疾飞如神，成为雕塑艺术中以“飞”为主题的佼佼者。建筑以音乐化的节奏和音律表现动势，中国传统建筑则以翘角和飞檐倍添其飞动之趣。诚然，“飞檐”来自屋宇“中间下弯”的“披水”，最初的制作仅仅是为了“经久耐用”（古人发明的折簇梁结构型复合屋架，使屋顶可取得最大的刚度，同时使屋面呈曲线形[④]）；“翘角”来自屋脊装饰——“鸱吻”，本属于巫文化：“海有鱼，虬尾似鸱，用以喷浪则降

① 周维权：《中国古典园林史》，清华大学出版社1990年版，第14页。
② 《溪亭山色图》。
③ 《诗经·小雅·斯干》。
④ 林启明：《宋〈营造法式〉今误十正》，载《中原文物》1992年第1期。

雨。汉柏梁台灾，越巫上厌胜之法。起建章宫，设鸥鱼之像于屋脊，以厌火灾，即今世鸥吻是也。”[①]后人赋予“飞檐”、“翘角”美学意义，终使其独立成具有一定象征性的装饰艺术。

“飞动”使人类最充沛、最深刻的生命意识和灵动、和谐的精神得以自由表达，从这种艺术特征可见中国人内在世界的丰富。

三、学悟一体，不滞于耳目

孔子曾说：“学而不思则罔，思而不学则殆。”[②]这里说明一个道理，学是思的基础，终日思考，以致穷思竭虑，但不学，仍会造成曲解、片面和困顿；思是学的深化，“笃信好学”，可以获得经验知识，但不过“如游他人之园圃”，自己无所体验，无所得而不足为贵，也就没有发自内心的快乐——“未知得为之乐”。只有学而思而悟，方能说是学而有成，因为这时候，学“则已物尔”[③]。学悟一体，重心偏于悟，这是中国艺术产生的前提。

西方古代艺术主张“模仿自然”。古希腊哲学家亚里士多德（Aristoteles，公元前384—前322年）认为最好的艺术必须“照事物的应当有的样子去模仿”[④]，因为模仿是人的“一种自然的本能”，人通过模仿来学习，并“从模仿中取得愉快之感”[⑤]，也就是说艺术是对客观自然的再现。

艺术模仿说看到了动物的“本能学习（习得性行为）”的本质，但在中国古代学者那里，实际上已经注意到了人类超越一般动物而具有的“人为学习”的能力。庄子曾说：“毋听之以耳，听之以心，毋听之以心，听之以气。”也就是说，学习不局限于模仿，尚有更进一步的要求——“心悟”。心悟，使中国艺术渐渐摆脱纯粹的模仿和再现，成为偏重抒发主体精神，追求人格精神自由的表现艺术。屈原的《离骚》、郑板桥的墨竹、张旭的狂草……无一不是对现实有深入心悟的结果。

心悟的活动规律不同于逻辑推理的思维活动，比较倾向于兴会神到、心领神会的审美心理活动分析。其得自于对事物的长期深入观察和经验积累，在此基础上，领悟事物内在之“质”（本质、规律），即如荀子所说：“真积力久则入。”[⑥]这种领悟，平素潜伏在意识内层，不断酝酿成熟。偶然性的事件往往成为触发艺术创作的灵感，内在的意识“爆发”为积极的形象思维活动——

① 高承《事物纪原》卷八，引吴处厚《青箱杂记》。
② 《论语·为政》。
③ 周敦颐《通书》卷十一。
④ 《诗学》第25章。
⑤ 《诗学》第4章。
⑥ 荀子《劝学篇》。

悟。沈宗骞曾总结这一过程："有毕生之酝酿者，有一时之酝酿者。少壮之时兼收并蓄，凡材之堪为吾用者，尽力取之，惟恐或后，惟恐不多，若少缓焉其难免失时之叹。及至取资已富、别择已精，则当平其心气，抑其才力……是则一生之酝酿者也。因有所触，乘形而动，则兔起鹘落，欲罢不能，急起而随之，盖恐其一往而不复再观也。"①从灵感初起——"兴"到"急起而随之"——"神会"，这是"心悟"从内潜而至外显的过程。当然古人不一定能够理解其中情绪启动的道理，只能笼统归之为"机神"、"神助"。

唐代书法家孙过庭曾谈到书法的"悟"是"玄鉴精通，不滞于耳目"②。另一位书法家虞世南也说："心悟非心，合于妙也……假笔转心，妙非笔端之妙，心在澄心运思至微妙之间，神应思彻。"③这里的"妙"与前面提到的庄子"听之以气"的"气"同是"心悟"的根本。也就是说，"心悟"不在于耳目之欲（嗜欲），也不在于简单的抒情（"非心"），而在于领会"妙"、"气"，即事物的至"道"之理。受道家哲学的影响，古人认为"道"属"象外之意"，是深藏于内，"蕴而不出"④的。因此，中国艺术在表现形象时，常需借助抽象的手法，这使中国艺术具有"虚"和"不似"的独特意趣。

虽然传统艺术重在心悟，但并不偏废"学"，甚而很重视基本技能的练习，在古代艺术家的眼中，有神韵的作品并不需要完全离"形"，再抽象也不脱离物"理"，不脱离生活现实，因为"神出于形，形不开则神不现"⑤，事物的本质必须通过事物的现象才能表现出来。正是这种学、悟一体的态度，使中国艺术得以在"似"与"不似"之间求索，最终创造出"神形兼备"的传统艺术风格。

中国古代艺术具有自己独特的美学性格。就其结构来说，它倾向于自然世界和精神世界的异质同构，以此作为创作的思想基础。就其内容来说，它属于"人"的艺术，注重刻画主体内在的思想情感、气质性格和神情风貌，即使是以大自然为主题的创作，也是以"意"为其先导。就古代艺术的表现方法来说，它不主张简单地模仿，而强调学而思而悟，在此基础上，创造"神形兼备"的艺术形象。时至今日，古代艺术特征已成为传统，它既表现在绘画、音乐方面，也表现在立体造型艺术领域（建筑、雕塑、舞蹈等）。在下面的章节里，我们将借论述古代绘画的审美价值和音乐的内感状态，详细介绍艺术的特征。

① 沈宗骞《芥舟学画篇》。
② 孙过庭《书谱序》。
③ 虞世南《笔髓论·契妙》，见《历代书法文论选》（上册），第113页。
④《三国志·魏志·荀彧传》注。
⑤ 沈宗骞《芥舟学画篇》。

第二节　传统绘画的审美价值

中国画在世界艺坛上独树一帜，与西洋画风格迥异。其按门类可分为山水、人物和花鸟三类，按手法又可分为工笔、写意和没骨三大种[①]（现代绘画则以“兼工带写”为主）。画种虽不同，主旨却同宗，不外贵乎自我创造，贵乎自然流露，其中最可采的是画中之“意”——中国画的内涵。

一、内涵——忘形得意

传统中国画的外观美和传古积累而成的艺术技巧，都是有形可见的，人们往往取其一端或某一部分与西洋画加以比较，尽管说三道四，但终不得要领。这是因为中国画“骨气形似皆本于立意而归乎用笔”[②]。国画的笔、色和章法构图的技巧训练，并不是以创作为终极目的，而仅仅是作为净化心灵、陶冶性情的一种铺垫。熟练的技巧，作为画家“画”精神的副产品，物象也只是精神得以无限拓展而借以为媒介的客体，因此，中国古代文人懂诗，也懂画，“诗不能尽，溢而为书，变而为画”[③]。不懂得中国画深刻的内涵，只知在“皮毛”上斤斤计较，则无法领会中国画之全貌。

那么，中国画所包含的精神是什么呢？一言以蔽之：“意”也。中国画重“意”，特别是唐宋以后，“意”成为文人画的重要特征，至元明时代，又发展出专务写意的“写意派”。

“意”来自画家的内在世界。清代郑板桥清秋宿馆，晨起看竹，但见“烟光、日影、露气，皆浮动于疏枝密叶之间”，于是，“胸中勃勃，遂有画意”。这种画意并不是一种简单地将物体临摹下来的创作冲动，而是一种借物写心的灵感，故“胸中之竹，并不是眼中之竹也”[④]。落笔之前，“意”已产生，并成为引导画家用笔的潜意识，所谓“意存笔先，画尽意在”[⑤]，“挥纤毫之笔，则万类由心”[⑥]。至于“意”的内容，在历代画作中不易察其迹，我们只能根据现存的画论、画作、古代画家的思想和生平评述等作一番粗浅的考据，这就多少

① “工笔画”指的是线条均匀，布图工整，着色细致的中国画；“写意画”又叫“意笔画”，指的是以奔放的画法、简练的笔墨随意写出作者创作意念的图画；“没骨画”是指看不见墨线勾勒，似直接以彩色描绘物象的画法。

② 张彦远《历代名画记·顾陆张吴用笔》。

③ 张光福：《中国美术史》，北京知识出版社1982年版，第342页。

④ 郑燮《题画》，转引自《中国美术史资料选编》。

⑤ 张彦远《历代名画记》。

⑥ 朱景玄《唐代名画录·序》。

有点鱼乐揣度的味道了。

唐代诗人王昌龄曾论诗有三境：“一曰物境”，“二曰情境”，“三曰意境”①。引述古代中国画意，大致也可作如是观。我们有如下理解：

中国画的“意”
- 物境——“神动之真”（抽象物“理”）——无我之境
- 情境——“迁想妙得”（借物移情）——有我之境
- 意境——“象外之意”（“文”以载道）——物我合境

画中的物境，是描写、刻画客观对象之意，也就是对审美对象的本质概括。抽象事物的本质属性，中国古人早有心得，他们知道任何事情“大都入之愈深，则其言愈质，言之愈质，则其传愈远”②。对事物概括性越高，则越接近事物的本质，只要抓住事物的本质，也就掌握了事物的发展规律，可以以“不变”应“万变”，这是“言”可“传其远”的原因。

古代绘画中，审美对象的“质”在苏东坡笔下被称为“常理”，与对象的表面特征——“常形”互为表里，他说：“人禽宫室器用，皆有常形，至于山石竹木水波烟云，虽无常形，而有常理。常形之失，人皆知之；常理之不当，虽有晓画者有不知……常形之失，止于所失，而不能病其全；若常理之不当，则举废矣。”③描摹事物的外表特征（常形），偶有失笔，观者也只不过有“不太像”的感觉，并不会影响总体认知；但是失去了事物的本质特征（常理），则竹非竹，石非石，满纸皆成废品。因此，作画可以“以其形之无常”，外貌可以不必太似，但“其理之不可不谨也”④，事物的本质特征不可以不抓。

绘画要抓对象的本质特征，古代中国画的物境便有了一个中心——“真”。需要强调的是，这个“真”不是对物形外观的毕肖，不是摄影式的绘画，不是解剖学意义上的肌理骨肉。五代后梁山水画家荆浩说：“画者画也，度物象而取其真……若不知术，苟似可也。图真不可及也。”⑤这也正如郑板桥所说：“画到神情飘没处，更无真相有真魂。”王夫之也认为审美意象之“真”不仅在于显示物“态”，更重要的是在显示物“理（常理）”⑥。

在择取常理之真时，中国画与古典西洋画有不同的视点。西洋画注重模仿对象，柏拉图（Platon，公元前427—前347年，古希腊哲学家）就认为艺术无

①《王昌龄诗集·诗格》。
② 袁宏道《行素园存稿引》。
③《东坡集》卷十二。
④《东坡集》卷十二。
⑤ 荆浩《笔法记》。
⑥ 王夫之《古诗评选》。

非是自然的“仿本”，狄德罗（Denis Diderrot，1713—1784年，法国哲学家）也说：“我们最好是完全照着物体的原样把他们介绍出来。”[①]因此，西画的“常理”存在于有限时空中物象的立体感，其所谓“真”，除表现“我物对立”和以实写实外，还反映出画家分析常理时，是以静观静（外静——静观）的。古代中国画的“真”，则表现在“常理”总是处于动态之中，画家则以静观动（内静——清心）。我们来看这一段话：“古人观理，每从活处看，故《诗》曰‘山梁雌雉，时哉时哉’，孟子曰‘观水有术，必观其澜’，又曰‘源泉混混，不舍昼夜’。明道（按：即程颢）不除窗前草，欲观其意思与自家一般；又养小鱼，欲观其自得意皆是于活处看。故曰‘观我生，观其生’，又曰‘复其见天地之心’。”[②]

正因为事物处于动态之中，绘画就要“察事物所以然之理，察之精而尽其变”[③]，穷知事物何以生灭聚散之理，并反映事物的发展变化之态。南宋邓椿描述苏东坡画竹：“作墨竹，从地一直起至顶，或问何不逐节分？曰：‘竹生时何尝逐节生耶。’”[④]苏东坡的“竹”便是浓缩了整个生长过程的、有生命的竹。古人把以“律动的生命”为终始的对象，看作是“气韵生动”，把“半日写出千里嘉陵江流”那种处于动态之中甚而是将无限和永恒铸于有限和瞬间的物“理”，看作是物之有“神”，有生机。北宋哲人周敦颐就说过：“大顺大化，不见其迹，莫如其然之谓神。”[⑤]言下之意，即“神”是屈伸、动静、始终之能。可见，古代中国画的物境之真就是“传神”（“神”由物至我，我物圆融），是神动之真。

“以静观静”之作，可以获得对象形体内外之质，但在审美方面，至多只能算是“澄怀味象”，即用直笔再现作者的喜怒哀乐，却不能使人畅怀（让情感或思想急驰远达）；“以静观动”之作，重在寻求发展规律，从“传神”而至“畅神”，其中体现出一种“含道应物”[⑥]（以宇宙观来观照自然）的审美准则。

如果说物境反映了画家的“自然观”，那么，中国画中的情境则是作者的情感外化，是画家抒发和寄托情感之意。

古代中国画大多属于主体与客体的情感共鸣，那种“登山则情满于山，观海则意溢于海”的情感，创造了情境中的审美趣味，至于借自然以寓意抒情的

① 孟余里《歌德的批评家》。
② 罗大经《鹤林玉露》乙编卷三。
③ 王夫之《张子正蒙注·神化篇》。
④ 邓椿《画继杂说》卷三。
⑤ 周敦颐《通书·顺化》。
⑥ 宗炳《画山水序》。

绘画，直到唐宋时代才滥觞，而且这类画品较多是出于文人仕士之手，宋代的“文人画”就普遍带有借物抒情的特点。苏东坡曾有一幅《枯木竹石图》，同时代的书画鉴赏家米芾从画面曲折隐晦中看出他的牢骚：“子瞻（苏轼字）作枯木，枝干虬屈无端，石皴亦怪怪奇奇无端，如其胸中盘郁也。”南宋的朱熹更联想到他的为人：“苏公此纸于一时滑稽诙笑之余，初不经意，而其傲风霆，阅古今之气，犹足以想见其人也。”①

情感之意，常常借托审美对象的某些形态和特征来表达。郑板桥的《墨竹画》画了粗细不等的11根竹干，只有几片稀疏的竹叶作为衬托，画家又着意夸张竹节，猛一看满纸都是竹子的节块，这便是借助竹“节”的形态来表达作者的“气节”。明代的徐渭以泼墨画牡丹，与其常形相去甚远，他却有独到见解：“牡丹为富贵花主，光彩夺目，故昔人多以钩染烘托见长；今以泼墨为之，虽有生意，终不是此花真面目。盖余本窭人，性与梅竹宜；至荣华富贵，风若马牛，宜弗相似也。”②清代开没骨花卉画一代新风的恽寿平（号南田）更是明确地说：“笔墨本无情，不可使运笔墨者无情，作画在摄情，不可使鉴画者不生情。”③

既然是情寄笔端，对题材特征的选择便有了作者的见仁见智，以供比较的参照物、审美的角度、审美主体的世界观以及风俗习惯和传统，都可能影响主体的审美意识。古代中国画中，同一题材常被画家文人用不同的表现手法抒发不同的情感。同是画竹，有的画家注意表现“竹本以直为上，修重高劲，架雪凌霜”，而宋代的刘梦松却喜欢“作纤曲之竹，不得其所矣”④。同是画花，有的画家喜作有本有梢的全株花，有的则爱写气脉贯通的隐根兰；有的表现老干半枯，枝头却有点点新意的古树梅，有的则喜写横空舒展、不闻半点泥香的折枝花。同是画山水，有的画家喜欢画大气磅礴的高山大壑，有的则多作半边一角的“剩水残山”。

中国画的情境，是审美主体的情感外化，在表现客体时，多使用夸张变形的手法，加上独特的笔墨技法，使中国画在描写对象时介于“似与不似”之间，这种情境意趣又与物境中的“真”相辅相成。

意境是古代绘画艺术中的理想境界，古人在此“澄怀观道”，“含道应物”，将对宇宙和人生真谛的体悟，对心灵归宿的探寻融会于尺幅，从中我们可窥见作者的世界观。常人言文章有“文以载道”的功用，画亦如是。唐人张

① 中国艺术研究所：《美术史论丛刊》，文化艺术出版社1982年版，第2辑第6页。
② 徐渭《题墨牡丹》。
③ 恽寿平《南田画跋》。
④ 见《宣和画谱》。

彦远曾说绘画能“成教化，助人伦，穷神变，测幽微，与六籍（即《诗》、《书》、《礼》、《乐》、《易》、《春秋》）同功，四时并运，发于天然，非繇述作”[①]。提出“笔墨当随时代”此一革命性主张的石涛，无论是运用粗笔细笔，还是执掌渴笔泼墨，往往能够随手点化出或地老天荒或陡峭冷峻的意境，他曾在画题中表白心胸：“是竹是兰皆是道，乱涂大叶君莫笑。”从“乱涂”中见“自我”，见“居尘出尘”（明人李日华语）的自由，是石涛的“道”。出于这种精神，画家得以无所负累，“和”于天地、人我、心物，怡然作“逍遥游”。

营造意境，既有借助内容，也有借助隐义的。前者如南宋画家李唐的《采薇图》，塑造商朝伯夷、叔齐忠于君王和自己的国家，坚守个人理想而至死不渝的形象；后者如北宋诗文画俱精的大家李公麟，以杜甫的《缚鸡行》诗入画，不囿于对鸡被缚急相喧争情节的描绘，却注重刻画诗人“鸡虫得失无了时，注目寒江倚山阁”的思索情状，那是一种超越“鸡虫得失”而极目人生、社会之终极的意境。

综上所述，我们知道了古代中国画的“意”有三境，三境分别启发又归流于人的理智感（知）、美感（情）和道德感（意）。简言之，古人索求物之常“理”，但受认识的约束，有所不达，即“目有所极，故所见不周”，这就要求助人的知性和悟性，方能“以一管之笔，拟太虚（未见的空间和时间）之体”[②]。可见，物境启自人的理智感。

中国画借物以感怀，在实境（所借之物）中更立一个虚境（寄托的情感），这本身已是含蓄，而更妙的是含蓄之中还有隐借，即所谓“以乐境写哀，以哀境写乐”，以此营造一种“真悲无声而哀，真怒未发而威，真亲未笑而和”[③]的氛围，使观者不至于一览无遗、一泄而尽，让人乐于玩味又兴于咏叹。这样一来，中国画的美便不仅只有形式美了，其中有很明显的理性倾向和深刻的底蕴，这是中国人独特的美感。

如果说绘画在写物境时，尚处在以形绘理、以形绘神、以形绘情的层次，意境则可说是处在以形绘天的境地。在这时即使是情感的抒发，也不再是以追求感官上的一时安慰为鹄的，而是实现人的自由意志的进取觉悟与期待。这时，“我”已微不足道，只有与社会历史的必然性相贯通，才能呈现出恢弘的气度。当个人“为天地之心”（北宋哲学家张载语），给本来冥冥无知的宇宙自然以目的性，这在主观心理上便是“天人合一”，人与整个宇宙自然合一，与整个社会自然合一，以此穷神达化，得到最大快乐的美的意趣，这种意境的

① 张彦远《历代名画记》。
② 王微：《叙画》，载俞剑华：《中国画论类编》（上卷），人民美术出版社 1986 年版。
③《庄子·渔父》。

造就离不开中国人的道德感。

按一般人的理解，理智感与美感是相对的，但在中国古代艺术中，二者是相互融通的，道德感则成为推动它们的力量。这是古代中国画中，三境不可或缺的原因和表现。

古代中国画有“意”，不画形，意无从寄托；过于强调形，又会失意——所谓“谨毛而失貌”。既得意，难免忘形，而“有神韵，形似自在其间”[①]。这种“形神论”，使中国画看上去，“似”又“不似”，但其“出自胸臆”，因此也就“别具生机”。这是古代中国画中最主要的价值。

二、笔墨技法——生命之线

“线的艺术”，这是古代中国画中写意以外的第二个特征。线，是中国画的命根子，它的存在，不仅仅是为了中界虚和实、正和反、对象和背景，也不仅仅是为了勾出轮廓、画出有限，而是为了“笔随意发，即形之心也”[②]。这种写意的线本身具有独立的审美意义和艺术价值，无愧于“有生命的线”。

人类在最初接触绘画世界时，不约而同地用点和线作为构成图形的元素，儿童如此，即使是创造远古文明的先民亦如是。前者如刚学会握笔的幼童，几乎是以似圆非圆和不规则的线表达心中所想；后者如旧石器时代晚期至新石器时代以狩猎、人物、图腾为主题的洞窟石岩原始绘画（包括西班牙阿尔塔米拉洞窟壁画、中国江苏连云港将军崖岩画等）和新石器文化中陶器表面的印纹、彩绘，同样使用了线条，甚而是类抽象的几何线条。尽管这些点和线具有某种主观性，可以代表具体，但不能说先民和儿童已经利用线进行抽象和概括了。从心理发展的角度看，先学前期的儿童和文化初期的人类祖先不具备概括能力，他们的思维形式尚处在直觉行动思维和具体形象思维这样的低级层次，他们之所以用线而不是用接近事物真实形态的色彩、明暗组成图形，道理很简单：线条是简易的，可以用任何简单工具刻画出来；线条可以是具体的，一画是手或足，一圈是首或眼。对中国绘画艺术一无所知的人，从这个意义出发，认为以线为元素的中国画幼稚，是不知此线不同彼线。

尽管人类绘画之初都选择线条这种表现形式，但在以后的发展历程中，东西方绘画艺术渐渐走上了两条不同的发展道路，在中国则走上了妙悟线条功能的道路，中国画作此选择，大约有以下诸原因：

其一，中国画曾受书法的影响，与西方受雕刻的震荡两相对照。中西绘画

① 张彦远《历代名画记》。
② 项穆《书法雅言》。

在早期都有拙稚的线，古希腊在迈锡尼文化（公元前1600—前1125年）时，绘画尚属线条型。古风时代（公元前7世纪—前6世纪），与绘画并举的石雕、泥雕有了长足的进步，甚至出现了解剖关系方面已比较自然如实的纪念碑式雕像。沿至希腊文化全盛时（即公元前5世纪的古典时代），出现众多伟大的雕刻家和不朽的作品，如米隆（Myron）的《掷铁饼的运动员》、菲狄亚斯（Phidias）的《列姆诺死岛的雅典娜像》，以及雅典巴特农神庙的一系列装饰雕刻。这些雕刻受当时以人体为美的审美观的影响，已能熟练地运用解剖学知识惟妙惟肖地再现对象。相当发达的雕刻技巧和对人体立体感的认识，必然会影响到绘画，雅典人阿波罗多创阴影法，阿格塔邱士采用透视配影法，使绘画更趋写实。在此基础上，古典西洋画渐渐抛弃了并不存在于实物上的线条，转而用色块和明暗来表现对象。

春秋战国时期与希腊的古风、古典期大约同时。这时，“人”的问题同样受到重视，只是人们更多地关注人的社会功用和人性的善恶，对人的个体知之甚少，更不用说人体的自然美了。因此，这时的绘画作品基本上属于寓意的、有社会性的人物画，如现存最早的绘画作品——战国时楚国帛画《龙凤人物画》和《驭龙图》，前者祝福善战胜恶①，后者表现人乘龙升天，暗示画中驭龙者之尊。与此同时，人们的审美新视点开始移向书法美。郭沫若说：“东周以后，书史之性质变而为文饰，如钟镈之铭多韵语，以规整之款式镂刻于器表，其字体亦多作波折而有意求工。……凡此均于审美意识之下所施之文饰也，其效用与花纹同。中国以文字为艺术品之习尚当自此始。”②中国画因得到来自书韵的启示，自此走上书画同体的道路，尤其是秦汉以后“绘画从书法中吸取了经验、技巧和力量。运笔的轻重、疾涩、虚实、强弱、转折顿挫、节奏韵律，净化了的线条如同音乐旋律一般，它们竟成了中国各类造型艺术的灵魂”③。

其二，中国画“意存笔先”，意出于形内而不是形体，故只要能表意，无论其形体是简或繁均可。线在作为具体对象的符号时，是具体的，而当意附于线时，线同时也有了动势，有了力量，有了生气。相传晋代卫夫人写有《笔阵图》，其中对简单的点画线作了形象性描述，正所谓“笔简而意足”：

一——如千里阵云，隐隐然其实有形；

丶——如高峰坠石，磕磕然实乃崩也；

① 《龙凤人物画》中的龙形曾被考证为山中精怪“夔”，故有“凤夔人物画”之说，有善战胜恶之含意。但近期有人认为画中龙有一足早已剥落，故被误为“夔”。画意应是龙凤引导人升天，或是女巫祝寿。

② 郭沫若《青年时代·周代彝铭进化观》。

③ 李泽厚：《美的历程》，中国社会科学出版社1986年版，第53页。

丿——陆断犀象；

丨——万岁枯藤；

𡿨——崩浪雷奔；

乛——百钧弩发。

除此之外，线本身的形态也可给人无尽的遐想。前面说过，画中物境有神动之真，流动的线条则最易表现这种动态之美。古人正是抓住了线的这一特性，予以弘扬光大。被誉为画圣的唐代吴道子利用持笔的速度、压力和节奏创造动感的线，他用一种叫做“莼菜条”的线表现人物的衣饰，使之如迎风飘举，后人形容为“吴带当风”。吴画现仅存宋代临本《送子天王图》（又名《释迦降生图》），于中犹可见此“当风”之线。在吴道子的影响下，唐代画家纷纷以神动的线作画，给人以“满壁风动”的审美享受。

简单的线何以有如此之魅力，何以能如此传神？古人认为这是线负载了宇宙之本体的缘故。张彦远说：“昔张芝学崔瑗、杜度草书之法，因而变之，以成今草书之体势，一笔而成，气脉通连，隔行不断，唯王子敬明其深旨，故行首之字往往继其前行，世上谓之一笔书；其后陆探微亦作一笔画，连绵不断。故知书画用笔同法。”①这段话为“一笔”张目，强调一笔而成的书画内藏“气”，“一笔而成，偶有不连，而血脉不断，及其连气，气候通其隔行”②。气“聚而成形”③，“形聚为物，形溃反原”④。连绵不断、无阻无遏的一条线（一画），正气之成“聚”，因此“一画”有气，有气则可通达于“道”。诚如石涛所说：“法于何立？立于一画。一画者，众有之本，万象之根，见用于神，藏用于人。”⑤从这里，我们可以看到古人的理念与今天大相径庭，但从中仍可见传统的哲学思想对艺术创作影响之深，这使得人们对线的内涵寄予厚望，深深地眷念，苦苦地追求其美其乐。

其三，西方人总要站在主体的人的立场上观察客体，“我”和“物”是相互对立的，加之西方知性传统的影响，人们习惯把绘画视为科学，拟用人们通过驾驭自然获得的技巧如其所视地再现客观自然。在他们那里，自然是外在于他们的；他们热爱自然，欲表现自然，则要创造出模仿“第一自然”的“第二自然”来，这就必然要求他们的绘画伴随透视法、明暗法等。⑥达·芬奇（L.Da

① 张彦远《历代名画记》。
② 张怀瓘《十体书断·草序》。
③ 王夫之《张子正蒙注》。
④ 张载《正蒙》。
⑤ 石涛《画语录·一画章》。
⑥ 佟旭等：《比较美学》，第67页，见中国文化书院1987年编“中外比较文化丛书”。

Vinci，1452—1519年，意大利画家）曾说："绘画的确是一门科学，并且是自然合法的女儿，因为它是从自然产生的……"[①]绘画是科学，其原则"首先规定什么是有影物体，什么是原生阴影，什么是派生阴影以及什么是高光"[②]。这就是西方古典画需要严谨写真的缘由。

古代中国人尚没有真正确立自然科学观，绘画在人们眼中只是一门艺术（从审美心理角度看，艺术不是科学），充其量是含"道"的技艺。因此，古代中国人总是将主体放在客体的位置上，以此去体悟客体的内在世界，所谓"我见青山多妩媚，料青山见我应如是"[③]。这种精述于庄子著作的"齐物"论和"天人合一"、"我物相融"的传统观念既寄于物象也寄于构成图形的元素——线。既然"我"与物"齐"，艺术化的"物"也就可以传达人的情感，包括简单的线。

散布在中国国土上的古代民间绘画，因受传统文化的熏陶，不轻视线条的作用，而且由于不受程式化的影响，线条的语言更自由自如，只是民间绘画不会刻意追求线条的"道"、"意"，反而比较注重画的整体内容及其劝诫和寓意作用，如明清时代的姑苏"桃花埠年画"，就是典型之作。

除了上述原因外，线的造就还有赖于绘画工具和材料。中国画采用特殊的工具材料——毛笔、墨、绢、宣纸等，这些工具与材料通过层面碰撞，产生出来的图形有自己的特性，能够挥洒自如，或工笔细腻地写出变化多端又独具气象的线条，以此表现对象的运动感和空间感，却拙于表现物的质感、量感和体积感。可以说，中西画用不同的方法表现物之"常理"，实际上都是各取本身绘画工具和材料之长，避其之短。

当然，由于古代中国画种类繁多，门派林立，使用的材料和表现方法各有不同，其中也有极尽写实以及以色块光影表现对象的。唐画家尉迟乙僧的"身若出壁"人物画，设色沉着，若突出壁间，或堆起绢素，有立体感；五代至宋的黄荃派（院体派）工笔重彩花鸟画，"冥周物理"[④]（即深入细致再现物形之"常理"），以后更有人画鸟"翎毛自嘴至足，皆有名称，而毛羽有数"[⑤]。这时，人物画的人体解剖知识、台阁山水画中的远近透视技术，在唐时已开始应用。此外，以色和光为基本元素的绘画，在古代中国也不乏其例。早在南北朝时，北方的人物画已出现以色、面代替墨线的形式。徐熙的孙子、唐代花鸟画家徐

---

① 列奥纳多·达芬奇：《芬奇论绘画》，戴勉编译，人民美术出版社1979年版，第17页。

② 列奥纳多·达芬奇：《芬奇论绘画》，戴勉编译，人民美术出版社1979年版，第17页。

③ 王时敏《墨笔山水》，吉林省博物馆藏。

④ 潘天寿：《中国绘画史》，上海人民出版社1983年版，第166页。

⑤ 潘天寿：《中国绘画史》，上海人民出版社1993年版，第148页。

崇嗣在其祖风的基础上，创造新意，绘画“不华不墨，以丹铅叠色渍染”[①]，用色块构形，看不见“笔墨骨气”（线条），宋元时代不少画家如赵昌、钱选等步其后，遂形成没骨画之大观。五代宋初南方派山水画家董源与其弟子巨然的山水画“皆宜远观，其用笔甚草草，近视之，几不类物象，远观则景物灿然”[②]。这里说明董、巨之画注重光的表现，如晚景返照。

由此可见，中国人对媒介元素的认识，不可谓全无经验，但线和意仍然是传统中国画的主流和灵魂。工笔画写实，离不开墨线勾勒；宋元没骨画设色绘彩，细勾的骨线暗藏于内；[③]“毛羽有数”的写生画极其逼真，无法寄托意，传之不远；山水画动荡灿然之光，却不是那种物理的目睹的实质之光，而是“形而上的，非写实的宇宙灵气的流行，贯彻中边，往复上下”[④]。评中国画常有“光彩照人”之语，指的就是画中“所存而显之”、“华奕照耀，动人无际”（王夫之语）之光。光如此，色亦然。丹铅的色块虽则接近自然，但在表达这种意时，终不如朦胧的水墨。因此，文人作画喜欢以墨代色，衡墨虚实，化为五彩（焦、浓、重、淡、清），以“夺造物变化之机”[⑤]。这种光色的基础是“意”（古典西画光色的基础是“真”），与线的功能殊途同归。

古代中国画的线从古拙而至精熟，大致经历了“简—密—简”这样的发展之路。

汉代以前，中国画的线条粗简而拙稚。魏晋南北朝偏向“细密精致而臻丽”，紧劲绵密的线描和妍丽雅典的设色，隐约“神动之真”，这种“笔迹周密”的线被后世称为“密体”。东晋画家顾恺之和南朝刘宋画家陆探微是这时的佼佼者，前者创雄劲连绵、极富韵律的“春蚕吐丝”线型，后者则变其法为锐利挺拔刚劲的线条，正所谓画中书韵，“陆得其骨，顾得其神”。

南朝后期，与密体相对的疏体产生。疏体的线着迹不多，如南朝梁画家张僧繇的画用笔多依书法，点曳斫拂，似勾戟利剑，但他笔下之线非常经济，“笔才一二，象已应焉，离披点画，时见缺落”，被推崇为“笔不周而意周”的“张家样”，成为时人学习的范本，其影响远达唐朝的阎立本和吴道子。疏体更新了中国画线条之“简”，与汉代以前不同，这时的线是以简易成就复杂和深刻，特别是唐宋以后，与禅学、理学及书法的“狂狷”冥合，线成了意气所发

---

① 潘天寿：《中国绘画史》，上海人民出版社1993年版，第145页。

② 张光福：《中国美术史》，北京知识出版社1982年版，第320、321页。

③ 张光福认为没骨画不是全没有骨法的描线，只是多被傅彩掩去，只有清代的没骨画（恽格的画）才是全不用骨线的“纯没骨画”。

④ 宗白华：《中国艺术意境之诞生》，文见复旦大学中文系文艺理论室编《中国古代美学艺术论文集》，上海古籍出版社1981年版。

⑤ 布颜图《画学心法问答》。

的象征，宋代的苏东坡、米芾，清代的“扬州八怪”等画家皆“出以游戏之态度，草草之笔墨，纯任天真，不假修饰，以发其所向”①。我们不妨引苏东坡的诗句喻墨线之简：“外枯而中膏，似淡而实美”，“发纤浓于简古，寄至味于淡泊”②。

三、构图布景——虚实之道

绘画需构图布景，这在中国古代画论中常曰：“经营位置”、“成竹”（花鸟画）、“丘壑”（山水画、人物画），淡淡数语便概括出构图审美的章法：一是先有“胸”中整体规划，再挥毫落实于缣楮之中；二是目力有所穷，尺幅见江河；三是景有高低丘壑，画有虚实疏密。

古代中国画以“经营位置”代替取景，反映出人的精神自觉。“经营”，在古语中有周旋上下左右、规划创业的意思，古人将其用于绘画布景，以便于突出画家创造整体意境的目的。因此，画家下笔不是再现自然，而是在畅意游神中巧妙安排自然：“以素纸为大地，以炭朽（绘画用的炭条）为鸿钧（巨笔），以主宰为造物，用心目经营之。”③落笔前，先对所要创造的意境进行规划，这时，画家对表现的对象是十分清楚的，即“成竹在胸”、“意在笔先”、“丘壑内营”。这一点与逆“自然主义”而行的西方现代抽象画大相径庭。美国著名抽象画家鲍罗克曾说：“我绘画的源泉是下意识……当我作画时，我不知作画的过程，只是过后，我看到了画完的画。”④这种绘画所要抽象的不是物（客观对象）和意（内在世界）的实质，而仅仅是从直觉感受中截取某些表象的显要成分或瞬间表现，予以夸张、复拓，然后在一片茫然无意之中逐渐找到自身。因此，西方抽象画的艺术变形在于手段（在当代还可依靠科学手段，如影印机技术），而不在于自觉。它可以是“对象性”的，不描摹任何具体事物的任何客观形象，甚至宣称：画面上如此这般的线条、色彩、空间分割及其组合，倘若给观赏者偶尔引起某种具体事物之联想或幻形的暗示性视觉印象，则都够不上其所要求的绝对抽象标准，这样的创作，只算失败而不算成功。⑤

可见，在美产生的心理过程中，西方抽象画是在初级认识层面（感性形式）上进行抽象，这是一种审美趣味的表达；中国古代文人画，尤其是写意画则是在深层认识层面（理性形式）上进行抽象，带有创作者极其强烈的审美意

① 潘天寿：《中国绘画史》，上海人民出版社1993年版，第118页。
② 苏轼《书黄子思诗集后》。
③ 布颜图《画学心法问答》。
④ 阿·李巴：《现代艺术的挑战》，见蒋孔阳：《美学与艺术评论》，复旦大学出版社1986年版，第178页。
⑤ 蒋孔阳：《美学与艺术评论》，复旦大学出版社1986年版，第137页。

识。因此，尽管中国画的构图是“出自胸臆”，但绝不是无物抽象或臆造。在古人看来，胸中有丘壑，必得游历千山万壑，从自然中收集素材熔于胸炉，经过思想（形而上）的锻造，再通过各种绘画材料表现出来，方能物为我所用，神化于万有世界。

既然素材来自自然，也就不可能远离物“理”，即所谓“作画要达理”。如山水画欲表现跌流飞瀑，首先要考虑活水之源必来自高山“积润”（积久而成的水源）：“盖必有高山，其下方有积润，水乃山之积润而成也。……若泉向高山之顶而来，顶之上又无再高之山，则水之来也，岂非从天上而下耶？孤峰挂瀑，譬诸架上悬巾者，此之谓也。”①

“作画达理”使中国画看上去与对象相“似”，而构图中的“意”又使中国画看上去“不似”。“似与不似”既是中国画的特征，便不拘于笔墨技法，也成为绘画构图的一种原则，在传统绘画“经营位置”中，“似”是实相，“不似”是一种虚相，虚实生“意”。可以说，国画构图妙就妙在这个虚上，其表现大致有两类。

第一类是作为中国画基本要求的外显之虚。较常见的有：

(1) 空白——集虚成实。中国画最忌“满”和“挤”。画面若被各种实相塞得满满的，会使人感到如人马壅阻于穷閭厄巷，非但无法周旋转身，还会因局促而气喘难耐。因此，画面必得有空白，以抒逼翳之气，这是中国画中不可忽略的匠心所在。宋代马远曾手绘一幅《寒江独钓》水墨画，画面正中是一叶孤舟，一老翁正俯身垂钓，舷旁细勾几笔有起有伏的淡淡墨线以示江面，其余四周不着墨迹，空旷无边。②其画构图，运用大片空白，却又通过空疏寂静中钓翁凝神于一点的动态，使观画者顿觉满纸江湖，天水一色，氤氲渺漠，无迹之境更让人领会画中实处——垂钓者的专注。画面虚以大片空白而又真正使人气韵流宕的，盖在于对虚实处理得恰到好处。清人方士庶以寥寥数语概括了中国画的这种精粹：“山川草木，造化自然，此实境也。因心而造境，以手运心，此虚境也。虚而为实，是在笔墨有无间——故古人笔墨具此山苍水秀，水活石润，于天地之外，别构一种灵寄，或率意挥洒，亦皆练金成液，弃滓存精，曲尽蹈虚揖影之妙。”③

(2) 飞白——虚实相济。“飞白”本是书法的一种技法，创于东汉末。“飞”是飞舞的笔触，“白”是笔画中露出的丝丝空白，以淡淡得宜之墨、轻快灵活的笔触（笔毫并不全部触及画材）写出气势飞舞的字，可以获得飞

① 郑绩《梦幻居画学简明》。
② 郎绍君等：《中国书画鉴赏辞典》，中国青年出版社 1988 年版，第 351 页。
③ 方士庶《天慵庵随笔》。

白效果。[1]崇尚书韵的中国画将这种书法技法运用到墨竹、墨石及水墨山水、花鸟和人物画中，可于一笔之中创造明暗凹凸的盎然生气。更重要的是，“飞白”与皴、擦、刷等笔墨技法同功，都可在墨线、白线的断续、流转、延绵以及相搏、相竞、相渗之中，黑以当白，计白当黑，黑白自相副称而显见虚实层层映发，使整个画面透出厚实和深远感，甚或散发出一种“风清骨峻”的韵味。特别是当飞白寓于“泼墨”之时，不仅黑白互济更为完满，而且体现了线面交融中，以线条统摄面块的更大效果。南宋画家梁楷《泼墨仙人》图便是这种以独特画法使人从清透、粗阔的黑白之中悟出简略闲洒的神逸之作。

⑶ 异常的视点——以大观小。中国画与古典西洋画受不同的审美传统的影响，在构图中选取了不同的“透视法”。西洋画基于“我物对立”的审美观，“我”独立于物之外，而平视于物。为了尽可能还对象以真实面目，西洋画采用了符合几何规则的定点透视法（包括几何学的焦点透视法、光影透视法、空气透视法等），让人们得以在平面二维的方框里去作有深度、有距离的三维空间感知，即将一张平面画直感为纯自然的立体图景。中国画则受“我物相融”的基本哲学启迪，强调无论是作者，还是观者不应置身于物外，而应参与自然的造化，所谓“称性之作，直参造化”[2]。作画不是把图形“画”在纸上，而是身临其境，造就自然。一张画如仅仅是“披图画而寻其为丘壑”，则“钝”（无生气），只有“见丘壑而忘其为图画”才“神”[3]。如此说来，画面上的空间应服从景物的变化和配置，而不是景物服从固定不变的空间，也就是“意之所游”，必须跳出“框”的窠臼。

为适应这种画外之意，中国画采用了散点透视的方法，以追求画面的“三远”——高远、深远和平远。“平远”之画，可使人“横墨数尺，体百里之远”（南朝宋画家宗炳语），但也只能望见一重山，而不能重重悉见（北宋科学家沈括）。这就需要借助“高远”，即主体居高临下，“以大观小”（从整体看部分），用仰眺俯视的眼光处处流连，观察自然和世界（见五代壁画《五台山图》）。这样一来，画中所要表现的实体已大致毕现于眼底。不足的是仍然有感觉和知觉无法达到的地方，即“意到笔不到，为神气所吞处”[4]，而以虚涵实的方法恰可弥补这种不足，使人从“目有所极故所见不周”的视野和实景里解放出来，这是画中的“深远”（古典西洋画多只重平远，甚少同时涉及三远），

---

① 伍蠡甫：《中国画论研究》，北京大学出版社 1983 年版，第 73 页。
② 沈灏《画尘》。
③ 笪重光《画筌》。
④ 李白华《紫桃轩杂缀》。

这种感性视点的异常之处，也是国画构图的虚之所在，它突破了人为界限的束缚，使观画者得到全景式感受，还能集众视点之实，以避免散点透视带来的景物离散之感，使画面纵横捭阖，皆井然有序。

第二类是隐于丘壑（构图）中的静心之虚。静心是静思默想，知悟不惑，于静观中求动。这种“动”不一定直呈画面，而是利用“空山不见人，但闻人语响”的境界，让人们去琢磨，去深思，直至领悟“穷元妙于意表，合神变乎天机”[①]的画中真谛。

“变”使绘画对象从“对比”中获得气韵，又从“动”中获得生命。变的本源是动，动以生变。这种观念在古今艺术中并不是什么新奇的东西，但在中国传统哲学中，《易》和“五行”理论赋予时空以新的内容，那就是将时空与主体视为一个整体，时间、空间的无尽不是静止的，而是循环往复的，主体在观察和表现时空时，也应该以动为宗旨。这种对动的认识，造就了中国画构图中诗画相融的情境以及神动的物境。

18 世纪德国启蒙主义者莱辛（Gotthold Ephraim Lessing，1729—1782 年）和赫尔德（Johann Gottfried Von Herder，1744—1803 年）曾界定诗画：画属于空间艺术，诗属于时间艺术。法国的狄德罗也有类似的看法，认为“诗人是富于想象的人、善于感受的人”，“雕刻家和画家则只表现自然界的事物”[②]。因此，诗和画的差异就在于前者表现“可能是”，后者却表现“就是”[③]。在西方论者的眼里，诗可借助想象表现情感，画则不能。

中国画却突破了时空的界限，将“可能是”和“就是”绝妙地合为一体。画中的奇异就是一种想象，画中的诗情和诗的气息更令人如痴如醉。苏东坡为王维的《蓝田烟雨图》题诗云：“蓝田白石出，玉川红叶稀。山路元无雨，空翠湿人衣。”并赞叹曰：“味摩诘（王维字）之诗，诗中有画；观摩诘之画，画中有诗。”苏轼此语一出，风靡古今，从此，画成为“无言诗”，成为人们竞相追求的一种艺术目标。诗境入画、题诗于画、以诗品为画的题材扩大了中国画的时空表现。

值得一提的是中国画的一种独特形式——手卷和长卷。两者均可在空间上扩展图景，时间上持续意境的表达，延长了观赏的过程，从而大大丰富了画中诗意。在观赏时，左手将画卷张开，右手将之卷起，画中景物便从卷首至卷尾陆续入目，对象在更替、变化中层层生发，步步深入，[④]使观赏者得以“不下堂

① 张彦远《历代名画记》。
② 狄德罗《论绘画》第四章。
③ 狄德罗《关于绘画、雕刻、建筑和诗的片断感想》。
④ 伍蠡甫：《中国画论研究》，北京大学出版社 1983 年版，第 228、229 页。

筵”而“坐穷泉壑”①。

前面所讲的“动”属于变中求动，充满磨荡不定，变动不居，妙画通灵的想象和超越。但中国画的动并非仅表现此，尚有一种恒动，以暗含古代哲学的“天道——自然观”。老子曾说：“人法地，地法天，天法道，道法自然。”②道作为一种法则，有自己自然而然（“自然”的本意）的生长运动状态。天地万物均按照自己本应如此的状态发育流行，生灭循环，而作为人应该顺应自然，体认万物的本性。中国画追求恒动，根源盖在于此。

譬如在光的表现上，古典西洋画遵循光影透视法，借助外来的投射光影代表主体；中国画却以对象本身的阴阳向背表示出立体感：山之丘壑有向有背，人之“丘壑”（面部）有凹有凸，即使是石也有阴阳两面，在这样的场合，利用笔墨技法，“下笔便有凹凸之形”，光影透视法是用不着的。可以说：“阴阳向背法”是把握物之“常理”，恪守时间上的连贯性，静中求动，而光影透视法乃是一时之静观。

中国画的整体构图离不开“虚”，或者说中国画构图章法的重要特征之一就是虚的存在。虚作为一种象征，本身包含众多的实体内容，远比一般人所理解的空洞无物要意味深长。从这种意义来看，中国画正是从虚中见实，进而集虚成实。用简单的审美理念来诠释中国画中的虚已显得肤浅，只有对中国人的整体认识观和传统思维方式有较深刻的理解，才能真正把握虚的含义，而不至于将其与虚无主义相提并论。

中国绘画艺术起源甚早，历经数千年的发展历程，逐渐形成自己独特的艺术风格。这种风格以“意”为宗，融会人们对事物“常理”的真知和对人生境界的灼见，甚至还包含了人世间的感叹、忧思、不平、发愤和思慕、喜乐、酣畅等。画中之意，有直笔表露，更多的则是以隐笔来塑造。因此，中国画重视虚的作用，以虚喻不尽之意，含不言之实。在这方面，富含书韵的笔墨线条可以说是功不可没。它以变幻无穷的技法，将中国人的情感和意气表现得淋漓尽致，不愧为中国艺术的灵魂。时至今日，尽管中国画面临生命的挑战，极需在变革中吐故纳新，但作为国画艺术之魂的“意”、“线”和“虚”，则不能完全加以否定，或可在此根本上“各有灵苗各自探”（苏轼语），既保留传统的精粹，又依各人气质、修养和经历的不同，寄托各自的胸次襟怀。

① 郭照《林泉高致集》。
②《老子·二十五章》。

第三节 传统音乐的内感状态

中国音乐具有较强的历时性传统。之所以称为历时性，是因为其具备两个条件：

第一个条件是音乐的形式符合历史发展规律，由简单朝丰富进化，从浅显向精深演变，其间并未中断过。大量的传说、史载、文物都证实了中国古代音乐这条河流一直在流淌，尽管变动不居，时有崖壁落差，却没有断流枯涸的水段。古代音乐之源发生在新石器时代，直到夏商这一段可以称为“原始乐舞时代”，这时的音乐形式以伴舞的节奏为主，因此，节奏乐器出现得较早，先民在“于论鼓钟”、“鼍（读 tuó 驼）鼓逢逢”[①]中且歌且舞，“以乐诸神”[②]。有周一代，称为“雅乐时代”，这时的打击、吹奏和拨弦乐器齐备，八音克谐，乐随律吕旋宫转调。秦汉魏晋时期是“清乐时代”，随着西域之路开通，以及与西南各国的经济往来，少数民族和国外的乐器纷纷传入中国；同时由于雅乐日趋衰落，宫廷音乐几被民间歌曲和外来音乐所支配；政府专门设立管理音乐的机构——“乐府”（后有“黄门鼓吹署”和“清商署”等），原始民歌经乐府整理后，配器伴奏，成为“相和歌”，以后又演化成“清商乐”（清乐）。南北朝至唐宋，是“燕（宴）乐时代”，这时的宫廷又渐成为汇集各族各国以及雅、俗音乐文化的中心，其中既有传统风格又有西域色彩、“音清而近雅”的“法曲”以及在盛宴场合以歌舞器乐并重的“燕乐大曲”（大型歌舞）最令时人瞩目。明清之际可称为“俗乐时代”，表演的重心再次移到民间。至此，中国现代民族民间音乐的五大门类——民歌、民族乐器、说唱音乐、歌舞音乐、戏曲音乐，都已具备一定的规模[③]。

第二个条件，是音乐的传统具有相对稳定的中心——“和”。和，在于“尽美”，即形式的内在协调；和，在于“尽善”，即内容体现个人—国家—社会的整体道德观；和，在于衔华佩实，即形式与内容的统一。和，塑造了中国古代音乐的性格，又反过来成为其主要的内感特征之一。

一、和的境界

古代中国评价音乐的一个重要标准是“和”。

和，在先秦史籍和诸子论说中早有记载，《荀子·乐论》说“故乐者，审一以定和者也”；《国语·郑语》也说“和乐如一”；《尚书大传·虞夏传》则

---

① 《诗经·大雅·灵台》。

② 王逸《楚辞章句·九歌序》。

③ 田青：《中国古代音乐史话》，上海文艺出版社 1984 年版，第 189 页。

言“至乐相和”。20世纪70年代，在湖北随州出土的曾侯乙墓大型编钟铭文上，已将五声音阶（宫、商、角、徵、羽）之外的变声“清角”专称为“和”[①]。可见，“和”很早就已出现，而且是与音乐紧密联系在一起的。按照一些学者的考据，“和”与“乐”的结合要比这出现得更早。

最初的“乐”仅仅是一种“统一的协和的律动”，它是原始社会集体劳作和娱乐总协调动作的节拍。《周礼》“郑注”形容一种源于劳动工具的乐器时说：“状如漆筒，而弇长五尺六寸，以革挽之，有两纽，虚无底。举以顿地，如舂杵。亦谓之顿。”顿地为节，是劳动也是舞蹈的拍子[②]。《淮南子》甚至直接将集体性劳作看成是在律动中完成的：“今夫举大木者，前呼‘邪许’，后亦应之，此举重劝力之歌也。”其中的“邪许”，既是劳动号子，也是统一律动的节拍。

由此推论，音乐产生之初，即有“和”的意义，商周之际，宗法礼制盛行，礼与乐相伴，乐成了礼的注脚，“和”便有了新的诠释。之后，经过历代学者，尤其是儒家、道家的演绎，乐几乎成了“和”的象征。从下文我们可推及“和”的总体存在。

1. 和的内在秩序

在古代音乐世界中，和是一种具有普遍适应性的美学概念，古希腊学者在数的和谐中看到万事万物的逻辑规律，于是将数带进美学中，提出“美是和谐与比例”（毕达哥拉斯，Pythagoras），并由此创立了以数为基础的音乐和谐理论。

区别于西方这种自然功能化的理论，中国古代的“和谐”理论基本上是社会功能化的产物。因此，在“和”之外，另外提出一个比较概念“同”。在古人看来，和是“相成”、“相济”，同是“同欲”。组成“和”的各方，可以保持自己独立的个性，通过内在协调，融合成一个统一的整体。“同”则是一种松散的结合，其内部构成只有简单的模仿，而无互补和协调。孔子说“君子和而不同，小人同而不和”[③]，沿用到音乐上，就是“至乐相和”（完美的音乐以和为结构）。“和”是在异中求和。在礼制社会中，“异”亦包括上下之别和主次之分。因此，形成的儒家观念里，和被看成是一种秩序：对立的双方能和谐共处，必有主次之分；平等对立只会带来激烈的竞争，难于求和。这决定了中国古代音乐的最高境界，是以秩序为中心的和。

① 吴钊、刘东升：《中国音乐史略》，人民出版社1983年版，第28页。
② 常任侠：《东方艺术丛谈》，上海人民出版社1984年版，第42页。
③《论语·子路》。

（1）五声和序。《吕氏春秋·大乐》说："凡乐，天地之和，阴阳之谓也。"这句话代表了古人对音乐的审美意识，将音乐看成是"天地"异质同构的载体。既然天地、阴阳有尊卑之分，反映"天地之声"的人间音乐，也就被人为以主次划分，目的就是寻求音乐内在的和谐与秩序。

唐朝武则天敕撰的《乐书要录》谈到音乐体系能否和谐，关键在于"声"，"乐之克谐，以声为主"。中国古代音乐即以"五声"（宫、商、角、徵、羽，相当现代简谱 1、2、3、5、6，见谱例 1：五声调式）为基础音阶，五声按照"五行"排列，分别与土、金、木、火、水相配，组成相生相克的关系。同时，由于音乐的社会功能化，五声又分别象征君、臣、民、事、物，以确定它们之间的主次、尊卑地位。这就是一种"五声和序"的系统。

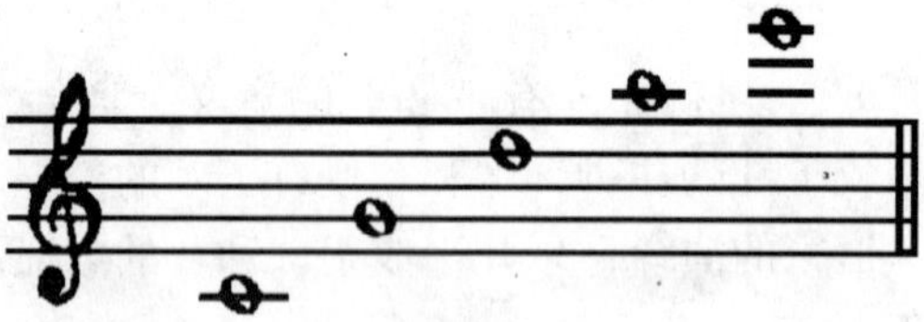

谱例 1　五声调式

在这个系统里，五声通过变化产生各种不同的调式，从而丰富了古代的音乐表现形式。如在五声音阶中加入"偏音"①，可以形成七声调式。从先秦著作《左传》、《国语》以及曾侯乙编钟铭文上，我们知道七声音阶早在周代之时就已被使用，而且由于偏音本身的多种变化，各种七声调式也不尽相同，仅今天所见，就有"雅乐音阶"、"清乐音阶"和"燕乐音阶"②。大约在春秋战国之际，以数学方法计算五声音阶中各音的弦长比例的科学理论成熟，史称"三分损益法"。

依诸子论著《管子》所见，此法是先确立一个标准音，把它作为"宫音"；然后在琴弦上就宫音的弦长增加1/3（三分益一），即得低四度的徵音；再就徵音的弦长减去 1/3（三分损一），即得高五度的商音；将商音的弦长增加 1/3，得低四度的羽音；将羽音的弦长减去 1/3，可得角音③。

"三分损益法"求出来的调式，实际上是按照纯五度排列起来的五声调式，

---

① "五声"在古代被称为"正音"，以此作为音乐秩序中的"尊"者，正音之外的其他音概称为"偏音"。

② "雅乐音阶"是在五声音阶上加入"变徵"和"变宫"两音，相当于 1、2、3、#4、5、6、7 调式。"清乐音阶"是在五声中加入"清角"和"变宫"，与现代流行的大调音阶相同。"燕乐音阶"则是加入"清角"和"闰"二音而成。见图 8-1。

③ 夏野：《中国古代音乐史简编》，上海音乐出版社 1989 年版，第 26 页。

古人称之为“五度相生律”（见谱例1：五声调式）。

“五度相生律”最大的作用，是五声通过互相间的循环，周旋于“六律六吕”关系（简称“律吕”，又叫“十二平均律”；见图8-1[①]）之间。“律吕”相生，构成一种平和的织体（见图8-2[②]）。这种织体的基础就是阴阳理论[③]。

	1	2	3	4	5	6	7	8	9	10	11	12	
六律（阳）	黄钟		太簇		姑洗		蕤宾		夷则		无射		——十二平均律
六吕（阴）		大吕		夹钟		钟吕		林钟		南吕		应钟	
	宫		商		角		（变徵）	徵		羽		（变宫）	——雅乐音阶
	宫		商		角	（清角）		徵		羽	（闰）		——燕乐音阶
	宫		商		角	（清角）		徵		羽		（变宫）	——清乐音阶
	C		D		E	F		G		A		B	——现代C大调音阶

图8-1　“十二平均律”与七声音阶对照表

左图可简化成右图：

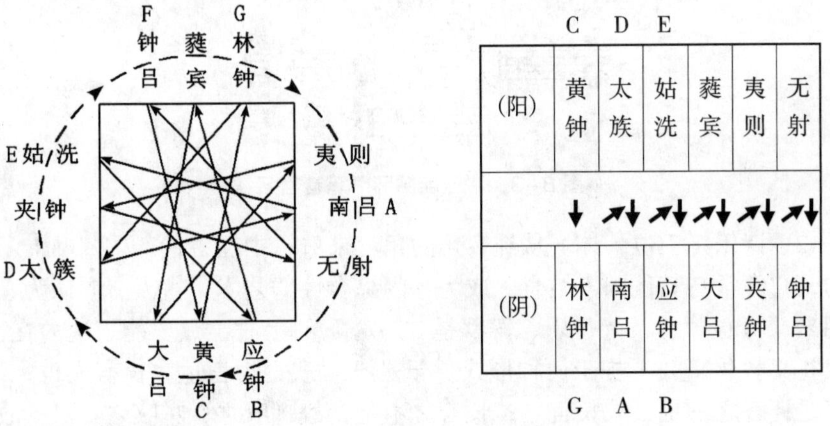

图8-2　“吕律”相生织体

① “十二平均律”是将八度分成十二个均等的半音的音律。

② 图中圆的关系是“十二平均律”，黄钟为“律”始；方内的关系是“五度相生”（逆时针转）或“隔八相生”（顺时针转）。

③ “阳律”生“阴吕”生“阳律”……每一次“相生”，都可产生一个新的音调，符合“阴阳相生”是为“道”，“道生一，一生二，二生三，三生万物”的原理。

有趣的是，五声可以在十二吕律间不断循环，组成等音的、平稳而无急剧变化的螺旋形上升系统（见图 8-3①）。这种系统方便了旋宫转调，使中国音乐早在先秦时就具备了创造复杂多变的旋律线的条件。

隋朝初年，音乐家万宝常利用十二平均律和七声音阶，谐配出八十四个调式："十二律旋相为均，均有七调，合八十四调。"②此后，民间乐曲常在这八十四调中自由转调，往来于狭、广音程间，这对情感的充分发挥十分有利。

由此可见，以"五声"为基础的中国古代声调体系是比较完备的，它反映出秩序与变化之间的生成关系，这是中国式的和谐理论的一个重要特点。

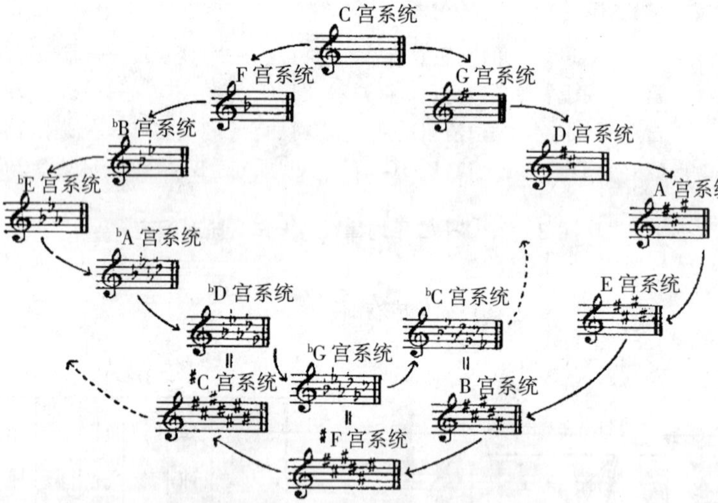

图 8-3　"五度循环"等音宫系统

(2) 诗乐舞三位一体。从纯音乐的角度来看，中国古代音乐基本上不是独立的，它常常与其他因素结合，成为一门综合性的艺术。古人一向认为，艺术是用来"写心"的，诗、乐、舞都是"写心"的手段，只要能表达内在世界，负载礼义教化，并不拘于何种形式。于是，"歌之为言也，长言之也；说之，故言之；言之不足，故长言之；长言之不足，故嗟叹之；嗟叹之不足，故不知手之舞之、足之蹈之也"③。既然音乐不是一种目的，也就不被当成纯音乐，而是作为文学、政治和舞蹈的同路者或从属者，从其表现性来看，这是一种"内

① 李重光：《音乐理论基础》，人民音乐出版社 1982 年版，第 66 页。（图 8-3 可参照图 8-2 的"相生"关系来理解。"宫系统"相当于 C 调系统。）

② 朱长文《乐圃琴史校》卷六。

③《礼记·乐记·师乙》。

容音乐”。

早期音乐大体上从属于舞，“比音而乐之，及干戚羽旄，谓之乐”[①]，即合着音声，舞着“干戚羽旄”，这就是“乐”。伴舞的音乐，以节奏乐器为主，乐者击鼓筛锣，甚至边舞边奏。因此，它不能有太复杂的旋律，只能依靠力度的变化，以响亮而粗犷或轻柔而细腻的演奏来改变同一串连续音符所表现的情感，或在节奏方面变换手法，以此适应各种不同的气氛。节奏乐器的长期使用，使其具备了独立存在的价值，甚至产生比旋律要复杂的复节奏乐。这是舞乐结合给中国音乐传统带来的一大特色。

乐从属于文学，最典型的表现是与诗结合，成为歌。《诗经》实际上是一部歌词集，如其中的《国风》便是“史所采于民，而编之竹帛，付之司乐”[②]，即使是在音乐文化交流最繁盛的唐朝，音乐还是要文学来彰显和弘扬。唐人甚至将早期的乐论当成音乐实践的座右铭，尊崇这样的传统观念：“声者，音之质；音者，声之文。非质无以为文，非文无以成乐。但声不独运，必托于诗。诗者阳之声，乐者阳之器也。”[③]唐代音乐家段安节甚至认为“丝不如竹，竹不如肉”（即弦乐器不如管乐器，管乐器不如人声），声乐“迥居诸乐之上”[④]。声乐的地位造就了众多训练有素的歌唱家，更重要的是为诗歌，也是为音乐本身性格的确立提供了某种环境。

就诗歌而言，依乐填词、为歌赋诗、为诗度曲等，于内容音乐形成的同时，也繁荣了诗。唐朝的诗有“诗海”之誉，其中就有音乐的一份功劳。当时的诗，相当一部分本身就是歌，正如白居易在一首诗中所言：“文场供秀句，乐府添新词，天意君须会，人间要好诗。”此外，古代的诗词，韵不离调，这里面当有音乐的影响。

就音乐而言，与文学结合，尤其是诗、乐、舞结合，使音乐完善为多部乐的“大曲”（清乐大曲→燕乐大曲），这些大曲集视听之大成，从非纯乐的角度进一步充实了音乐的美感状态。诗乐舞的合和，还为后世戏剧的唱、做、打、念创造了一定的条件。中国舞台艺术表演的多样化，是西方古典戏剧难以望其项背的。

音乐从属于政治，这是中国古代音乐的重要特征，我们将在下文详述。

① 《礼记·乐记·乐本》。
② 《乐书要录》卷五，见《新唐书·艺文志》。
③ 《龚自珍全集·尊史》。
④ 段安节《乐府杂录》。

2. 和实生物

“和的境界”，是古代中国音乐传统的方向和理论基础，也是它的性格表现。至于音乐内部为什么会有和谐功能，而又为什么“和谐的音乐”最能感动人心，古代学者对此做过一些探讨，其中一种观点是“‘和实’能够生物”。这里所说的“实”是一种存在，相当于现代所说的物理现象或状态，即某些事物在交流（和“实”）过程中，引起互相间的内在变化，这种变化就是在原来基础上生成的新的事物。由于历史的局限，古代的理论不可能就此进行科学的推理和论证，但它确实巩固了传统的基础。

(1) 同律“应声”。古代的“异质同构”论认为，天地之所以能和，在于阴阳能够互相感应。阴去阳来，交流吸引，形成“化生”（庄子语，意即变化生长）的环境，这就是“和”——“天地交，而万物通也……上下交，而其志同也”①这种阴阳交感的理论，运用到音乐现象的讨论中，就有了“应声”说。所谓应声，类似于声学中的共鸣现象。宋代科学家沈括认为，当音律与音律、音律与人体节律和生理感应器产生共鸣（谐震）时，人们便可从中获得美感。尤当音乐能够“应天地之节”，表达先于人而存在的“天籁”和“地籁”（泛指自然界中原有的声音）②时，这种乐声就是“极天地至和之声”，是音乐中最美的声音③。

古代典籍论著记载了不少传说，我们去掉其中的神话色彩，可以领会古人对音乐的评价标准，即将实现“人”和“自然”互相交感、沟通的音乐作品，看作是“和之极”的作品。如“惟天之合，正风乃行，其音若熙熙凄凄。帝好其音，乃令飞龙作效八风之音，命之曰承云，以祭上帝”。“昔黄帝令伶伦作为律，伶伦……从之阮隃之下，听凤凰之鸣，以别十二律，其雄鸣为六，雌鸣亦六，以此黄钟之宫适合。”“帝尧立，乃命质为乐，质效山林溪谷之音以歌。”④“书曰，萧韶九成，凤凰来仪，和之极也。”⑤

古代音乐理论家十分关注阴阳交感的关系在乐理中的表现，“六律六吕”本身就是借用了阴阳的概念，表示阴阳和声。同时，他们也很关注音响过程中的“应声”现象，在制器、制律中引入相关学说和研究成果，力求“和”，力戒“乱”。如编钟是扁的，以避“节短处声皆相乱，不成音律”之病⑥。琴弦中

①《易·泰》。
②《庄子·齐物论》。
③ 沈括《梦溪笔谈》卷五，“乐律100条”。
④《吕氏春秋·古乐》。
⑤ 朱长文《乐圃琴史校》。
⑥ 沈括《梦溪笔谈》“补笔谈”卷一，“乐律536条”。

能够应声的，均被定为“正声”，不能应声的弦，所发之声叫做“逸调声”。每当宫廷演奏燕乐时，正声往往作为旋律的基本音，而“逸调声”则被排斥，大概觉得这些无法应声的音不和不美①。

“应声”现象引申于人类的思想感情中，就成为一种社会心理现象。音乐具有感染力，当其以多彩的音色与人的心灵相呼应时，能够感动人心，陶冶人性，这在古人眼中，是因为音与情可以和谐共鸣。

古代中医就认为“五音”协于五行，达于五脏，而人的喜怒哀乐又与五脏的活动有关，因此，认定音乐的节律可以影响人的情绪。与此相应，古代哲人们认为人体是一种内在的和谐，包括两方面：一是人体各部分符合“五行”克谐的原则，不能失调；一是属于内“气”的和谐，气质、性格、情绪、情感、思索、观念等均感发于“内气”，而内气又受“外气”是否和谐的影响：“人心之动，物使之然也。”②音乐便是“外气”的表现形式之一。宋人朱长文撰文提到音乐与个性的关系，说：“五声之感人，皆有所合于中也。宫正脾，脾正则好信，故闻宫声者，温润而宽悦；商正肺，肺正则好义，故闻商声者，恻隐而慈爱；徵正心，心正则好礼，故闻徵声者，恭俭而廉挹；羽正肾，肾正则好智，故闻羽声者，深思而远谋。”③

在歌咏中，诗（歌词）往往以形象化的激情，音乐则以声情的共鸣感动人心。诗意与音乐的色彩相配合，可以动情，这在古代被叫做“协律”。倘若“哀声而歌乐词，乐声而歌怨词”，则“语虽切而不能感动人情”，这是因为声与意不能“应和”。不懂这个道理的人，尽管有纯熟的技巧、准确的节奏和旋律，却不能以乐动人，这是因为他们没有丰富而充实的内在世界，只懂音律之和而不懂心声之和④。

从这里可以看到古代作曲、制器以及定律，是有着相对固定的标准的，那就是“音律之和”与“心声之和”的比重关系。音律之和，可以产生美感，通过对音和器的研究完善这种美，是人们对音乐外在形式的一种追求。心声之和，可以获得更高层次的意境。这时，美所产生的效果不仅仅是引起感觉器官的一时舒适，而是通过悟性的开启沐浴人的灵魂。当人们去追求“心声之和”时，音乐便有了思想内容和情感体现，这是音乐深刻的表现力。因此，相对于“音律之和”，古人更看重“心声之和”，这是中国古代音乐成为“内容音乐”的原因之一。

---

① 沈括《梦溪笔谈》“补笔谈”卷一，“乐律537条”。
② 《礼记·乐记·乐本》。
③ 朱长文《乐圃琴史校》。
④ 沈括《梦溪笔谈》卷五，“乐律100条”。

(2) 八音之和。西周时郑国人史伯曾指出："夫和实生物，同则不继，以他平他谓之和，故能丰长而物归之。若以同稗同，尽乃弃矣。"[①]这句话的意思是说"不同"才有可能倾向于"和"，类同无异则只会坐守旧体系，无法生新。因此，"声一无听，物一无文，味一无果，物一不讲"[②]。放到音乐理论上，那就是只有"五声杂"（各种音色的乐器相应发声），才有可能取得和谐的效果。

中国早在先秦时代就已开发出"音色之和"体系——"八音系统"。先人区别乐器，不是根据振动体（如弦、管），而是依据制作原料来进行分类的，各种不同的材料可制成不同音色（质）的乐器。"八音"就是指八种材料类型的乐器，它们有"金"——青铜制成，如钟、镈、铙、铃；"石"——玉石制成，如磬；"土"——陶土制成，如埙、缶；"革"——皮革制成，如鼓；"丝"——弦乐器，如琴、瑟；"匏"——原指葫芦，后指笙、竽等；"木"——木制乐器，如柷（"形如漆桶，中有椎柄，连底挏之"，用以起乐）、敔（"状如伏虎，敲击以止乐"）；"竹"——竹制品，如笛、管、箫、篪等。

《国语》一书将八音与"八面来风"相提并论，制成一种"和"的体系（见图 8–4[③]）。根据八音理论，我们假设古代乐队作如图 8–5 排列，从理论上看，乐队这样排列有它的实际作用。曾侯乙墓中，钟的摆放位置正如"八音"图，其他乐器则因种种原因无法订正。据说古《乐经》早已失传[④]。因此，至今我们只能从纸上演绎古代的"八音之和"，但有一点可以确定，即古代音乐理论重视音的和谐，并以此作为制律和作曲的基本要求。

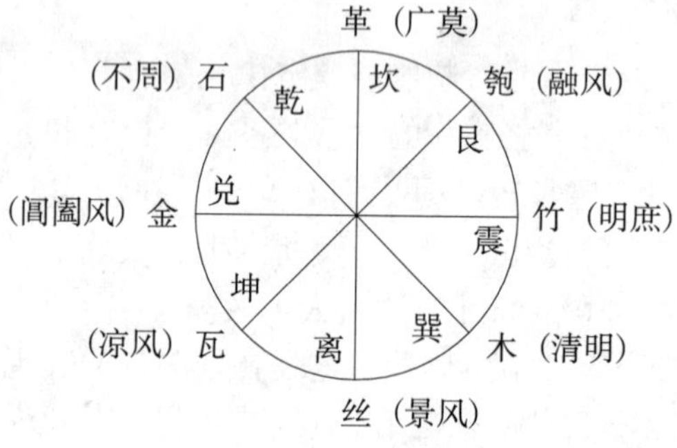

图 8–4　八音体系

① 《国语·郑语》。
② 《国语·郑语》。
③ 《国语·周语下》。
④ 《宋史》卷一百二十八，"志"八十一。

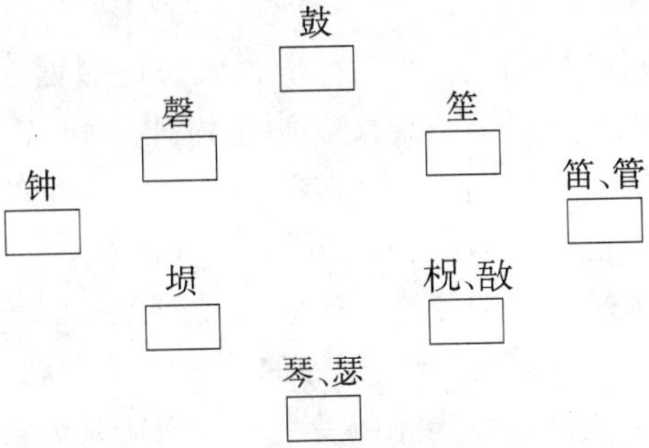

图 8-5　依八音体系假设的古代乐队

(3) 声齐性和。中国音乐的美感主题是“和”。从绝对音乐的角度看，古代音乐的“和”表现为音色和音高之间的互补，是一种乐音之和，简称“性和”。每种乐器都根据自己的特点予以发挥，有一定程度的即兴性，它们既不脱离旋律的中心，又要彼此在质感和音高调式上不尽相同。

但中国古代音乐，乃至整个地方传统音乐缺乏音乐的最理性的部分——多旋律之“和”。也就是说，传统音乐在织体上是单音式的，器乐合奏遵循单一旋律（尽管这一旋律本身有复杂的变化），相伴以复杂的打击乐节奏，形成一种特殊的结构，有别于近代西方的和声组织。

这样一来，中国传统的器乐合奏容易给人一种近乎齐奏的印象。事实上，中国器乐合奏虽然没有西洋近代管弦乐队中提琴类那样的声部，不具备和弦性质的多声部制，但也并非完全的齐奏，只是它的旋律从立体面貌来看，趋向于同一罢了。这种效果，我们称之为声“齐”。

中国古代音乐之所以出现声齐现象而缺乏和声体系，是有其主客观原因的。

从主观上看，传统音乐论有一种观点，那就是“音乐的美存在于它自身”。“八音”之所以美，在于它们能传达自然的声音，可以代表自然界的各种事物。不同事物应和共鸣，产生“至和之乐”。既然美来自自然物本身的共鸣，那么音声便被看作是非理性的、不需要人为形式约束的美的反映。老子有一句名言“大音希声”①，这句话有哲学的意义，也有美学的意义，若仅就音乐的形式来看，它可以用来解释“音乐的美”就是非理性组合这个道理。“大音”是“至美的音乐”，“希声”是除了天然的声音外，听不到其他人类最理性的创造，作为纯粹音乐，它的目的是“悦耳赏心”，已经超越了“应声”的阶段。因此，以古人的观点看，和声体系不能算作“大音”。当然，不能说古人有意排斥

① 《老子·四十一章》。

"和声"。先秦雅乐中有一种"乱"声，唐朝法曲[①]中的初序出现"众乐不齐"的演奏[②]，都有类似复调音乐的处理（有学者认为近似近代西洋音乐中的"卡农"）。只是那时的"乱"、"不齐"声是为了衬托"和"，所以安排在乐曲的"序"或结尾，而且其没有相应固定的节奏，仅为一种即兴处理。此外，在16世纪以前，甚至连西方也没有有关"和声"的经验。但"大音希声"作为一种传统定势，对单音旋律式的中国传统音乐应该说是有一定潜在引导作用的。

从客观上看，西方中世纪由于宗教的原因，声乐盛行，器乐非常不发达，唯其不发达，人们无法从音色（声乐的音色毕竟有限）的对比中获得和谐的效果，便转而向旋律的平行层次寻求，于是出现了由僧侣胡克巴尔特创造的"复调音乐"，以供数百人分三部、四部，或更多的声部合唱的大曲"康塔塔"。在此基础上又相继产生巴赫创造的近代复调音乐和海顿以后以"和声法"为作曲特征的主调音乐。

中国很早就有了"音色之和"体系（八音系统）。先秦之后，更迎来了汉唐繁荣，对外文化交流频繁，吸纳了众多其他民族乐器。乐器的丰富，多少使人们忽略旋律的层次之和。此外，中国人一向注重情感，将众多精力放在研究音乐的内感作用上，固然难以注意到旋律的立体效果。

"声齐性和"的特征，使中国传统音乐中的和声和复调未能得到充分发展，却带来了两种效果，一是对技法的追求，一是对内容的关注。

由于相信音乐内感产生"音律之和"及"心声之和"，中国古人对乐器音色的运用是相当充分的。几百种中国乐器之所以能够生存和发展，大抵皆由于它们特有的音色难以替代。例如，瑟，七条弦各具不同的音色，此外尚有散音（空弦音）、按音和泛音以及左右不同指法奏出的丰富多变的音色，其他许多乐器如琵琶等都有类似的特点。古代乐师抓住音色的变化，用各种不同的技法予以充分表现。著名琴曲《流水》便是利用了丰富的演奏技法，在一张琴上发掘各种不同的音色，以此描绘流水从涓涓细流到滔滔江河的多种情态。

《论语·八佾》提到孔子对音乐的评价，这个评价引发了对美的批评标准——"尽善尽美"。孔子以"美"来要求音乐作品的艺术形式，以"善"来要求音乐作品的内容。在以后的音乐实践中，于技巧上达到"和"的标准，尽量以乐音全面表现情感和天、地、人的相互关系，被看作是美；在内容中包含"教化"，这又被看作是"善"。

① "法曲"本是道教音乐，唐时成为宫廷中的重要俗乐。
② 白居易诗《霓裳羽衣舞歌》。

二、乐是心本，心为乐体——传统音乐的内容

人类早在母氏时代，便已懂得制作乐器。虽然那时的乐器非常简单，只是在先人“卧之法法，起之吁吁”（《白虎通》卷一）之时，用以自得其乐而已。

音乐产生于生活和劳动实践，但在古人的理念中，乐音本来自自然。《吕氏春秋》谈到音乐的由来时说：“音乐之所由来远者矣，生于度量，本于太一。”①“太一”即是“道”，“道”即自然发展法则。也就是说，音乐虽然是人类创造的，但它的根本却是来自自然界中本来存在的“宇宙之声”。这在《庄子》中，被视为“天籁”和“地籁”，是天地阴阳之气在升降浮沉中相摩而成。人类倾听、比照这种声音，和于心，协于律，由此产生人间音乐。“乐是心本”的含义就在这里。

人间音乐是宇宙音乐的象征，除了可以反映音声和谐外，还被抹上了一层神秘的色彩：“天地人也，古者纪声合乐，以舞天神地只人鬼。故能人神以和。”②这样一来，音乐的地位迅速上升，处于与各种力量相应相立的地位。

音乐的这种地位大约确立于“率民以事神”的夏商时代，那时巫文化盛行，巫觋（女巫男觋）被当作人神沟通的中介。从甲骨文“巫”是“夹”（“舞”字初形）的变文来看，巫都善舞③，舞是巫文化的重要组成部分，有舞必有乐。来自考古的发现也说明，商殷时代的乐器品种已相当多样，钟、鼓、磬齐全，还有埙、籥（读 yuè 月）、和、言、竽等④，更重要的是这时已有编磬（编磬相对于单独的“特磬”，指的是几枚成组的套磬），说明商殷时不仅有区分音色的能力，更有审辨音律的能力。

商殷音乐的发展能有如此速度，应该说跟文化的推动有密切关系，甚至可以这么假定：音乐服务于巫术，巫的氛围促成了音乐的内容化，使人们相信乐是巫用以传达或隐示神的旨意的工具。于是如何辨音，又如何辨音知人知事知政，成为时人乃至后人的祈求所在。音乐因此得到发展，也因此而被神秘化，其结果是出现了易与乐的结合。⑤现在还不能确定音乐是否依照易理定律，并从中吸取养分，形成自己独特的、天地人和的音乐审美价值。但有一点是可以肯定的，即乐和易曾有过一段紧密结合的时期。这可从易、乐有相似的数理构

① 《吕氏春秋》卷五，“仲夏纪”。
② 《乐书要录》卷六。
③ 常任侠：《东方艺术丛谈》，上海人民出版社 1984 年版。
④ 吴钊、刘东升：《中国音乐史略》，人民音乐出版社 1993 年版，第 12、13 页。
⑤ 依照传统的说法，“易”萌芽于氏族时代，由伏羲氏制八卦始。近年有学者认为，“易”萌芽于商，成书于周。

造和天人相参的思维模式看出。

当易进一步成熟后，便脱离音乐，走上独立发展的道路。先秦诸子并立之时，易与中国哲学结合，由哲人演绎出中国第一部哲学著作《易传》。音乐却没有摆脱易的定式，始终以“天人合一”、“天人感应”的运作模式为宗旨，将人的精神内容付诸音乐的表现形式中。孔子曾问：“乐云乐云，钟鼓云乎哉?”[①]其含义很明显：音乐并非仅仅是以音声悦耳而获得美感，还应具有明确而深刻的社会主题。换言之，除了美的形式外，音乐还应有“善”的内容，即“心为乐体”。

(1) 情动于中，故形于声。任何人都有“情”，具有情境性、激动性和短暂性的是情绪，具有深刻性和稳定性的是情感。无论是情绪还是情感，均发生于外界刺激引起的心理状况的变化之后：“情也者，接于物而生者也”[②]。这里的“物”可以是“物”的刺激，也可以是客观情境：“夫遇世之治，则安以乐，逢政之苟，则怨以怒，悼时之危，则哀以思。”

对情绪的表达，每个人各有不同，有的付诸冲动行为，有的则移情他处，或情寄笔端，或以乐传情，“出于情，发于中，形于声”[③]，“声相应，故生变，变成方，谓之音”[④]。

音乐用来宣抒情绪表达情感，其曲调必然风格迥异。况且中国人情感丰富却又深藏不露，即使以乐言情，也喜欢曲折其意，状物写心。因此，传统音乐相当一部分是描写音乐。如南梁琴家丘明传谱《幽兰》（传说为孔子所作），以隐谷中与杂草为伍的芗兰来抒写作者郁郁不得志的心情，其声哀婉抑郁，所藏甚深；与其意相反的是郭楚望的《泛沧浪》[⑤]，以“驾扁舟于五湖”的逍遥情态，喻“弃功名如遗芥”之志。

(2) 致乐治心，移风易俗。音由心生，是人的情感的体现。因此，“审音”（仔细辨别音的性质）便可以“知乐”（了解音乐的内涵）。这里面的关系，《吕氏春秋》讲得很清楚：“凡音者产乎人心也，感于心则荡乎音，音成于外而化乎内。是故闻其声而知其风，察其风而知其志，观其志而知其德，盛衰贤不肖，君子小人，皆形于乐，不可隐匿。”[⑥]具体地说：“其衰心感者，其声噍以杀；其乐心感者，其声啴以缓；其喜心感者，其声发以散；其怒心感者，其声粗以厉；其敬心感者，其声直以廉；其爱心感者，其声和

① 《论语·阳货》。
② 韩愈《原性》。
③ 朱长文《乐圃琴史校》。
④ 《礼记·乐记·乐本》。
⑤ 朱权《神奇秘谱》。
⑥ 《吕氏春秋》卷六，“音律”。

以柔。”①

以上两段话表明，早在先秦至汉朝，中国人对美的认识已超越了美感、美的艺术形式的范围，还涵盖了社会学、心理学（这些“学”在当时还没有成为系统科学，仅是一种分析的初期手段）的方方面面。对心理的认识正悄然渗透到音乐的研究中，说明中国古代乐感心理的早熟，更促使人们去向音乐的内在实质寻求。比之于当代听众为听旋律本身的差异和外部形式而“练耳”，中国古代别有一条“练耳”的途径：“君子听音，非听其铿锵而已也，彼亦有所合之也。”②听音乐，不是单纯听“铿锵”——各种器乐的交响，而是从音响的变化中分析其中的社会寓意。因此，无论是作曲家还是演奏家，在将心声倾注于音乐的时候，都有比较明确的社会指向——“正心”。“正心”是音乐得以“尽善”的一个因素，有两个含义：其一，音乐应具有律己作用，即“致乐治心”。人类的情感可以与音乐发生联系，这是事实，但仅以音乐表现情感还不够，还应将“内圣”思想渗透入音乐中，以此作为律己的要求。北宋人在将当时的礼乐思想与先秦进行比较时，曾感叹：“后之言乐者，止以求哀”③，“古以宣化，今以长怨”④，尽管这里面有为传统伦理沦落而哀叹的因素，但仍可看出古人已察觉，同是用音乐表达情绪，其间还是有明显区别的。

如果音乐仅是宣抒或寄托情感，那离“至善”还有一段距离。因为“求哀”、“长怨”这类情感虽经过文化的浸润，但在表达方式上毕竟接近非理性情绪，除了求得心灵安慰，再无其他积极意义，如由其滥生，甚至还会“感条畅之气，灭平和之德”⑤，也即“道欲增悲，不能自止，故有弑君弃父轻生败伦不可禁者矣”⑥。

因此，音乐不能停留在原生情感的阶段，还应不断使其精细化，成为道德、理智和美感的综合体，这在今天称之为“情操”。音乐如能超越原生情感，就叫做“宣化”，当其达到“虽安以乐，而不忘于戒劝；虽怨以怒，而不忘于忠厚；虽哀以思，而不忘于扶持”⑦的境界时，就是名副其实的“真乐”。荀子为此作过一个比较：“故齐衰之服，哭泣之声，使人之心悲；带甲婴革由（同“胄”），歌于行伍，使人专之心伤；姚冶之容，郑卫之音，使人之心淫；绅端章甫，舞《韶》歌舞，使人之心庄。”⑧前三者都属于情绪或原生情感的表达，

①《礼记·乐记·乐本》。
②《礼记·乐记·魏文侯》。
③ 张载《张子全书·礼乐》。
④ 周敦颐《周子通书》“乐上第十七”。
⑤《礼记·乐记》。
⑥ 周敦颐《周子通书》“乐上第十七”。
⑦ 朱长文《乐圃琴史校》。
⑧《荀子·乐论》。

后者属于“真乐”。“真乐”能够“治”己之“心”，可以律己。

其二，音乐具有律他的作用，即“移风易俗”[①]。乐曲创作，功“非主于为己而亦可以为人也”[②]。这就是说，乐作为情感体验，尚有与他人沟通的作用。无论个人有没有意识到这点，音乐的影响都会存在于人们的意识和潜意识中，并潜移默化地影响人们的行为：“夫乐声善恶本由民心而生。所感善事，则善声应；所感恶事，则恶声起。乐之善恶，初则从民心而兴，后乃合成为乐。乐又下感于人：善乐感人，则人化之为善；恶乐感人，则人随之为恶。是乐出于人而还感于人。”[③]既然如此，“至乐”应是导人向善，以“圣人之道”节制无穷的私欲，以改变陋风恶俗。“先王之制乐也，非以极口腹耳目之欲也，将以教民平好恶而反人道之正也。”[④]这里说明音乐本身关乎社会教化和感化问题，旨在通过音乐陶冶人的性情，使本来的原生情感获得社会内容，这又比音乐的“治心”作用更社会化，从中我们可以领略儒家思想在音乐中的泛化作用。

由于音乐比一般语言容易感动人，旋律的多次重复可以帮助记忆，再加上音乐创造的氛围具有动态的扩张感，易将人带入或“孤月明秋，影涵万象”，或“意高在冲漠之表，游览千古”的联想中。因此，古人认为在各种宣传伦理道德的工具中，音乐是最有效的。孟子就说过：“仁言不如仁声之入人深也。”[⑤]荀子也说：“夫声乐之入人也深，其化人也速。”[⑥]《礼记》的作者甚至认为“德者性之端也，乐者德之华也”，“其移风易俗易，故先王著其教焉”。

正因为音乐有“移风易俗”的重大社会功用，因此，在儒学典籍中，“至乐”与“礼”并存，乐用于建立心灵的秩序，礼则用于建立社会的秩序。

(3) 审音知乐，乐与政通。礼与乐同为政治服务，这使音乐成为古代社会政治生活中不可缺少的部分。自从周兴商亡后，周以商亡为鉴，不再“先鬼而后礼，先罚而后赏，尊而不亲”，而是“尊礼而尚施，敬神而远之，近人而忠焉”[⑦]。结合已经确立的制度，逐步萌发礼乐刑政的治国思想，其中“礼以导其志，乐以和其声，政以一其行，刑以防其奸”[⑧]。不久，礼、乐、刑、政被引以为治国的“四极”，在此基础上，又发展出礼乐制度。

① 文中所说的“律己”与“律他”是就音乐的内容而言的，与西方近代音乐评论家建立在音乐形式上的“自（他）律主义”不同。

② 孔颖达《礼记正义》。

③《礼记·乐记·乐本》。

④《礼记·乐记·乐本》。

⑤《孟子·尽心上》。

⑥《荀子·乐论》。

⑦《礼记·表记》。

⑧《史记》卷二十四，“乐书”。

“礼乐”，顾名思义，指的是礼仪上采用的乐舞。最初的礼乐只是作为宗法等级的标志，无论是乐队的排列，还是所用乐器的多少都有较严格的规定：“正乐悬之位，王宫悬，诸侯轩悬，卿大夫判悬，士特悬”①（即天子的乐队排东西南北四面；诸侯排三面，卿和大夫排两面，士只能排一面），舞队的排列则是“天子用八，诸侯用六，大夫四，士二”（即天子的舞队有“八佾”，每行八人，排八行；诸侯“六佾”，排六行，每行六人；大夫“四佾”，四行；士“二佾”，二行）。

礼乐制度完善了艺术为政治服务的环境，音乐可以与政治相沟通的推论也进入成熟阶段。这时，音乐的政治功用的重点已从突出等级秩序转向治民和管理国家上。对于君主政治来说，“民”是“载舟”、“覆舟”之水，而音乐又对民有直感作用。因此，政治的关键是“治民以和”，政治的内感形式——音乐也应当以和为宗；“夫政象乐，乐从和，和从平”②。“五声之和，致八风之平，风平则寒暑雨阳，皆以其叙，而太平之功成矣。五声不和，致八风之违，则寒暑雨阳皆失其叙，而危乱之忧著矣。”③乐和表明政和，政和又表明民和，所以“审音以知乐，审乐以知政，而治道备矣”④。

西周宫廷使用“雅乐”，就是为了引导众乐，使其和而不乱。“雅乐”一向作为礼乐的典范，皆因其有“中正和平”、“典雅纯正”的风俗，适合于重大政治场合；有“八音齐备”的乐队以象征“六合”（时间和空间的总称）之和；有庄谨循礼的歌词（见《诗经·大雅》）可以表现“恭敬齐庄”、“先王有德”⑤的肃穆气氛。雅乐因而被称为“德音”——符合道德礼行的音乐。

直至西周晚期，宗法制度遭到破坏，整个社会“礼崩乐坏”，雅乐式微。汉以后的君主政治以“名儒实法”为支柱，浩荡的“皇威”不需要以礼乐作其手段。因此，作为音乐的内容，那种达乎天地、君臣之和的“德音”，只是以一种象征性的、歌功颂德的形式断断续续地传世，在音乐实践中，并没有造成太大的影响。但“乐与政通”和“审音知乐”的内感理论却作为一种传统被保留下来，差不多历代都有人在谈“礼乐”和“德治”的问题。

中国古代的音乐内容包含三个方面：“情动于中”、“致乐治心”和“乐与政通”。第一类音乐，属于美学的范畴，由于它来自音乐的客观效果，遵循音乐节奏及音色振动与人体感觉器官活动节律的“应声”规律，比较容易直接

---

①《周礼·春官》。
②《国语·周语下》。
③ 朱长文《乐圃琴史校》。
④《礼记·乐记·乐本》。
⑤ 朱权《神奇秘谱》。

引起听众的心理共鸣。后两类内容属于伦理社会学范畴，它们从“治心”开始，融合主体自身的内在调节和自我体验，以最后完成其“治国平天下”的任务为理想。在这样一个范围内，音乐的主题围绕“至善”展开，以“和”作为联系个人、群体、国家和社会的中介，但由于这类音乐多在主观方面被强化，语言符号因此也更抽象，加上它们不以“应声”为前提，故不易产生“心声共鸣”。

无论古代音乐的内容最终达到怎样的客观效果，我们还是应该肯定传统音乐美学思想中“至善至美”的艺术要求以及有关“和”的评价标准，即使是在近代乃至当代乐坛，能够传世而最终被证实是富于生命力的，往往是在内容和形式上符合上述要求的音乐作品。

三、神汇韵合，援土培根——音乐文化的交流

中国传统音乐具有兼收并蓄的特性。这种特性既指向内，也指向外。对内有“礼乐”（宫廷音乐）和“俗乐”（民间音乐）相互的交流，也有各民族之间的沟通；对外则参与东亚音乐文化的交流。

传统音乐自身的代谢能力是比较强的，随着朝代和社会体制的兴替，宫廷音乐和民间音乐不断进行双向交流。正所谓“东方不亮西方亮”，当宫廷音乐陷入形式繁冗、内容日益抽象的泥淖而不能自拔的时候，民间音乐便会带着清新的气息步入上层社会和宫帷，另辟一片新天地。同时，由于宫廷常是乐理、乐论人才荟萃的地方，对乐理、调式和音乐导向作用的研究，对深化民间音乐起了不可忽视的作用。此外，一些朝廷在政府中设立音乐机构，主观上是为了引导和管理民间音乐，客观上也为保留和传播民间音乐创造了有利的条件。

音乐由上而下，又由下而上地传播，在中国音乐史上颇为常见，并曾出现几次高潮期。

(1) 周初至战国。周代在宫廷中较为流行的音乐有雅乐、颂乐、房中乐（与内宫中由后妃们侍宴时唱的燕乐，只用琴瑟伴奏）等。当新兴的地主阶层取代宗法庇荫下的领主阶层后，礼乐制度的禁锢被打破，终使民间俗乐进入各国宫廷。其中以《诗经》中的十五国风最为典型，而影响尤大的是“其细已甚”（旋律细致婉转到极点）的“郑音”、以“趋数”（节奏颇快）见长的“卫音”和以“敖辟”（旋律跳动较大）闻名的“齐音”。

(2) 汉晋时期。战国以后，曾作为传统礼乐的“六舞”[①]相继失传。至秦汉

① “六舞”即传说中的“六代之舞”：黄帝时的“云门”、尧时的“咸池”、舜时的“韶”、禹时的“大夏”、汤时的“濩”和周武时的“武”。

时，仅存《韶》和《武》[①]。于是民间歌曲开始进入宫廷，一部分用于祭祀、军队仪仗和典礼中，称为“鼓吹乐”；另一部分以其“丝竹更相和，执节者歌”的独特风格为朝廷采纳，称为“相和歌”。晋亡后，南方民歌“吴声”和“西曲”融会北方的相和歌，形成“清商乐”。这标志着包括黄河、长江流域在内的汉族“主体”音乐的成熟。

(3) 盛唐时期。这一时期，国内政治生活与经济相对稳定和发展，俗乐广为流传，而许多民间音乐本来自宫廷。当时国家以文取士，涌现大量的诗歌，其中相当部分是宫廷乐工所演唱的乐府新词。这些歌曲很快传到民间，极受欢迎。此外，原是周“房中乐”的曲调“平调”、“清调”和“瑟调”（相当于宫调、商调、角调），以其遗声转变为宫廷、民间喜欢演唱的“清平调”，亦成为汉族传统的音乐[②]。

(4) 宋元时代。这时，城市日益繁荣，市民阶层日益壮大，城市游乐场所日渐增多，宫廷歌舞乐再次衰落，戏曲音乐占据音乐的中心地位，民间的“货郎儿”、“唱赚”、“诸宫调”等说唱艺术形式与来自上层社会和文人社会的“鼓子词”、“散曲”、“歌舞大曲”等相互交流模拟，共同促进了元代杂剧和明清戏曲的成长。

礼乐与俗乐相互交流，共同奠定了汉族音乐文化传统的根基。但对于一个拥有广大地域和万千民众的大国来说，仅此尚不足，还需要设立一定的参照系统，引进外来文化，借助外力的帮助突破自身的局限，以求得持续发展。因此，传统音乐对外采取“开放”的态度，兼收并蓄，以满足自己的内在需求。

在与横的文化方式沟通中，中国音乐同化周边民族，远效异国风格，尽管这会使本土音乐有所变异，但并不会因此动摇传统的根基，只会使其更充实。

中国传统音乐本身是文化交流和同化的产物。比之于西洋音乐的时代界限分明和缺乏传统的历时性来说，中国古代音乐的容量是比较大的，它能够容纳历史，但又不囿于一成不变的祖制；它既保持了自己的根基，又博取广收，这本身就是中国音乐传统的一个特征，是“和”在文化交流中的泛化和传承。

凭着这种特征，中国古代音乐得以向周边各国流布，参与构筑亚洲音乐的魂灵；也正因为如此，中国近代音乐能够大胆地向西方音乐的精华去“拿”，以弥补传统的不足，如单音织体的改造、解决音色关系如何作为架构的动力问题等。正因为这样，我们今天才能够欣赏到既有中国特色，又有现代结构的优秀乐章。

① 杜佑《通典》。
② 田青：《中国古代音乐史话》，上海文艺出版社 1984 年版，第 123 页。

中国传统音乐从总的状态来看，属于内感艺术，它强调感通而至感悟。感通，即外物与内心的沟通，“人心之动，物使之然也”，由此引出音乐的形式问题，并以“和谐”作为音乐形式的最高原则。当音乐本身的和谐促成人体感官以及内心的和谐反应时，音乐便具有“至美”的形式。感悟，是人们内在世界的活动。当外在的心理环境触发了人们的情绪和情感时，音乐成了内心活动的外在表现。所谓“情动于中，而形于声”，只是中国古代音乐非停留在激情之上，它还具有对人的社会性的启示作用，这就是音乐的社会功能。这种功能开始于“治心”，即个人“内省”和自我修养，最后通过感化而实现儒家的“治国平天下”的社会理想。传统音乐对感悟功用的追求，使其成为名副其实的内容音乐，“至善”是它的最高目标。“美”与“善”（即形式与内容）在某些人的理解中是对立的，而在中国传统音乐中，两者是相辅相成的，善又是其中的主要原因，这是中国“和”文化的表现。中国音乐之所以能够保持其传统的历时性和对外来文化的同化性，盖在于“和”的作用。

第三部分

中国传统文化的基本特征

第九章　中国传统文化的基本特征

中国古代文化由各要素组成，这些要素或独立或交叉或圆融，形成异彩缤纷、影涵万类的文化现象。在前几章对各部分要素作了大致分析后，我们注意到，文化现象尽管汪洋恣肆、极其复杂，但都有大体相似的深层内容，都遵循一定的发展轨迹，呈现相应的、不同于异域文化的面貌特征。也就是说，文化现象在不同领域、不同发展阶段可能存在不同的表现形式，但在其内部，却存在着某种具有普遍性和稳定性的本质成分，这就是文化各要素共同的特征——文化的基本特征。把握基本特征，无异于找到打开传统文化宝库的钥匙，从而确定文化继承的立足点，同时又不为千差万别的表面现象所迷惑。

那么，中国传统文化的基本特征是什么？从1919年“五四运动”以来，不少学者涉足其中。但由于这个问题极其复杂，令人徒有欲说而难以说明白的“怪哉怪哉”的感叹（梁漱溟《中国文化要义》），凭我们的根基和学识，更不可能详察于万一，只能参考诸明哲之论，对中国古代文化的两个层次——文化结构和文化现象的基本特征作一个相对意义上的、大致的粗略概括。

第一节　通观衢路——中国传统文化结构

观其会通

——《易传》

文化结构是潜藏在文化表面现象里的共通组织，是各文化子系统的关系之和。由于文化结构反映了更凝重、更深刻、更本质的文化现象，因此，也可以说它是人类（或某一民族）的语言、习俗、社会制度、心理状态的总和。中国古代文化结构具有内部稳定的组织，由此形成整一性、动态性和连续性的文化特征。

一、整一性

整一性指的是表现为整体系统（模式）的文化特征。中国古代文化以整一性见长，这与中国古代社会的性质及传统的思维方式有密切关系。

中国是一个早熟的大一统国家。商周严密的家国同构实体，秦建立统一的多民族的中央集权君主专制政治格局，汉在统治思想上确立大一统机制的地位等，都将民族意识导向整一观中。

早在先秦时，哲人就提出“一”的概念，《老子·三十九章》言：“天得一以清，地得一以宁，神得一以灵，谷得一以盈，侯王得一以为天下正。”《荀子·解蔽》也说：“虚一而静。”（两种以上的认识过程中，去掉各种内外干扰，精力专一，克服主观性和片面性，充分发挥思维的能动性，以达到头脑的“大清明”而无所偏蔽的境界[①]）“一”与“多”相对，是“统一”（这里不是指“同一”）的意思，也是古代系统论产生和发展的思想基础。

自从《易》以阴阳消长为基素，“五行”说以元素相互作用为基础，《河图》、《洛书》以象、数、理的统一为根本，建立宇宙发展运动的图式以来，中国的系统观已经在扩大。战国末年，秦国相国吕不韦编撰《吕氏春秋》，西汉淮南王刘安编撰《淮南鸿烈》，都试图以阴阳五行为框架，建立统一的理论体系，尽管没有成功，却表明中国古代系统观已经初具规模。汉代哲学家在此基础上，吸纳诸子对儒家有用的东西，终于建立起世界上第一个一般系统论的理论模式——以“天人感应”为中枢、以五行作为表层结构、以阴阳作为核心部分的阴阳五行统一体。从魏晋的玄学至宋明对本体（道）的求索，中国的系统观从笼统、模糊而至有序，同时也有了明确的目的性。

中国古代文化在这种氛围中成长成熟，逐渐形成固定的内涵和外延，或者说，古代文化本身就是处在整一的系统内，每一种要素、每一个层次都是独立运行的子系统，各子系统不是以局部特点的相加之和，而是以相互作用、相互依存的关系，构成文化的巨系统（见图 9-1）。

在这个系统里，“天—性—道”构成文化的内涵，是文化的内层系统（以内方表示）。“天”、“性”、“道”作为深层结构的组成部分，三者自成一体（以构成内方的三个三角形来代表），但又互相渗透，互相依托(以虚线内圆表示)。内系统的中心是“道”，古代诸学派对“道”各有心照，但最终都可以归纳为对自然发展规律的理解。“天”是“大道之原”，凡“列星随旋，日月连照，四时代御，阴阳大化……是之谓天”[②]，“天”因此可以泛指物质的、客观的自然，包括人体自然。“性”指人性，包括“原性（动物之性）”——“恶”、“欲”、“妄”等，也包括社会之性，即荀子所说的“伪”，以及善性、德性等。

① 夏军、张桂岳：《中西哲学简史》，江苏人民出版社 1987 年版，第 84～87 页。
②《荀子·天论》。

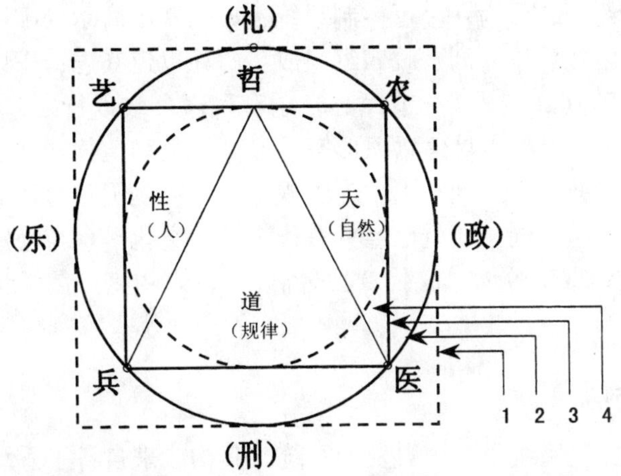

1. 系统外控制层；2. 文化现象层；3. 文化内涵层；4. 内涵循环关系图

图 9–1　中国古代文化整体性结构

古代文化系统的外延是作为主要文化现象的五种形态（“五艺”）——哲、农、医、兵、艺。每一种形态为一个子系统，其中蕴涵若干更小的子系统。文化现象是本质的外在体现，所谓“有诸内，必形诸外”①，因此，对“天”、“性”、“道”一体化的认知形成哲学（包括宗教）；对心性、人性价值以及移情方式的表述和追求，产生了艺术（文学、音乐、绘画、造型艺术等）；在生产实践中积累的经验和由此形成的自然观又成为农耕技术（包括其他应用技术及与农业相关的天文、历法、水利等）发展的指导思想。此外，“道”与人体自然（生理现象）、自然规律的有机结合，是中医辨证施治的原则和方法，而“道”与“性”（个体心理、群体心理）的统一，又成为古代兵法（包括商业）的战略大纲。

文化现象作为子系统并不是孤立存在的，哲、农、医、兵、艺五者本身处于环的系统内(外圆表示)，形成横向交错和循环的关系，并按照五行相克的原则进行自我调节，同时又通过与深层结构的联系进行纵向演进。这样一来，文化系统便具有一种自发的平衡调节机制，它使文化处于稳定和相互依存的状态中，若牵一发则必动全身。也正因为系统内保持着普遍联系的关系准则，每一个子系统的实际运作都需“观其会通”，将整个系统的相关资讯纳入自己的视野内。

中国古代文化的整一性，除了表现文化自为系统外，还表现在文化是处于

① 《孟子·告子下》。

社会规范的制约下，成为一个可控制系统，如图 9–1 所示的虚线外方便是这种制约体系。其由礼、乐、刑、政四纲组成：“礼以道其志，乐以和其声，政以一其行，刑以防其奸。”[①]“礼节民心，乐和民声，政以行之，弄以防奸。”在图9–1 中，“礼”引申为封建意识形态的最高规范和道德践履，“乐”引申为无形宣化或行为教化，“刑”引申为法规，“政”是国家管理的政治结构。从西周开始，礼、乐、刑、政就已经具有作为维持文化平衡与稳定的控制方法的意向，秦朝建立官僚政体，汉代“独尊儒术”，宋明完成儒学哲理化，将这种意向变成事实。

二、动态性

中国古代文化系统是一个自发的系统，其构成来自各子系统的相对性。无论是各种要素的质的特征，还是子系统的边缘界限都是相对存在，没有绝对的区别。因此，文化传统中没有纯粹的艺术、宗教，没有纯哲学、科学，音乐是内容音乐，文学极少有系统的理论著述……文化系统内的相对性带有自然经济时代分工不明确的特征，但正是这种特征，引发了古代文化的内动状态和自然调节功能。

中国古代文化系统内的动态性有以下三种表现：

(1) 系统内的交互作用。古代文化现象有共同的内涵“天—性—道”，这成为各子系统相互作用的基础，或者说，以“天—性—道”为中心内容的传统思维将古代文化各子系统联结在一起，使它们互相渗透，由此建立起交叉纵横的关系网络。这种网络有利于系统的共同发展，有利于高级系统对低级系统（或先导系统对滞后系统等）的启动、引导，也利于系统内的互相制约。

例如，古人对物候、天体（日、月、五星）气象等的观察和研究，掌握了自然现象周期性变化的大量资料，产生早期的科学，同时形成循环变化的观念——“圜道观”。圜道观促进哲学中阴阳五行说的成熟，使其成为医学、兵法、乐理等的方法和中枢。又如古代的雅文化，从理论的角度看，属于高级系统，通过它对俗文化——低级系统的渗透，可以提高后者的质的水平。但雅文化在某些时代可能会成为滞后系统，这时俗文化便会出而导之，中国民间文化对文人文化（雅文化）有着非常深刻的影响。此外，类比人间的社会组织和生活设定诸星在宇空中的结构[②]，文论作品“本乎道，师乎圣，体乎经，酌乎纬，

① 《礼记·乐记·乐本》。
② 参见《史记·天宫书》。

变乎骚……”[①]在自然科学和技学里加入情感色彩和审美科学等，这类子系统在成分、范围、过程特征上的互相渗透和交叉作用的例子，不胜枚举。

(2) 系统内的调节功能。古代文化系统的交叉作用，使系统处于动态平衡之中。由于交互作用常常伴有随机性或不确定的影响，再加上外界、外力的干扰，系统内可能发生各种各样的变化。某些子系统出现太过或不及，使整个系统处于失调状态，平衡遭受破坏，甚而造成灾难。这时候，系统的正常的制化调节机制便会出来采取相应措施，平抑已经发生的“乘侮”之害[②]。

文化系统的制化调节机制主要来自两个方面：

一方面是社会通过文化的外控制系统产生调节作用。例如，商业从战国时代起，就已经被看作是社会结构中的一个重要组成部分，商业的繁荣，带动了与商业相关行业与文化的繁荣。在正常形态的社会中，商业是社会有序的保证，但当商业发展过速，会严重损害被看作是封建社会之本的农业，还会侵犯对其起抑制作用的朝廷和政府利益（对农的伤害，无疑削弱封建国家赋税、兵役、工役的主要来源）。这时候，封建政府以“重农抑商”为调节手段，以“禁榷制度”、“土贡制度”和“官工业制度”为实施手段，压制出现“胜气”的商业，使其回到原来的秩序上来。

另一方面是系统内自体的调节机制，其功能是利用反面因素取得平衡。五行理论认为，当系统内出现元害作用（胜气），就必定会在结构内部产生一个与之方向相反能量相等的反作用（称之为“复气”），使其归于平复。用五行理论的话说，这叫做“子复母仇”，如前面提到的例子，当商出现“胜气”时，被抑制的农以传统固有的土地价值观为反作用（复气），利用高额地租和土地本身的价值（土地是固定财产，不易受损）吸引以货币形态存在的大量商业资本，去参加土地兼并，使商最终走的是一条“以末（商）致财，以本（农）守之”的道路，传统哲学认为“道”的基质是阴阳，“一阴一阳谓之道”[③]。阴阳处在运动之中，“阳气根于阴，阴气根于阳”，阴阳交错，表现出来的过程，就是正负相否（反）的形式。换句话说，阴阳之间的正负循环，使“道”保持在动的常态中，“反者道之动”[④]。因此，“天之道，其犹张弓与！高者抑之，

① 刘勰《文心雕龙·序志》。

②“乘侮”，即相乘相侮，“五行”说用语，指一事物（如木）的发展超过正常的限度——太过，则此事物所抑制的对象（如土）会受到强化的克制（胜气），超过其忍耐的最大限度，这是“相乘”现象。此异常事物在发展的同时，亦会反过来对克制自己的另一事物（如金）产生欺凌作用——相侮。相乘相侮的现象是局部失调给整个系统的稳定带来的危害。

③《易传·系辞》。

④《老子·四十章》。

下者举之，有余者损之，不足者补之。天之道损有余而补不足”[①]。系统内的自体调节道理正在这里。

调节作用使文化系统在无序—有序、非平衡—平衡、不稳定—稳定的不断变化中保持其动态性。

(3) 系统内的宇宙观，原始农耕时期对天的观察和原始宗教保留下来的对天的畏惧，逐渐发展为对天的探索。这本来是人类初民共同的行为，不同的是，中国对天的关注成为一种思考被保留下来，大约在西周之际，与人生观结合，成为“天—性—人”宇宙大系统和谐的认识基础。

“天—性—人”是文化内涵“天—性—道”的范本，得到文化系统内的普遍共识，形成“天人合一”的宇宙整体观。这种整体观使人们带着极强的历史感留心时间的始末，以流动的视点看待过程中的一系列状态。因此，中国古代文化系统不是横断系统，它本身是一个历史发展的过程。

此外，“天人合一”的观念将人们导向主体和客体统一的认识中。《易·贲·彖》说“观乎天文，以察时变；观乎人文，以化成天下”，即言客观自然和主观的人类互为资讯的源和宿，二者相得益彰。类似的天人统一观，在古代西方也有记载，但西方传统往往是运用假说方法对待尚不可知的“天”，中国古人则是凭借自然这座桥梁远达不可识的宇宙。他们利用非凡的观察、记录能力和对自然现象进行分类的卓越成就，构想出一个有见识的宇宙。在这个宇宙中弥漫着“气”：“气充满太虚，亦无间隙。”[②]“气”无边无际，“其大无外，其小无内”[③]，不相接触的事物可以借着“气”的媒递实现统一。这种以物质为基础的宇宙观，使人们相信微观世界是可以认识的，宇观世界同样可以被认识。

诚然，古代科学的发展水平局限了认识的能力，人们便采用合理外推、取象比类等思维方法纳无限于有限之中。战国的子产说：“天道远，人道迩。”对天道的研究是不易进行的，但可以从人道入手，认识了人道，也就认识了天道。正如宋代的程颐所说：“学者不必远求，近取诸身，只明天理。”[④]从人道认识天道，即培养了人的内省功夫，也密切了“天人”关系。因此，在古代文化系统内，广泛存在着从对人和自然的表述中体现天道的现象。如音乐中的“大音”，书法中的线“气”，绘画中的“空”，中医的人体比天地，农学信奉的“钦若昊天”、“敬授人时”[⑤]等。文化传统中独特的时空观（宇宙观）是文化系

① 《老子·七十七章》。
② 王夫之《张子正蒙注·太和》。
③ 《管子·心术上》。
④ 程颢、程颐《遗书》卷二。
⑤ 《尚书·尧典》。

统保持动态性的又一种表现。

三、连续性

中国传统文化一直保持着自身发展的连续性和不可分割性，在数千年发展演变的历史中，一脉相承，从未中断，从没有中国以外的文化征服或取代中国传统文化的情况。

中国文化的连续性，是由时间因素的积淀和空间因素的影响共同作用引起的。从空间的角度看，社会结构(包括大一统、国家政治、家族结构等）的超稳定形态，人与自然作“物质交换”的生产方式及由此产生的行为方式（农业型经济、土地价值观等)，以儒道精神为主体的思想意识形态的一贯性等，都成为中国文化一环接一环、连续发展的背景和前提。从时间因素的积淀来看，中国文化的连续性有来自文化基因的遗传，也有来自文化结构自身的稳定性，以及在随机选择中所表现出来的强烈的适应性。

文化基因是储存全部文化行为资讯的初始单位。文化基因与生物遗传基因不同，后者是物质因素，可以依靠繁殖进行遗传，使子代带上亲代的资讯。文化基因是精神现象，其遗传便需要行为载体。这种载体就是思维影响、语言文字、心理环境和社会环境。况且，心理环境和社会环境较之物质因素要复杂得多，因此，文化基因较易受反馈的影响，从而发生变异。

当人类进入社会史阶段后，开始具备共同的社会行为，遵循共同的发展轨迹：从“童年”群的杂交和血缘家庭中发展出母系氏族（以普那路亚式家庭——族外群婚和对偶家庭为标志)，大约在一万到数千年前，又进化为父系氏族（以父权制家庭和一夫一妻制家庭为标志）在父系氏族的最后阶段，军事民主制起而代之，氏族发展为胞族和部落，又联合成部落联盟。一旦部落联盟变成永久性的，民族便出现了。世界各民族产生的程式如此相似，表明人类文化有共同的基因。因此，直至国家产生前后，世界的氏族文化也只有时间上的超前、滞后之分，而无形态上明显的差异，如有大致相同的工具发展阶段（弓箭→细石器→陶器→铜石并用→青铜器→铁器。华夏民族及东方一些古老民族较早进入国家形态，故青铜器→铁器系列是在国家产生后才完成的)，有对自然图腾或者祖先的原始崇拜，有以线和色彩为基础的原始装饰审美趣味……

人类共同的文化基因来自先民对自然的崇拜、无知和由此产生的“万物有灵”说，来自对血缘群体的依恋和由此产生的对群体的心理需要，来自早期农牧时代对天的无奈和祈望。因此，早期人类具有共同的“主客浑然不分”的心理状态和自发、直觉、笼统和模糊的思维方式。

在哲学产生前后，受各自社会行为的反馈，不同地域的人类文化基因发生了不同程度的变异（子代变异）。中国在周代产生了自我意识，如《庄子》说："南郭子綦隐机而坐，仰天而嘘，荅焉似丧其偶。"这是一个与天平等对立的主体，没有对天的畏惧。这个主体可以站在自由的角度，把握客体，审视宏观世界乃至宇观世界。墨子、公孙龙的形式逻辑正是在自我意识出现的背景下创立的，但这些异化因素没有占主导地位，"自我"最终复归与"天"圆融的位置，形成天—地—人的基本结构，其基因便是阴阳平衡及其潜意识。在以后两千多年漫长的岁月里，农业仍然是经济的主要成分，氏族时代对血缘群体的依恋不仅没有削弱，反而扩大为地缘观念（乡土观），家族观念进一步成长为道德内省和伦理规范，"万物有灵"进化为"我物交融"，"我"虽成为主体，成为能动的一方，却也保留了"主客浑然一体"的部分理念。

这表明，中国文化基因基本上是人类文化初始基因的传承。而古希腊时代文化基因的异化因素则保存下来，经过中世纪上千年的沉寂，在近代成为文化基因再次发生突变的契机之一。简言之，在文化进化过程中，中国是传承性进化，遗传因素较多，变异因素较少；西方文化则是变异性进化，遗传因素较少，变异因素较多。这是中国传统文化得以延绵不断保存下来的原因之一。

中国传统文化保持连续性的因素尚有文化结构内部的自我调解性，这种特性使文化得以在平衡与非平衡交替转换的状态中持续发展。现代耗散结构理论认为，整个世界至少分为三个层次：微观世界、宏观世界和宇观世界。宏观世界又区别为平衡态区域、近平衡态区域和远离平衡态区域。远离平衡态的系统是开放形态，尽管其可能存在着无序甚而是冲突、混乱的暂时阶段，但最终的发展趋势仍然是走向进步，走向更高层次的组织化。以此推论，组织化的系统是平衡系统，带有程度不同的封闭性，其虽不能在与外界进行资讯、物质和能量交换中保持相应的自由度，却能保持一定度的稳定和继承。在中国古代文化发展的轨迹上，交替分布着平衡状态三个区域。

一般来说，文化的开放和封闭与封建王朝社会政治结构（这里所说的"政治结构"指的是思想意识形态和政治制度已结成一体化系统）的稳固和非稳固成反比，由于文化结构具有外控制系统（见图 9–1），而这个系统又在整个文化结构的调节中起着非同一般的制约作用，文化对社会政治的变化便显得相当敏感。当古代社会政治结构处于不稳态（如先秦、三国、魏晋、南北朝等）或亚稳态（封建王朝刚刚度过"修复期"[①]之后，稳定的社会政治结构还没有完全确立，或刚刚确立尚未巩固），文化结构处于近平衡或远离平衡状态，系统呈开

① 有学者认为，新王朝取代旧王朝或大动乱之后，总有十至数十年的修复期。

放性。这时，文化各子系统对外部世界充满兴趣，时间和空间上的文化竞争、冲突和交流频频发生，其结果是给传统文化注入新的内容和血液，推动文化走向繁荣，如汉“文景之治”、唐“贞观之治”以及盛唐、北宋中期以前等时期，都出现此种情况导致的文化繁荣局面。

这种现象的出现，不唯外控制系统的宽松，即使是在政治结构稳定，来自外部的制约十分严密之时，一旦文化体系内部失调，近平衡状态仍然会出现，开放性可能发生于整体，也可能发生于局部，多为后者。如明清是中国封建政治结构最紧密，也是最僵化的时期，宋代的“敬宗收族”在这时已获得强大和扩大宗族势力的结果，君权无限膨胀，特务政治延入正常的政府机构。尤其是清代雍正时期，建立了绝对的皇帝专制制度，至鸦片战争前后，封建组织结构已十分完善①。这时候，文化系统内的政治文化畸形发展，科举制沦落为八股取士；道学礼教的“去人欲，存天理”成为封建统治者“以理杀人”的思想武器；封建道德观发展为不是向心追求，而是追求表面形式成为事实上的非道德行为……这种情况造成文化系统内的非平衡状态，势必导致其他子系统的反作用。因此，明清出现如徐光启、方以智、戴震、龚自珍、魏源等主张向外求索；明清之际科技和资本主义因素的萌芽、晚清的传统文化与西化之争、近代发生的东西文化论战和马克思主义在中国的传播等也就成为历史的必然。

当社会政治结构处于稳态，而文化系统内部也保持正常调节功能时，文化的平衡状态占主导地位。这时的文化交流和影响多在系统内完成，对外则保持相对性的封闭和排斥。这是一个自体的内省和净化时期，其主要功能是保证传统的连续性和民族性。中国历史上虽有“合久必分，分久必合”的社会发展轨迹，但终究以“合”为主要趋势，统一、稳定的社会环境是文化连续发展的成因之一。

平衡、近平衡、远离平衡状态的交替出现，使中国文化既有开放性，又有连续性：无开放，则无古代文化的繁荣（可以比较中世纪的西方文化），中国文化也就不可能是“结合了中西印三支文化”，是“具体而微的世界文化”②；无连续，则无传统的继承和文化的个性。高潮之后是低潮，低潮则又孕育着未来的上升和进步。以晚清封建社会的衰落为参照系，将整个中国传统文化定性为封闭型文化，实际上是没有看到中国文化的实质。

① 参见周谷城：《中国政治史》第四篇第二章，中华书局1982年版。

② 蔡尚思：《论中国文化的几个重大问题》，见《中国文化研究集刊》第2辑，复旦大学出版社1985年版。

第二节　智圆行方——中国传统文化现象的特征

“智欲圆而行欲方”
——孙思邈①

文化是人类创造的，经过漫长的历史积淀，文化具有较为稳定的共同的内在本质，它从整体上规定了文化的性能和发展方向。分析古代文化的本质，目的不在了解过去，而在认识和利用规律，把握未来。但本质是文化最深层的内涵，其外层是错综复杂的文化现象，要了解本质，先得从剖析现象入手。在本书第二部分里，我们对中国传统文化现象的特征作出了相近的比喻：智圆行方。圆，是中国道家“环”的学问；方，是中国儒学的理想规范。圆是“和”，方是个性。圆是心体，智慧于中湛然圆融，圆内容方，异性和谐共存；方是意向，“象其物宜”，方内容圆，合于中变，生生不息。圆方互容，儒道互补，构成中国传统文化的主体精神，中国传统文化的这种特征有以下几种主要表现。

一、理性化

中国文化充满理性，这不是极尽分析推理的理性，而是“制天命而用之”②的实用理性（参见第三章第一节）。对于这一点，我们可以从两方面来理解。

1. 从自然观发展为社会功能观

中国人的祖先在生产实践中直接观察和体悟万事万物的消息流变，逐渐诱发了以物质为基础的自然观。从《易》笼统地区分八种自然现象（天、地、雷、风、水、火、山、泽）至五种物质元素（金、木、水、火、土）论的定型，其间仅仅相隔约数百年。可见，简单的物质分析方法促进了物质观的进化，并演绎成以阴阳、五行为基础的循环运算方法，中国古代代数学相当发达，根源在于此。直至先秦时期，中国人已经掌握了原始的分析方法。在随后的一千年里，对物质基质进行分析的方法一直没有多大起色，基本停留在阴阳—五行的水平上。这是因为物质观没有深化为更加注重物质形式本身，而是转为重视生命中的功能效果，对物质成分的分析完全为对物质功能的发掘所

①《旧唐书》卷一九一，“孙思邈传”。
②《荀子·天论》。

替代。

注重物质的功能，一是指向实用技术，一是指向社会。就前者而言，主要是“厚生利用”，即知识以利于人为准绳。这为中国古代以实用为主的科学技术如农、医、天文、建筑、生活用品等的发展开辟了道路。但忽视对具体事物及具体的因果关系作实证性的研究，科学因而缺乏对物质的多样性的说明。即使中国古人很早就注意到客观事物的普遍联系和运动发展，却难以揭示其本质。物质的功能指向社会，这一点早在《易》中已有表现。脱胎于原始巫术的早期自然观，认为自然法则与人事规律有一致性。于是，将自然事物与人性品德联系起来，如《易·坤卦》六二爻辞：“直、方、大、不习、无不利。”直、方、大本是地的主要特征，在《易》中用来联系人的正直、端方、大度的品格。又如“乾”卦的“见龙在田。利见大人”（九二）、“飞龙在天。利见大人”（九五）、“亢龙。有悔”（上九）、“见群龙无首。吉”（用九）等，将天上龙星有规律的运行类比国事和圣人君子。

到哲学时代，尤其是汉儒建立宇宙一体化理论体系后，社会人伦和国家学说被看作是自然法则的外化，自然法则又通过观察四季代换、日夜交替、生老死灭而习以为常，这当然没有必要进行怀疑。所应怀疑的倒是人们的行为是否符合、遵守这种法则。这样一来，物质观变异为物质和自然的社会功能观。精确地论证自然法则、客观规律或怀疑之，显然是多此一举，人们应该做的，倒是去挖掘其中的微言大义，或者对其还没有展开的部分进行发挥和阐述。

根据这种思路，中国古代文化理论表现出来的特征，重点便不在质疑而在概括、发挥和阐释。古代曾发生激烈的“六经注我”和“我注六经”之争，前者强调古代经书为我所用，强调经义的经世致用；后者则以比较客观的态度来对待“经文”，力图将经文还原为历史。然而无论是谁，都是以传统经文作为自我思想的表达基础，一个是寻求经书中的哲理进行发挥，一个是在注疏考证中理解其中的哲理，二者的目的都是通过阐释和发现，以实现经书的经世致用、累累传世，并用于指导人们的行为和道德。

对自然法则的概括和发现，成为一种道法自然的主义，人改造自然，不是为了改造自然本身，而是以其适“我”，将从自然法则中发现的规律与主体的情感、思绪融会起来，再通过“曲笔”或“直笔”发挥出来。无论是文学、绘画书法，抑或是音乐都不愿屈尊去模仿自然，而仅仅是将自然当作表情达意的载体，中国的文化审美也因此有了异于西方的特征，如对节奏和韵律，西方注重外在形式如量的组合，无论是音乐还是绘画都力图去表现节奏和韵律的时间和空间的形式；中国则更注重节奏和韵律的整体生命特征及其内在风韵，音乐包容了在空间所跃动的生命与生机，绘画的节奏和韵律则是在时间的流动中体现生命与生意。从这种独特的审美观里，我们可以看到中国传统感受自然和世界的方式，是由观到参，由认知到审美，其中的桥梁是悟。物质的功能观，正是中国古人感悟能力在不断实践基础上的能动开拓。

2. 人文主义的体现

人文是相对于"神文"，以人为中心为主体的文化，所谓"舍诸天运，征乎人文"[①]。人文学说（一说"人本主义"）是关乎人的本质、人自身的价值、人在宇宙间的地位及其意义的学说。

中国文化的人文精神早在商末周初就开始形成。在这之前，与所有处在原始宗教迷雾之内的先人一样，"神"是一切的主宰。商人"尚鬼"，崇拜祖先神（帝），从大量出土的甲骨文和卜辞中，可见商人对祖先抱有一种"事死如事生，事亡如事存"的认真态度，娱乐、生产、生活等一切人事活动都以祖先神的意志为先。到了周代，统治者吸取亡殷的教训，将对自然的"天"的景仰延入纯粹的祖先神（帝）的崇拜之中。为了不使"天"重复"帝"的崇高地位，周人眼中的"天"不再是绝对的，人们对天的主宰作用产生怀疑，"天命靡常"，并开始从宗教观念中分离出"人德"的观念——"律修厥德"，"敬德保民"等，这些都成为春秋时期人文主义思潮产生的前奏。

中国文化是较早企图摆脱神的主宰、确立人的地位的文化，儒家"天地之性人为贵"的命题，将人置于世间一切存在物中最有价值的地位，这是中华民族真正的理性觉醒的标志。以后，在中国文化思想中，"人以天地之气生，四时之法成"，"天地合气，命之曰人"，"天覆地载，万物悉备，莫贵于人"[②]，"人者，天地之镇也"[③]，这些认识发展了儒家有关人的价值的思想，人因此成为文化要素的重要主题，即使是在天—地—人的宇宙结构中，人也不是居于从属的地位，而是能够与天地参的主体，是宇宙的中心。

中国古代文化中的人文主义与西方近代文艺复兴后倡导的人文主义有不同的立足点。西方的人文主义是以西方传统的宗教文化为背景，针对神学对人的压抑提出人的问题。故而，其强调人的独立、尊严、平等、权利和自由，是适应近代社会需要的产物。中国的人文主义比西方早诞生两千多年，是儒家国家学说的理论基础，其服务于"修身、齐家、治国、平天下"的内圣外王之道，必然以人的社会属性与群体和谐为主要内容。因此，中国古代倡导的人文主义重群体价值，轻个体价值；重道德价值，轻生命价值。虽然儒家学者并没有停

① 《后汉书·公孙瓒传论》。
② 《内经·素问·宝命全形》。
③ 《内经·灵枢·玉版》。

止对人生价值和个体价值的讨论：孟子提出“性善论”，荀子提出“性恶论”，董仲舒综合出“性三品说”，张载有“知礼成性”……但讨论的最终目的却是肯定个体价值中具有天赋或思虑选择而成的“良知”和道德意识：每个人的生命都是有限的，但可以通过类的永生来实现自己的永生；每个人都有独立的意志、独立的人格和独立的价值，但这些都必须与道德目标（道家则认为与“道”）结合起来方能真正实现。正如古人提出“自我”的目的，恰恰是为了超越自我。

在人文主义精神的长期熏陶下，中国人的宗教观具有非宗教的色彩：与物的自然的功用一样，宗教同样是唯“我”所用的（见第五章第一节）；民族观具有社会价值的色彩：刚健有力，经世济人，正道直行，自强不息；哲学观具有知行合一的实践性色彩：改造世界的问题高于解释世界的问题，而解释世界的问题又高于对世界的质疑，“唯圣人为不求知天”①；文化观具有重视“形而上”（精神）的内容：书法绘画以写意为上，写意以狂狷为尤，音乐重内重和(见第八章，第三节)，强调乐为心声，心为乐本，文学在搭制真善美的统一构架时，习惯于以善为核心，在追求情理结合时，首先建立以理节情的平衡，即使是民间俗文化也带有扬善惩恶的最终目的。

二、平和化

中国传统文化一个很重要的特点是“和”。从西周晚期至先秦的政治、经济形势和人心所向，造就了“和”这一诉诸理性的哲学概念。正当其时，原有的一套宗法等级制度处于“礼崩乐坏”之境，井田制度废除，代之以新兴的地主阶级及其地主经济；工商业兴起，伴随着新的生产方式，产生了新的“士”(诸子）阶层。开放的社会政治环境冲击着商周以来的“同文化”，同时整个社会的心态又倦怠于“异”的冲突。在这样的情况下，“和”便呼之即出，应时而起，经过先秦诸子的争辩、阐释，“和”的意蕴日臻完整，日后的“和文化”正是在这个基础上萌生的。与现代人的理解不同，中国传统的“和”有其独特的结构和意义，概括起来主要有以下四点：

(1) 存异——组成整体的每一个个体都有自己的独立特征，互相之间都存在（存）着较大的区别（异）。“存异”是“和”的起点和基础，换句话说，“和”是宇宙中无限多样的统一，无异则无所谓“和”。异，构成了“和”的方方面面，因此，建立“和”首先要存异。

在中国传统中，“和”与“同”是一对范畴，早在2500年前，就已经有

① 《荀子·天论》。

人注意到二者的区别。西周史伯曾对郑桓公（公元前806—前771年在位）说："和实生物，同则不继。以他平他谓之和，故能丰长而物归之，若以同裨同，尽乃弃矣。"[①]"同"与"和"都包含着"异"，不同的是，"同"不承认"异"的存在，强以一种规范取消异的区别——"以同裨同"。但"异"是抹杀不了的，万事万物各有其情性，"同则相亲……乐（同）胜则流"[②]。在一定的规范里，相异的事物或许可以共存（亲），但当规范过严，超过抑制的限度（胜），则会引起被抑制的"异"的抗拒，规范因此破裂并失去效用（流），失控的"异"便会以"分"（分离）的形态出现，激烈的冲突和争夺由此产生。

"和"的理论承认万事万物皆有"异"。孔子说过："性相近，习相远也。"对不同的个性不能简单地加以禁锢，而应以此之长补彼之短——"以他平他"，这是相异事物得以共存的先决条件。"和文化"具有吸纳和同化的机制，从历史中吸纳，从异类中吸纳。但由于受先决条件的限制，以及民族思维方式的亲和作用的影响，体系里难以容纳极端对立的"异"的事物。因此，遇到完全不同质的外来文化，通常不是立即消化（没有此机制），而是先平衡、同化，再有选择地吸收。

佛教和基督教在古代中国传播的不同命运正能说明此。佛教和基督教同属于与中国文化完全不同质的宗教，但前者依照中国文化改变自己（见第五章第二节），得以在中国本土上广为流传。后者在唐朝时传入中国，时称"景教"（属基督教聂斯脱利派），由于其严格自闭，不与中国文化同化，中国文化一时难以从其身上找到可以平衡的共同点。因此，基督教在古代中国发展得异常缓慢，即使在鸦片战争爆发后，大批传教士涌入中国，也难以在影响中国近代文化上有较大的作为，当然，中国文化有这个特点也无可厚非，文化具有自身的保护机制，中西皆然。

中国传统"和"文化建立在"存异"的基础上，那么，相异事物如何共存？关键是在各事物之间建立"和"的秩序。

(2) 和谐——整体中的各个个体之间都存在着相互联系、相互影响、相互配合和相互制约的关系。"和谐"是"和"的主体结构。荀子说："和则一，一则多力，多力则强，强则胜物。"[③]这里所说的"一"不是"同一"，而是整体，"和"的最终目的就是建立整体。在整体里，每一种元素都是辩证的存在，都与其他元素相起始、相配合、相统一。这种整体内事物普遍联系的观念

---

① 《国语·郑语》。

② 原话是"乐者为同，礼者为异。同则相亲，异者相敬。乐胜则流，礼胜则离"。出自《礼记·乐记·乐论》。

③ 《荀子·王制篇》。

是辩证法思想的具体表现。与近代意义上的辩证法不同[①]，在中国古代辩证联系的结构里，相对的元素具有不平等的地位，“爱有差等”（孔子）、“天尊地卑，乾坤定矣”（《易·系辞》），又由此衍生出“男尊女卑”、“君尊臣卑”等。不平等就是为了建立一种秩序，让各种元素在某种权威的协调下，各司其职，互为克谐（生胜），荀子所说的“一于道法”正包含了这层意思。

因此，“和文化”认为“天高地下，万物殊散，而礼制行”[②]，“人之生不能无群，群而无分则争，争则乱，乱则穷矣。故无分者，人之大害也；有分者，天下之本也。而人君者，所以管分之枢要也”[③]。认识了这一点，我们就不难理解在中国古代整体意识里，何以有明确的主次之分或权威观念，几乎每一个范畴、每一种结构里都内潜着等级秩序，如“理在气先”和“道在器先”（程颢、程颐），“道为天地之本”（陈献章），五音“宫”为主，五行“土”为中，在本书图 9–1 的文化内涵圈里，“道”是核心，是主宰……简言之，在整体观中，西方强调对立与区别，古代中国则强调相对与“和谐”——一种由“权威”把握总体、互为克谐、互为调谐的内部秩序。

在现代人的常识里，存在等级意味着不平衡，而在人的社会中，尤以内在不平衡为甚。现代人的困惑，在古代中国人那里却有相当清醒的体悟。

“和文化”以两种方法消弭等级存在造成的人的内心的不平衡。一种方法是进行道德宣化，倡导道德面前人人平等，只要遵从道德秩序（以道德为支柱的等级秩序），“人皆可以为尧舜”（孟子）。在漫长的两千多年里，儒学拥有崇高的地位，皆因为儒学是关乎伦理道德的学问，其虽不能提供建立“法治”体制的战略理论，却可以利用道德观念在意识形态和政治制度一体化中起到引导作用。从孔子的“天命观”——将道德秩序视为“天命”，遵从之是人“命中注定”，至宋明理学的“天理”——道德秩序是“天理”的分殊，是“合理”的，都是在引导人们将服从道德秩序内化为自觉自愿的“本分”行为，即将道德规范变为个人潜在的情感。另一种方法是在不平等的元素中建立平衡关系——“执中”。

(3) 执中——整体中的每一个个体都应该互相取长补短，而不是坚持极端的“异”和对立。“执中”是“和”的平衡机制。《尚书·大禹谟》有言：“惟精惟一，允执厥中。”《孟子·尽心上》说：“子莫（战国时鲁人）执中，执中为近之”，依我们现在的话说，“执中”是取其共性，宽其个性。相对的事物

① 有学者认为，近代西方的辩证法强调区别，主张对立的双方地位平等，这必然会引起激烈的竞争和冲突，当冲突达到高潮时，方寻找妥协的途径。故西方的“和”得之不易。

②《礼记·乐记》。

③《荀子·富国篇》。

(或人)有尊卑(主导和服从)之分,二者(或数者)各有个性,但其中也必有相同的地方,“万物之形虽异,其情一体也”①,事物可以在共同的地方达成统一,因此才有“智者察同,愚者察异。愚者不足,智者有余”②之论。作为个体,应以“宽”(孔子称之为“中庸”,庄子称之为“环中”)的个性容纳对方,即“异”的各方不可固执于绝对对立的一点,“无太过亦无不及”,这是“异”可以共存的关键因素,也是古代中国整体观和辩证思维的产物。

阴阳有尊卑,“五行”有主导,但它们之间没有绝对的界限,不是对立的“异”,而是相对的,互为制约的“异”,这就是“圆融”。这使中国的“和”呈现一种很奇特的现象:一方面将个体纳入秩序中,这是“方”的表现;另一方面,等级秩序本身处于相对循环之中,即使是主宰的一方也受着整体的制约,这是“圆”的表现。

因此,古代社会缺乏个人权利观,每个人都从属于整体——国家或家族,个人权利只是相对存在,即使是至高无上的皇帝也没有自己完整而独立的人格,同样受制于“天”——宗法的、宗教的、伦理的、道德的、世俗的等。尽管皇权的扩张和强化,决定了中国古代国家的性质是君主专制之下的官僚等级制,但与印度极端的等级制不同,中国组成等级的各个阶层并不是彼此隔绝,而是互相制约、互为依赖,“群之可聚也,相与利之也”③,形成独特的“舟水”现象。因此,居最高等级者并不能完全无视于民,“民之所欲,天必从之”④。“民以君为心,君以民为体”⑤,皇帝即使拥有绝对权力,也不能用尽(太过),因为“君大奢侈过度失礼,民叛矣。其民叛,其君穷矣”⑥。君权要有所制约,以此达到国家整体的平衡,这是像古代中国这样的君主官僚政体,却能产生“民本”思想的原因之一。

(4)生变——在整体和谐的秩序中追求个体和群体的变化。“生变”是“和”的功能。“和文化”认为构成整体的各个个体都是相对存在的,即每一种个性都不是一个绝对的“点”,而是一个没有确定界限的“个性域”,或者说包含在广延的范围内,这就是“刚中而柔外”。刚中,是个性的独立特征;柔外,是与外界协调,“是以顺乎天而应乎人”⑦,“知进退存亡而不失其正”⑧,无

①《吕氏春秋·情欲》。
②《内经·素问·阴阳应象》。
③《吕氏春秋·恃君》。
④《周书·泰誓》。
⑤《礼记·缁衣》。
⑥ 董仲舒《春秋繁露·五行相胜》。
⑦《易·兑卦·彖》。
⑧《周易大传·文言》。

论是个性域还是“刚中柔外”，在与其他个性发生联系时，都会在接触之处产生一个重合的浸润面。浸润面越大，表明联系着的个体共性越多，联系越紧密。

当个体间相互作用时，可以产生新的事物：“水火相逮，雷风不相悖，山泽通气，然后能变化，即成万物也。”[①]而整体内的相对性广泛存在，又使整体内部不断发生质的变易。这其中，个体间的浸润面的盈缩也使整体内部出现众多的量变。这样一来，整体内部充满了磨荡不定的动和极尽周旋的变。置身于其中的个体，只有掌握全局，方能从容应变，以不变应万变。

在孙子的著作中，这种利用相对性的特点，因势制变的战略管理思想被运用得炉火纯青。且看这两段话：“夫兵形像水，水之形避高而趋下，兵之形避实而击虚，水因地而制流，兵因敌而制胜。故兵无常势，水无常形。能因敌变化者，谓之神。”“践墨随敌，以决战事。”[②]

值得注意的是，由于中国古代思维方式中缺乏知性传统，虽则“变”可以在多层次的复杂动态中寻求平衡，却忽视了多参数、多变数的运作。因此，在需要严密推论和论证的领域，往往“变”得力不从心，而在需要整体综合的领域（如史学、考据、中医、兵法），则“变”得得心应手，特别是在凭直觉领悟的领域（如文学、音乐、绘画、书法），更是变得率意超然。

此外，中国传统文化系统“变幻无穷”，但多保持在整体之内，而整个文化系统的“变”则不同。由于受文化的连续性及系统本身的调节性等因素的影响，整体文化系统以“渐变”为主，“突变”为次。

中国的“和”包含了四个层次，四个层次又具有相互控制、相互协调、循环为一的功用，完全可以这么说，“和”的理论是具有中国特色的古代系统论。

三、程式化

文化程式实际上是将某种行为简洁化、符号化，其最初的目的是为了向人们传达一种较为固定的信号，使人们在理解文化的内涵时有所遵循、有所依赖和有所借鉴。由于程式化在中国文化中有独特的倾向，因此，其同时负有另一种使命——引导趋势，防止“太过与不及”。也就是说，程式提供了一种行之有效的、有一定约束力的框架，以此抑制但不是取消人们的文化行为。

从方法论包含的范围看，具有程式倾向的行为在古代社会大约有三大类：一类表现在抽象艺术上，一类表现在综合领域里，一类表现在分析领域里。中

① 《周易大传·说卦》。
② 《孙子兵法·虚实篇》；《孙子兵法·九地篇》。

国传统以社会为主要认识对象，文化程式适用于前两类，西方传统以自然为主要认识对象，程式化倾向于分析领域，同时，分析领域里的程式也渗入到抽象艺术里①。

在中国传统文化领域里，普遍存在着整体综合性思维方式，程式成为从具体的现象中抽象出来而后固定化，用以简驭繁的方法平衡整体内行为的规范。这时候，程式化是“和文化”的一种外部形式，也是对整体内“变”的因素的一种抑制。

传统的阴阳五行结构是具有直觉领悟精神的古代中国人创造的整体化程式，其应用范围很广。在社会领域里，五行结构包含了君→民的等级关系，通过相生相胜的法则，将人的政治关系纳入控制系统里。

有学者在比较中西文化的区别时，提及西方文化属社会控制方法上的压抑优势（repression-dominated）型，而中国文化属抑制优势（suppression-dominated）型。由压抑产生的控制，其行动规则主要是在个人的内心之中，通常存在于潜意识之中；而由抑制产生的控制，其行动规则较强烈地依赖于外部情况。②我们理解，这里所说的外部情况，既有意识形态上的控制，也有群体的共识。意识形态上的控制，既有来自社会整体结构中居主导地位的一方（国家、家族的统治者），也有来自对主导因素起反作用的一方（被统治阶级）；群体的共识则来自历史积淀而成的传统意识，如道德（仁、义、礼、智、信）等。由于“和”文化将个体相对化，人们接受程式的可能性因此增大，这是中国传统文化归属抑制优势型的原因之一。

在综合型自然科学领域里，阴阳、五行程式提供了一个宏观、整体的指导。如中医将人体程式化为阴阳、五行：人体上部为阳、下部为阴，体表为阳，体内为阴；每一内脏又分阴阳，如心阴、心阳、肾阴、肾阳等；将人体器官、六淫邪气侵入人体的宿源等以五行比类，如风淫伤脾（风属木，脾属土，木克土）、暑淫伤肺（暑属火，肺属金，火克金）、湿淫伤肾（湿属土，肾属水，土克水）等。当人体内部阴阳、五行相对平衡时，人体就健康，一旦失去平衡，就会生病，如“其气来实而强，此谓太过，病在外；其气来不实而微，此谓不及，病在中”③。治病的过程，就是“谨察阴阳所在而调之，以平为

① 分析领域里的程式化是从具体到抽象，主要目的是将精确形式化的思维推理过程符号化，用作科学方法的一种工具。现代科学方法程式化最突出的成果是实现了机器思维。对于这一点，本书暂不展开讨论。

② 许烺光：《宗族·种姓·俱乐部》，华夏出版社 1990 年版，第 178、179 页。

③《内经·素问·玉机真藏论》。

期”[①]，根据阴阳的偏盛偏衰给予调整，使其恢复相对平衡。因此，简单地说，程式提供了一种参照系，辨证施治就是将超过某种标准的因素平抑下去，将达不到标准的因素补扶起来，如对“阴虚(不足)阳亢(太过)”的病因，多采“滋阴潜阳”的方法。

中国传统艺术的程式化是由抽象到具体。如戏曲的角色（生、末、净、旦、丑等)、台步、声腔、场面、曲牌，乃至过场、走边、切末、科介等，都在历史的积淀中形成相对固定的程式。[②]程式化将艺术形式抽象化，使其可在三五步之间表现雄兵百万。对于掌握了程式符号的人来说，抽象艺术可将人们从“无”之境引入“有”之境，从抽象导向具体。如五代南唐画家董源画山石，先模仿自然，创造“披麻皴”技法，当该技法日益成熟，也就日益“简”而“不似”，一旦固定为程式之后，这种皴法便不再以模仿为目的，而是一种“意”的表现了。[③]

程式是为了引导人们理解艺术中内蕴的“意”，同时也是对“意”的一种约束，在中国传统中称为“程式写意”。书法有“狂狷”之道，“狂”是极尽表现，是放旷，是写意之尤；“狷”是约束，是入律，是“有所不为”[④]，程式写意就是使艺术“左驰右骛而不离绳矩之内”，“纵心而不逾规矩，妄行而蹈乎大方”。“犹纵风鸢者翔戾于空，随风上下，而纶常在手；击剑者交光飞刃，欲忽若神，而器不离身”[⑤]。“写意”展示了中国艺术“不似”的一面，而程式又将“不似”平抑在“似”之内，使“不似”保持在一定的度之中。这与西方艺术将主体与客体分离开来，要么绝对“似”（真)，使主体的“意”无从寄托，要么极度“不似”，使主体无从认识，恰好形成鲜明的对照。

如果说，“和”文化是“圆”，那么程式化便是“方”。“圆”是求其变化，“方”是求其稳定。程式化是中国文化保持稳定和连续性的又一个重要因素，但也不能不注意到，人如果成为程式化的奴隶，不再另辟蹊径而一味“闻古人之绪余而执以为法”，则程式反而会成为限制人类认识的羁绊。中国古代文化系统内部以“变”为其生命，整个系统却甚少突变而以稳定的渐变为主，这与用于人类社会的程式同时用于所有自然科学范畴有关。表面看无往而不胜，实则是程式定式化和思维方式窄化，这不利于古代文化系统与近代的衔接。

---

① 《内经·素问·至真要》。

② 参见盖叫天：《谈表演艺术中的身段》，载《演员经验谈》第四辑。

③ 参见徐书城：《介于抽象与具象之间——中国绘画的传统观念》，见《中国审美意识的探讨》，中国戏剧出版社 1989 年版。

④ 《论语·子路》。

⑤ 黄伯思《东观余记》上卷。

第三节　中国传统文化与现代化

中国传统文化具有“通观衢路”和“智圆行方”两大特征。从结构上看，传统文化是整一性、动态性和连续性的文化，这使文化在保持历时性的同时，得以带上共时性的特征。从现象上看，传统文化又是理性化、平和化和程式化交相补苴的文化，这是古代中国人重视整体（方圆互容）和文化功能的产物。

那么，中国传统文化是否符合现代化？关键的问题是先要理清什么是现代化。

晚清以来，许多仁人志士深深痛恨传统文化中残留的劣根性，用期待的眼光注视着西方，把近代西方文化当作是“现代化”，却忽视了一点：近代西方文化片面强调与自然对立的理性主义，先是导致对自然的片面掠夺，尔后又促进了一个敌视人的世界，这个世界把人从自然界中孤立出来[①]，在面对世界文化之时，又以西方文化排斥东方文化，以机械论排斥整体观和广义综合进化论。当中国的学者还在津津乐道于中国文化“全盘西化”的时候，部分西方学者[从近代的德国哲学家尼采（F.Nietzsche）至现代的美国未来学家阿尔温·托夫勒（Alvin Toffler）等]已经意识到近代西方文化的负面作用，更有甚者将其视为“末日文明”，进而认为“末日文明”绝不代表现代化，且不论这些观点是否恰当，但西方文化不能单独代表现代化却是不争的事实。

托夫勒将“现代化”比作“后工业文明”、“资讯文明”或第三次浪潮等，其中“资讯文明”包括文化多元化。这就是说，将世界文化“趋同”于近代西方一种模式，恰恰是反现代化。“趋同”将文化的“异”（差别）取消了，只剩下单纯的普遍性，其结果是将世界文化置于没有资讯和反馈的封闭状态里，阻止社会走向更高组织化的层次，即使是古人也预料到“趋同”带来的弊端：“声一（同）无听，物一无文，味一无果，物一不讲。”[②]

无论是现在还是将来，“现代化”都是一种发展着的概念，都不能以某个区域的文化作为永恒的衡量标准。现代化的内涵可以是很丰富的，但必有一种不可忽视的因素——“存异求和”，这使世界文化具有对比性、互补性和多种选择性，使人类文化的发展道路越来越广，而不是在单一狭窄的轨线上踟蹰。

中国传统文化和西方近代文化都有其残存的劣根性，也都有现代化的因

---

① 参见田盛颐：《论中国文化的创新之路》，见刘长林《中国系统思维》序，中国社会科学出版社 1990 年版。

② 《国语·郑语》。

素，也就是说，都有走向现代化的可能。不唯中西文化，世界各区域各民族文化，只要是在历史演进中证实其生命价值的，都是如此。

耗散结构论创始人 I. 普里戈金（I.Ilya Prigogine，1917—，比利时物理学家、化学家和哲学家）曾在评价中国传统文化的现代化因素时，引用李约瑟的观点道："西方科学向来是强调实体（如原子、分子、基本粒子、生物分子等），而中国的自然观则以'关系'为基础，因而是以关于物理世界的更为'有组织'的观点为基础。"普里戈金说："中国传统的学术思想是着重于研究整体性和自然性，研究协调和协和。现代新科学的发展，近 10 年物理和数学的研究，如托姆的突变理论、重正化群理论、分支点理论等，都更符合中国的哲学思想。"普里戈金由此得出结论："中国思想对于西方科学家来说始终是个启迪的源泉。"[①]

中国传统文化数千年来延绵不绝，"在与外界文化进行物质、能量和资讯的交换中，不断从无序、混沌走向有序"，它已经成为"人类文化总体中的一个特殊分支。它的价值是永恒的。它不可能为任何文化所代替，也不可能趋向或归并于任何一种文化"。[②]自明清至近代，中国文化系统遇到危机而呈无序状态，适当引进近代西方文化的先进部分，是为了激发中国文化原系统的突变，使之进入新的有序状态。但全面否定传统，则会破坏中国文化系统原有的发展趋势和规律，将其导入更大的混乱和危机。

中国传统文化既然带有现代化因素，是实现现代化的一个动力，那么，中国文化实现现代化的基础便不是全面摒弃传统，而是有所扬弃，突破古代衍传下来的程式，光大符合现代化的因素，更重要的是将"和"的视野从系统内部延伸至世界文化这个大系统中。

前苏联思想家列宁曾说："要真正地认识事物，就必须把握、研究它的一切方面，一切联系和'中介'。我们不可能完全做到这一点，但是全面性的要求可以使我们防止错误和防止僵化。"[③]当我们对中国传统文化没有一个全面认识的时候，就不可能正确解释中国文化实现现代化这个课题，也无从知道我们将如何"走向世界"，迎接扑面而来的世界文明的挑战。21 世纪是世界文化重新构建新体系的时代，中国传统文化必将在各国各民族各层次文化的重新认知、相互磨合和重组中再度焕发出新的活力。

---

① 田盛颐：《论中国文化的创新之路》，见刘长林《中国系统思维》序，中国社会科学出版社 1990 年版。

② 田盛颐：《论中国文化的创新之路》，见刘长林《中国系统思维》序，中国社会科学出版社 1990 年版。

③ 转引自叶朗：《中西文化研究的两个问题》，载《北京大学学报》1987 年第 5 期。

后 记

俗话说："人生第一开心事，辛苦功成闲话时。"《智圆行方的世界——中国传统文化概论》这本小书，于20世纪90年代中期写成，原名为《智圆行方的世界——中国传统文化新论》。岁月悠悠，不觉10年又过去了。在这10年的教学和研究过程中，我们深感原著尚有许多纰漏和不能尽言之处，遂萌生对原著再作修改之念。感谢暨南大学教务处的资助和暨南大学出版社给予我们的机会，这成为本书修改再版的一个重要契机。然而，中国古代传统文化是一个大课题，即使尽我们毕生之力，也不可能通悟其实质，更何况以十多年时间、肤浅之学识，要演绎全部中国传统文化史，那更是不可能的事。因此，书中以偏概全、挂一漏万，或谬误之弊，在所难免。这就是本书书成多年后，我们仍无闲话功成的感觉，仍不觉轻松的原因之一。所有的遗憾，我们只能在聆听各位明哲的教诲，与各位同仁、读者倾心商榷之后，以加倍的努力来弥补。

对于传统文化历史，较多的著作是从纵的角度，即以历史年代为线索娓娓叙来。而本书的特点是从横的角度，即文化的各组成部分来谈历史和传统，因此，全书既可作为一个整体来看，又可拆零为各个独立的篇章，任由读者视自己的兴趣、爱好和时间进行选读或通读。这样的著作体系，通常会遇到两个问题，一是不容易突出全书的中心，二是体系牵涉很广，必须面面俱到，正所谓"无所不备，则无所不寡"。对于第一个问题，我们采取的办法是将中国传统文化看成是一个系统（第九章专论），系统的特点是"和"，其他各章尽管不一定在文中点明"和"的论点，但都围绕"和"展开论述。解决第二个问题的办法是突出重点，避开枝蔓，即概述文化各要素的主要特点和发展情况，目的是引导读者对文化某要素的总面貌有一个大致的认识，如果有读者希望对此有更多更深入的了解，可以借本书为入门，继续钻研其他相应的专业书籍。

除此之外，就是统稿的问题，本书参编的几位作者凭着对中国传统文化的兴趣和高校教学工作的需要，合作撰写了这本书，毕竟他们来自不同的学科专业，写作风格各不相同，要想使全书风格一致，困难很多。然而，行文风格必须前后一致，这是写文章的基本要求。为此，我们作了一些努力，在整个合作过程中，经常就学术问题、课题论点及文字处理进行切磋和讨论，期望尽量做到一致。若仍有不尽如人意之处，只能恳请读者谅解与指正。

本书第一章、第二章、第三章第一节、第八章、第九章由龚红月撰写，第四章由王培林、龚红月撰写，第五章、第七章由何君宜撰写，第三章第二节、第六章由杨俊华撰写（封面及扉页所列编著者，按本书章次排名）。在本书修改和再版的过程中，我们得到暨南大学蒋述卓、伍国基、蒙雅生、高雄飞、何宇清等教授以及中山大学李锦全教授和冯达文教授的热情帮助和鼓励，还得到暨南大学社会科学部、教务处和社会科学研究处等部门的大力支持和资助。在此，一并致以由衷的谢意！此外，书中尚引述或参考了其他有关书籍、论文的观点，也在此向其作者致意！

龚红月
2007 年 12 月 7 日
于广州暨南园